Formación y legislación del trabajo

ADVERTENCIA

El uso de un lenguaje que no discrimine ni marque diferencias entre hombres y mujeres es una de las preocupaciones de nuestra Organización. Sin embargo, no hay acuerdo entre los lingüistas sobre la manera de cómo hacerlo en nuestro idioma.

En tal sentido y con el fin de evitar la sobrecarga gráfica que supondría utilizar en español o/a para marcar la existencia de ambos sexos, hemos optado por emplear el masculino genérico clásico, en el entendido de que todas las menciones en tal género representan siempre a hombres y mujeres.

En carátula: Telar artesanal portátil.

Héctor-Hugo Barbagelata

Formación y legislación del trabajo

NUEVA EDICIÓN REVISTA Y ACTUALIZADA

Oficina Internacional del Trabajo

CINTERFOR

BARBAGELATA, H-H.
    Formación y legislación del trabajo. 2a. ed.   Montevideo : CINTERFOR, 2003.
    178 p.   (Herramientas para la Transformación, 2)

    Bibliografía: p.169-178
    ISBN: 92-9088-156-9

/FORMACIÓN PROFESIONAL/ /LEGISLACIÓN/
/LEGISLACIÓN DEL TRABAJO/ /PUB CINTERFOR/

Índice

Presentación de esta nueva edición

Cinterfor/OIT se complace muy especialmente en presentar esta segunda edición actualizada de *Formación y legislación del trabajo*, originalmente publicada en español, francés e inglés a mediados de los años noventa, y que ratificara el carácter precursor de su autor en señalar la importancia de los vínculos –cada vez más estrechos- entre formación profesional y Derecho del trabajo.

En efecto, el profesor Héctor-Hugo Barbagelata fue uno de los primeros -si no el primero- de los juslaboralistas en valorizar el papel de la formación en el Derecho laboral, las relaciones industriales y la seguridad social. Nuestro Centro ya había publicado, además del libro antes aludido, *El tripartismo y la formación profesional en América Latina* (1980), el monumental *Digesto legislativo de la formación profesional en América Latina* (6 volúmenes, 1981-84) y, más recientemente, *El derecho a la formación profesional en las normas internacionales* (2000, en colaboración con Hugo Barretto Ghione y Humberto Henderson). Estas y otras contribuciones, sumadas a la presente, desempeñan un papel fundamental en la inserción de la formación profesional en un primer plano en las preocupaciones del Derecho del trabajo.

Tradicionalmente, los especialistas en Derecho del trabajo no se ocupaban -o lo hacían muy tangencialmente- de la formación. Hoy, la inclusión del derecho a la formación entre los humanos o fundamentales, el descubrimiento de las correlativas obligaciones de capacitación, el "descubrimiento" de la incidencia de la formación en el salario, las competencias, la movilidad funcional, la preservación del empleo, el reconocimiento de su papel en las políticas de empleo, su asunción por el sindicato y por la negociación colectiva, su valorización como espacio privilegiado de diálogo social, el reconocimiento de la necesidad de su continuidad a lo largo de la relación de trabajo, etc., han venido a cambiar sustancialmente aquella actitud, mutación anticipada por Barbagelata, entre otras, en esta obra, que destaca no solamente todo lo relacionado con el contrato de aprendizaje y otras variantes de contratos formativos, sino que además resalta el papel que se le asigna a la formación en relación con la inserción en el empleo o su conservación y en la consecuente vinculación con el derecho al trabajo, así como su condición de derecho fundamental.

Todo ello se hace a partir del estudio minucioso de la legislación sobre formación profesional, sin limitarse -sin embargo- a una mera descripción o enumeración normativa, de conformidad con la convicción del autor de que, tal como sostenía Emile Durkheim, la legislación es una "llave maestra para el conocimiento de la realidad social", en cuanto "pone en evidencia preocupaciones e intenciones".

Es del caso destacar el exhaustivo relevamiento normativo, que incluye tanto normas internacionales como nacionales de una amplísima gama de países (en el Apéndice 1 se incluye una guía sistematizada de la legislación nacional referida en el libro).

Dividido en dos grandes partes bien definidas, el libro ofrece, primeramente, una visión global de la situación actual y de las tendencias de la legislación sobre formación profesional, para centrarse, en la segunda parte, en el estudio del contrato de aprendizaje y sus variantes.

Al revisar y actualizar sus observaciones de 1996, el autor ratifica las principales tendencias de la legislación sobre formación, que se concentran en el énfasis en los efectos económicos de la capacitación, en la extensión del reconocimiento del derecho a la formación como uno de los derechos humanos fundamentales, en la progresiva descentralización y en la importancia reconocida a la formación práctica.

Por otro lado, al concentrase en los avatares del contrato de aprendizaje, que durante mucho tiempo fuera casi que el punto de contacto entre el Derecho del trabajo y la formación, Barbagelata comprueba su actual revalorización, así como su asunción de nuevas formas y modalidades. Está claro que su aporte no se limita a circunscribir sus análisis a la legislación sobre el aprendizaje verificada en los últimos diez o quince años, ni en el prolijo inventario de normas y contenidos, sino que se extiende a la reflexión sobre las ventajas e inconvenientes del aprendizaje, a las condiciones en las cuales este instituto es admisible y a la formulación de sugerencias sobre el contenido que debería tener la legislación en la materia.

Tanto la Formación profesional como el Derecho del trabajo deben al profesor Barbagelata el haber realizado un aporte precursor en el develamiento de la progresiva imbricación entre ambas disciplinas, proceso hoy en marcha y de creciente visibilidad. Por su parte, Cinterfor/OIT se siente privilegiado en poder divulgar algunos de esos aportes, entre los cuales se encuentra esta obra.

PEDRO DANIEL WEINBERG
Director de Cinterfor/OIT

Agradecimientos

Para esta nueva edición, el autor reitera las expresiones de agradecimiento a todos los que le han facilitado las investigaciones sobre las que se basó este estudio.

En particular, hace público su reconocimiento al eminente laboralista Roger Blanpain, actual Presidente de la Sociedad Internacional de Derecho del Trabajo y de la Seguridad Social, que lo honró redactando el Prólogo para la primera edición. Le obliga igualmente a un muy cordial agradecimiento, el apoyo recibido de la Lic. María Angélica Ducci, a la sazón Jefa del Servicio de Políticas y Sistemas de Formación de la OIT (POLFORM), quien prestigió la primera edición con una inteligente y generosa presentación.

Mención y agradecimiento especial para el Servicio *Natlex Database* de la OIT, gracias a cuya *Legislative Information* fue posible ubicar, con seguridad y rapidez la normativa sobre formación de estos últimos años y procurarse una idea de su contenido.

Corresponde también y resulta muy grato, volver a hacer referencia a la cooperación de la Lic. Gloria Gimeno en el relevamiento de la información para la primera edición, así como agradecer la del Dr. Mario Garmendia, y Ana Laura y Martín Ermida, para la presente.

Desde luego, no puede faltar una nueva mención del Director del Cinterfor/ OIT, el tan apreciado como querido Pedro Daniel Weinberg, junto a la de ese grupo de amigos de notable disposición para ayudar y solucionar los problemas, que constituye el equipo de sus colaboradores.

El autor se complace también, en dejar constancia de todo lo que debe este estudio a las contribuciones de los especialistas en la temática de la formación profesional y, en particular, a los responsables de la extraordinaria producción bibliográfica del Cinterfor, así como de las publicaciones del CEDEFOP, unas y otras, reiteradamente citadas a lo largo de esta obra.

No es posible finalizar esta página sin presentar disculpas a los lectores, por los errores u omisiones en que puede haber incurrido.

Montevideo, agosto de 2003

Prólogo de la primera edición

Muchas de nuestras sociedades industriales están experimentando una *mutación* dinámica causada principalmente por la tecnología, que nos lanza hacia la era de la información y las comunicaciones. Los cambios son tan rápidos, dramáticos, e inevitablemente también tan creativos como destructivos desde el punto de vista social, que no logramos controlarlos de manera satisfactoria, sobre todo en lo "social".

Es por ese motivo que la mudanza constituye a la vez una *crisis* para nuestros sistemas de legislación y de relaciones industriales –políticas sociales inclusive– como lo demuestra claramente la creciente *fracture sociale*.

Al mismo tiempo, otras comunidades locales y cientos de millones de trabajadores continúan dedicándose a las actividades agrícolas tradicionales, lo cual ilustra claramente que nuestro mundo –aunque se le llame "aldea global"– avanza a distinto ritmo en distintas partes.

Lo que se está dando en nuestro mundo desarrollado no es tanto una transición de una sociedad agrícola hacia una industrial, y ahora hacia una de servicios/información, donde estaría concentrada la mayor parte de la población activa, sino más bien que los diversos sectores se fusionan entre sí, se transforman en uno solo, de modo que el de la información predomina y en cierto sentido absorbe a los sectores agrícola e industrial.

Esta realidad se hace evidente si analizamos los elementos que conforman el costo de un producto dado. Tomemos, por ejemplo, la estructura del costo de un automóvil. Dicho costo no depende primordialmente de lo que se paga a los obreros de la línea de montaje; su parte principal son gastos de concepción, diseño, investigación, publicidad, servicios financieros, distribución, marketing, seguros, etc. En resumen, diversos servicios o formas de conocimiento, que pueden obtenerse también de sitios lejanos por medio de bits.

Dicho de otro modo, las fuentes de valor agregado están pasando de lo material a lo inmaterial, del producto hacia el conocimiento, la propiedad intelectual... el almacenamiento, la manipulación y distribución del conocimiento. Estos conocimientos son tan ricos, tan variados, y evolucionan con tanta rapidez que es imposible que ninguna empresa los tenga siempre a mano; por otra parte, no es necesario ya que los datos pueden obtenerse a través de carreteras tecnológicas de información/comunicación, a veces desde regiones muy distantes, como señalamos más arriba.

Estos factores llevan a una eclosión de las empresas de mayor envergadura, en un proceso de tercerización mediante el cual se externalizan las tareas y servicios que otras compañías pueden llevar a cabo mejor y más económicamente. Esto permite una interacción competitiva de subcontratantes que abarata, mejora y acelera servicios.

Dichas tendencias a su vez conducen a cadenas de contratos (económicos) entre los proveedores externos en un extremo y las PYME en el otro, constituyendo redes.

Simultáneamente, las relaciones laborales se van descentralizando, y las relaciones de empleo se individualizan. Muchos ex empleados se convierten en consultores independientes que procuran manejar su propia cartera de clientes y se integran a las redes en proyectos de mayor o menor duración. Son más libres, pero mucho más inseguros.

Sucede así que muchas personas están perdiendo sus empleos, y con el tiempo algunas de ellas consiguen otros que –como acertadamente lo señala Robert Reich, profesor y Secretario de Estado de los EE.UU.– son más complejos, pues requieren competencias para la solución de problemas.

No es necesario decir que todo esto tiene un enorme impacto en las necesidades educativas y de formación profesional.

La educación/formación profesional adquiere cada día más importancia porque tiene que acompañar a los futuros empleados al nuevo mundo del trabajo, y prepararlos para actuar en él, teniendo en cuenta los diversos ritmos de desarrollo de las diferentes regiones y subregiones del mundo.

Podemos afirmar sin vacilación alguna que la mejor seguridad para el empleo en la actualidad es el derecho a la formación y adquisición de competencias que faciliten a las personas un trabajo redituable, ya sea como empleados, trabajadores independientes o empresarios.

Por ende las "destrezas de comunicación", el *savoir être*, son tan importantes como los conocimientos básicos o técnicos. En la sociedad de la información es más que nunca importante que los trabajadores sean proactivos, vean los problemas, ayuden a resolverlos y colaboren en equipos.

Para otros, la adquisición de competencias básicas como la lectura y la escritura pueden también ser pasos importantes para una participación significativa en un mundo cada vez más complejo.

Por lo tanto, el estudio del Profesor Héctor-Hugo Barbagelata sobre cómo estamos situados ante el derecho a la educación/formación profesional y las condiciones en que se lo aplica, es más que bienvenido. De especial importancia es su relevamiento del aprendizaje, ya que existe una creciente necesidad de establecer puentes entre la escuela y las empresas.

El derecho a una educación/formación profesional permanente debe ser, hoy más que nunca, una meta proclamada como elemento de justicia social, tal cual la persigue la OIT en forma tan acertada.

El estudio del Profesor Barbagelata ofrece un cuadro completo y detallado de los derechos a la formación profesional, y constituye un testimonio más de la gran tradición sudamericana de erudición legal en asuntos laborales.

Profesor ROGER BLANPAIN
Universidad Católica de Lovaina, Bélgica
Miembro de la Real Academia

Presentación de la primera edición

El presente estudio de legislación comparada sobre la formación profesional en el mundo, realizado por una autoridad de renombre internacional en la materia como es el Profesor uruguayo Héctor-Hugo Barbagelata, constituye un aporte de gran significación al debate actual en torno a la reforma de las políticas y sistemas de formación para hacer frente a las nuevas necesidades de un mundo del trabajo en rápida y profunda transformación.

En efecto, ante el impacto de la globalización de la economía, de la liberalización de los mercados, de la innovación tecnológica y de la reestructuración de la producción y del comercio, se apunta cada vez más a la inversión en la capacidad humana como respuesta al desafío implacable de la competitividad a que están sometidos los países, las empresas y los propios individuos.

Los cambios en la organización y gestión de los procesos productivos y en el contenido de los puestos de trabajo, están generando una verdadera revolución en la forma de adquirir, construir, adaptar, enriquecer, utilizar, reconocer, valorar y retribuir las calificaciones de la fuerza de trabajo. Simultáneamente, en el esfuerzo por llegar a ser o por permanecer competitivos en el mercado mundial, la mayoría de los países han optado por una senda de crecimiento económico que no ha demostrado ser capaz de generar el número y calidad de puestos de trabajo requeridos para absorber la capacidad productiva de los hombres y mujeres que desean y están disponibles para trabajar.

Ante este panorama, las presiones y expectativas se vuelcan hacia la reforma de los sistemas de educación y formación para el trabajo, cifrando en ellos la capacidad de limar los desajustes entre la oferta y demanda de mano de obra, y de conciliar los imperativos de crecimiento económico y equidad social sobre la base de la calidad del capital humano. Tanto en los países industrializados como en aquellos en transición y en los que se encuentran en diversas fases en su vía de desarrollo, las políticas y sistemas de formación se enfrentan a un riguroso escrutinio y exhiben una renovada dinámica en la búsqueda de su modernización para lograr mejores niveles de eficiencia, eficacia y equidad.

Si como afirma el autor de este trabajo adoptando el criterio de Emile Durkheim, la legislación es la llave maestra para el conocimiento de la realidad social, el presente estudio comparado es de vital interés para sustentar la renovación y reforma de los sistemas de formación profesional.

Por una parte, el minucioso examen que nos brinda el Profesor Barbagelata sobre la legislación vigente en este campo en un gran número de países de todos los continentes, pone de manifiesto la situación existente, así como las preocupaciones e intenciones reflejadas en la ley al momento de su promulgación. Por otra, el riguroso análisis comparado de la legislación emanada durante el último lustro en una diversidad de países nos informa sobre las tendencias a nivel internacional, dejando al descubierto los avances y brechas de dicha legislación y desde luego, insinuando la distancia que puede existir entre la normativa existente en materia de formación profesional y el grado de aplicación efectiva de dichas disposiciones legales en la realidad.

La sola constatación de la frecuencia, riqueza y profundidad que la normativa sobre la formación profesional viene adquiriendo en el marco de la nueva legislación del trabajo, transluce la relevancia que el tema viene adquiriendo en el contexto más amplio de las políticas de recursos humanos, de las políticas de empleo, y de las políticas laborales y sociales. En un plano más profundo, el autor identifica al menos cuatro conjuntos de tendencias verificadas en la normativa mundial:

i.   Énfasis en las consideraciones económicas y en la inserción en el empleo

La comparación de las legislaciones recientes sobre formación profesional muestra, especialmente en los países en desarrollo, un claro proceso de reformulación de objetivos. De acuerdo a esto, se enfatiza el papel de la formación profesional en relación con objetivos económicos y de inserción laboral, aunque "sin abandonar en todos los casos la consideración de finalidades educativas y las referencias a la contribución de la formación profesional a la realización y al desarrollo de los individuos y al mejoramiento de los niveles de vida de los trabajadores".

Según el autor, aparecen tres objetivos en relación con las dimensiones económica y de empleo de la formación profesional, los que adoptan diversos grados de predominio en cada legislación:

- satisfacer la necesidad de la respectiva comunidad nacional de contar con los recursos humanos aptos para mantener o impulsar su desarrollo económico;

- satisfacer las necesidades de las empresas en cuanto a disponer de mano de obra cualificada, y consiguientemente, ubicación de estas en el centro de atención de los sistemas de formación profesional; y,

- ayudar a la inserción y reinserción en el mercado del empleo.

ii. Extensión del reconocimiento del derecho a la formación

La extensión del reconocimiento del derecho a la formación aparece con relativa antigüedad a nivel de la normativa internacional, habiéndose perfeccionado a través de sucesivas normas. Desde el Preámbulo de la Constitución de la OIT (1919), y la Declaración de Filadelfia (1944), aparece el reconocimiento del derecho a la formación profesional.

Más allá del ámbito internacional, a nivel de las legislaciones internas de los países, si bien aún no de modo generalizado, aparece acogido en varias leyes recientes el reconocimiento de aquel derecho.

iii. Incremento del proceso de descentralización

Cuatro modalidades, a su vez, ubica el Profesor Barbagelata como las formas en que opera el incremento del proceso de descentralización verificado en la legislación relativa a la formación profesional:

-   por la generalización de la participación de los interlocutores sociales en la formulación de la política de formación, e incluso en aspectos vinculados con las medidas para su aplicación y en el funcionamiento de los servicios correspondientes;

-   por la integración de acciones y servicios privados en los sistemas nacionales de formación con centro en la empresa;

-   por la nueva asignación de los recursos destinados al financiamiento de la formación; y,

-   por los procesos de descentralización territorial en la conducción de los sistemas y en las acciones de formación.

iv. Aumento de la importancia asignada a la formación práctica y consecuente desarrollo de nuevos contratos de trabajo y formación, y revalorización del contrato de aprendizaje

De alguna forma como corolario de las anteriores tendencias, aparece la ubicación en una posición de preeminencia de la formación práctica a nivel de la empresa. A partir de esto, se verifica efectivamente en las legislaciones recientes "la configuración de nuevos modelos de contratos y relaciones laborales de formación y desde luego una revalorización del contrato de aprendizaje".

El autor consagra una parte sustancial del estudio a la normativa sobre el contrato de aprendizaje, que encarna la combinación e integración de las tendencias antes apuntadas en un ámbito específico, cual es el de la formación de jóvenes para el empleo en un esquema de transición entre la escuela y el trabajo. El análisis crítico realizado por el Profesor Barbagelata sobre el aprendizaje, y las recomendaciones que nos proporciona en relación con su regulación, son de alta pertinencia en un momento en que países de variada trayectoria en el montaje y funcionamiento de políticas y programas de formación de jóvenes, vuelcan una nueva e interesada mirada hacia el rescate de los principios esenciales que subyacen a las diversas modalidades y expresiones del aprendizaje ensayadas a lo largo y ancho del mundo.

La realización de este estudio viene a cumplir un objetivo compartido por el Servicio de Políticas y Sistemas de Formación de la OIT (POLFORM) en el ámbito mundial, y por Cinterfor en el ámbito americano, cual es el de proporcionar a los países miembros de la OIT y en especial a sus gobiernos y organizaciones de empleadores y de trabajadores, un instrumento de orientación legislativa para al definición de las opciones y derroteros de cambio en las políticas y sistemas de formación profesional.

POLFORM y Cinterfor se honran en publicar y difundir de manera conjunta el producto de dicho estudio encomendado al Profesor Barbagelata. Esta, la primera edición, se publica en español en homenaje al propio autor y destinado en primicia a los países de América Latina.

MARÍA ANGÉLICA DUCCI
Jefa del Servicio de Políticas y Sistemas
de Formación de la OIT (POLFORM)

Introducción

§1. Precisiones preliminares

1. Una investigación sobre la legislación en materia de formación profesional demanda, antes que nada, un esclarecimiento sobre los que se entiende por los términos que integran su objeto y conforman el título del presente estudio.

El primero de ellos, *legislación*, no requiere muchas explicaciones, salvo en cuanto a precisar que se le toma en su acepción más amplia. Por tanto, abarca, cualquiera sea la designación con que se las conozca en cada país: las normas constitucionales; las leyes emanadas de los órganos legislativos centrales; las adoptadas por los estados o provincias, miembros de un Estado federal; las ordenanzas municipales; así como los reglamentos dictados por los órganos ejecutivos e incluso por entidades administrativas de diversa naturaleza jurídica y, en particular, por las instituciones de formación profesional.

2. La expresión *formación profesional* (FP), plantea mayores dificultades a una investigación como la que se ha encarado.

Ello es así por la falta de acuerdo generalizado sobre lo que significa, y por varios otros factores, como el uso promiscuo de múltiples términos,[1] que no siem-

---

1 Basta cotejar los instrumentos internacionales más importantes para convencerse de cuanto se acaba de expresar. En ellos, se utilizan –en su versión en español– los siguientes términos, aparentemente con el mismo o muy similar alcance: "Formación profesional", o simplemente "Formación" (Decl. de Filadelfia, III-b; Res. 3ª Conf. de los EE. de América Miembros de la OIT; CIT, N° 140, Proemio y arts. 2-a, 4, 6 y 10-A; CIT, N° 142, Proemio y arts. 1.1., 3.2, 4.5; CSE, art. 10; UE, Regto. CEE 33/75 Dir. sobre Ig. de trato/1976; Res. Cons. 2.06.83, 11.07.83; Dec. 85/368/CEE; etc.); "Formación técnico profesional" (PIDESC, art. 6.2); C.S.E., (art. 10-1); "Educación profesional y técnica" (CIAGS, art. 4; "Instrucción técnica y profesional" (DUDH, art. 26.1); "Capacitación" (Conv. s. Der. del Niño/ 1989, art. 23-3); "Capacitación profesional" (Conv. s. Elim. de Todas las Formas de Disc. de la Mujer, art. 10-A); "Capacitación Técnico profesional" (PSS, art. 6o.-2); "Preparación profesional" o "Para la actividad profesional" (UE, Rec. Com. 6.07.77; Res. Cons. y de los Min. de Ed., 15.01.1980; Dec. Cons. 87/569/CEE); etc. En el caso de la Declaración Sociolaboral del Mercosur (1998), bajo el rubro "Formación profesional y desarrollo de los recursos humanos", en el art. 18 se establece el derecho de "todo trabajador...a la orientación, a la formación y a la capacitación profesional", que permite conjeturar que los redactores del instrumento tenían dudas respecto de la identidad del significado de los vocablos *formación y capacitación*. A esos términos, hay que sumar los usados en los países anglófonos y en las traducciones al inglés de otras lenguas, como: "Non Scholastic Education", "Industrial Training" y "Skills Training". Más comúnmente, se califica esta formación de *"Vocational"*, término que en español, también es utilizado en algunos países. Todo lo cual, sin contar el hilo delgado

pre pueden considerarse sinónimos, y las dificultades suplementarias que derivan de la traducción a distintos idiomas.

En cualquier caso, a los efectos de esta investigación, no se ha intentado determinar matices o variantes entre las diversas expresiones, sino que todas se han considerado comprendidas dentro de su campo, en el entendido que se refieren a una misma cosa. Esto es, a las modalidades de formación que se imparten total o parcialmente "fuera del sistema formal de educación, ya sea en una empresa o en un centro de formación para los trabajadores";[2] o vistas desde otro ángulo, a todas las modalidades de formación dirigidas a capacitar para el desempeño de una ocupación laboral y proveer de una cualificación profesional, exceptuadas las de nivel superior.

3. Semejante definición de la expresión formación profesional, no atiende, por consiguiente, a lo que esta debería ser, o a las condiciones que debería reunir para merecer esa denominación, la prestada concretamente por determinada institución, centro o empresa, en tal o cual país.

Es decir, que la definición instrumental que se manejará para traer a colación las normas de los distintos países, no se corresponde con el enfoque conceptual del punto 2.1 de la Recomendación 150/1975.[3] Lo cual, no excluye que se le pueda tener presente en una segunda mirada a esas mismas leyes o a los sistemas de formación profesional que crean; en particular, en cuanto a la determinación de si satisfacen plenamente las exigencias del derecho a la FP y las legítimas expectativas de sus titulares.

4. Por una razón que debe buscarse en el objetivo perseguido, las investigaciones y por tanto el presente estudio se circunscribirán a las normas que directamente tratan de la formación profesional tal como ha quedado definida precedentemente.

O sea, que no obstante la extensión atribuida al término legislación, no se consideraron en las investigaciones ni se examinan en este estudio, los dispositi-

---

que suele separar la FP de la "educación técnica" o la "Technical Education", así como las dudas sobre el alcance de las expresiones "adiestramiento", o "adaptación al puesto", y otras utilizadas por algunas legislaciones. Finalmente, hay que destacar que actualmente varios ordenamientos se refieren genéricamente a "formación técnico profesional".

2   J.R. Hernández Pulido, *Relaciones industriales y FP*, México, INET, 1978, pp.39-40 y notas 26 y 27 a pp. 52 y 53.

3   El texto resultante de la disposición citada, sitúa como núcleo del concepto de formación profesional, su aptitud para "descubrir y desarrollar las aptitudes humanas para una vida activa, productiva y satisfactoria y, en unión con las diferentes formas de educación, mejorar las aptitudes individuales para comprender individual y colectivamente cuanto concierne a las condiciones de trabajo y al medio social e influir sobre ellos". Garmendia Arigón (2000), extrae del examen de la Rec. 150 los siguientes "principios o enunciados fundamentales": adecuación a la realidad, integralidad, antropomorfismo, instrumentalidad, universalización gradual, igualdad y participación y se aplica a analizar la forma y medida de su recepción en las legislaciones de quince países de América Latina y del Caribe.

vos que aunque se relacionan con la formación profesional, pertenecen al ámbito de la legislación escolar. Esta operación, no siempre es cómoda, dada la íntima conexión entre ambos sistemas, como lo prueba el hecho de que en algunos ordenamientos, como el de Francia, se suelen intercalar en una misma ley, dispositivos del ámbito laboral, que corresponden al Código del Trabajo y del campo educativo, que se destinan al Código de la Educación.

5. La circunstancia de que la investigación haya versado exclusivamente sobre la legislación, no debe ser interpretada como un desconocimiento de la significación que poseen otras fuentes para el derecho de la FP; ni tampoco, como un puro ejercicio formal que se desentiende de los datos de la realidad y de la efectiva vigencia de las normas establecidas.

Muy por el contrario, se tiene perfecta conciencia de la importancia que en materia de FP están alcanzando esas otras fuentes, en especial, los acuerdos tripartitos o interprofesionales y, en términos generales, la negociación colectiva en sus diversos niveles.[4]

Asimismo, aunque el mero conocimiento de la letra de leyes –que pueden no haber tenido siquiera un comienzo de aplicación y, que en muchos casos poseen vigencia, efectividad y eficacia limitadas–, parecería por eso mismo insatisfactorio, se ha preferido no ir más allá.

Las casi insuperables dificultades que presentaría determinar el grado de cumplimiento de la legislación en cada Estado y el inevitable desequilibrio de la información que en último caso podría obtenerse en un marco que pretende establecerse a escala mundial, hace aconsejable circunscribirla a la que surge de los textos. Por otra parte, el recurso a la pura letra de las leyes, como se verá en la sección siguiente, puede encontrar su justificación en otra serie de argumentos..

§2. Objeto y método

6. El propósito que se ha tenido al encarar las investigaciones ha sido tratar de averiguar cómo se ve, en el mundo de hoy, el conjunto de problemas que plantea la FP y hacia dónde se orientan las correspondientes respuestas.

Para ello, se entendió que podía ser un camino apropiado, realizar un examen de la legislación sobre el particular, dictada en estos últimos años.

---

4   V. Ermida Uriarte, O.; Rosenbaum Rímolo, J. (1998); Durán López, y otros, (1994), Respecto de la importancia asumida por la negociación colectiva sobre F.P. en Francia, Maggi-Germain y Correia (2001), señalan que en el período 1998-2000, la inclusión en los c.c. de cláusulas sobre F.P. aumentó en un 40%. Ídem en México, Reynoso Castillo (2000, p. 13 y ss.).

7. La justificación de esa forma de realizar el relevamiento de los problemas y las soluciones que se están dando en los distintos países, parte de la aceptación del criterio de Emile Durkheim, según el cual la legislación es la llave maestra para el conocimiento de la realidad social.

Además, corresponde tener en cuenta que los textos normativos, al margen de su puesta en aplicación, documentan lo que los juristas, desde tiempos antiguos, llaman *mens legis*, esto es, el propósito perseguido por el legislador y, consiguientemente, nos informan sobre las cuestiones tenidas en consideración y sobre el curso que se quiere que sigan.

Dicho de otro modo, el conocimiento de la legislación habilita a realizar una doble lectura: en cuanto instrumento para tener una noticia de la situación existente al momento de su promulgación y, al mismo tiempo, como expresión de una intención que, en general, es la de provocar en ella, modificaciones o alteraciones de mayor o menor entidad.

8. Pues bien, si la legislación pone en evidencia preocupaciones e intenciones, que por los órganos de los que emana puede conjeturarse que son las dominantes en un país dado y en un momento determinado, no resulta en absoluto aventurado desprender de su conocimiento las líneas de tendencia por las que se encamina, en un determinado asunto, la sociedad en las que han sido adoptadas.

Referida la cuestión a la FP, la investigación de la legislación reciente aparece entonces como un método adecuado de prospección de las tendencias que actualmente se advierten en los diversos países, sobre sus posibles derroteros.

9. En cuanto a la definición del ámbito temporal sobre el que se desenvuelve el proceso de generación de las normas jurídicas que corresponde examinar para detectar las tendencias, la muy acelerada marcha del tiempo social por el que actualmente transitan los individuos y las sociedades, lo ha acortado considerablemente en relación al que hubiera sido necesario tomar en consideración en el pasado.

Incluso, cabe pensar que para que pueda hablarse de tendencias actuales, las mismas deben ser detectadas en un lapso relativamente breve. [5]

10. En el presente caso, no se trata de saber los problemas que se plantean y las soluciones que se procura aportar por la legislación en un país determinado, sino a escala mundial.

Tal emprendimiento, tiene algunas ventajas respecto de la indagatoria referida a un solo país, pero ofrece mayores dificultades prácticas.

---

5 La investigación que precedió a la primera edición estuvo referida a las innovaciones operadas en las legislaciones a partir de 1992. Para la presente edición, se han consultado los cambios introducidos en los últimos años y hasta los primeros meses de 2003.

La ventaja principal de un estudio referido a un número grande de legislaciones, respecto de aquel que tiene por objeto la de un solo país, cuando de averiguar tendencias se trata, está dada por el hecho de que, en un caso singular, pueden sobrevenir mutaciones bruscas, golpes de timón que cambien el rumbo súbitamente, circunstancia que, obviamente, es difícil que ocurra simultáneamente en varios países.

11. No son pocas las dificultades de un estudio de derecho comparado, especialmente si se pretende captar las tendencias que se experimentan a escala planetaria. A los efectos del razonamiento que se está haciendo, se resumirán en las dos principales.

En primer lugar, y en relación con la definición del ámbito temporal establecida precedentemente, podría ocurrir que las consecuencias que se extrajeran de la comparación de las legislaciones no fueran válidas, a causa de que los procesos legislativos no operaran sincrónicamente en un número suficientemente representativo de países como para permitir captar un movimiento o una tendencia conjunta o compartida.

En segundo lugar, y complementando lo anterior, para que pueda pretenderse que se trata de tendencias mundiales, las legislaciones dictadas durante ese período y consecuentemente sometidas a examen, deberían corresponder a todas las regiones geográficas del planeta y a países que cubran, en razonable proporción, los diversos grados de desarrollo humano y económico, respondan a diferentes tradiciones y estén gobernados por variados sistemas políticos.

12. Sin embargo, tales dificultades no resultan insalvables en una investigación sobre las tendencias de la formación profesional en el mundo de hoy.

En efecto, la muy grande e imperativa importancia que han asumido actualmente, en todas partes del mundo, los problemas respecto de los que existe una convicción generalizada de que la FP tiene algo que decir, ha motivado la atención de gobernantes y legisladores de los más diversos y distantes países y los ha inducido a adoptar medidas análogas.

Como resulta patente de la guía temática, no exhaustiva, que se incluye como apéndice, esa atención se ha traducido en el período considerado, en una vastísima legislación, que abarca una suficientemente grande cantidad de países, de todos los continentes y características, de modo tal que puede afirmarse que se trata efectivamente de una muestra representativa del universo considerado.

13. La técnica utilizada ha seguido las líneas generales de la habitualmente empleada en las investigaciones de derecho comparado. Es decir, que luego de un relevamiento, lo más amplio posible, de los textos pertinentes, se procedió a contrastar las categorías provisionales resultantes de las hipótesis de trabajo con los datos de las legislaciones relevadas.

A continuación se sistematizaron esos datos, en función de los criterios establecidos y se fueron efectuando nuevos agrupamientos, a medida que se eliminaban los detalles secundarios, con vistas a ir alumbrando las tendencias generales.

En todo caso, se ha procurado construir una red de categorías conceptuales, abonadas por referencias a las distintas legislaciones, evitando, en toda la medida posible, la facción de un mero inventario de las notas caracterizantes de la situación y de las tendencias en la legislación de cada país.

Como consecuencia de lo que acaba de decirse, las referencias a los textos legislativos deben tenerse como el respaldo de las aseveraciones que se formulan.

Por lo mismo, se trata de ejemplos escogidos por su nitidez o por la trascendencia que han tenido, que no agotan la lista de los casos análogos. Una relación más extensa de los textos legales y reglamentarios que tratan de los diversos puntos, puede hallarse en el Apéndice I.

§3. Plan de la exposición

14. De acuerdo con lo establecido precedentemente, se intentará detectar, a partir de las investigaciones cumplidas, cuales son las tendencias que parecen contar con más generalizada aceptación.

Ello puede ser encarado de dos maneras. Una primera, consistiría en tratar de dar una visión global, algo así como una vasta síntesis en la que se procure tomar en cuenta, simultáneamente, la legislación correspondiente a todas las modalidades de formación.

Una segunda manera, no contradictoria, sino complementaria de la anterior, se conformaría en un análisis, con un cierto grado de detalle, de las diferentes formas que asume la regulación de las acciones de formación.

15. A los fines de esta exposición, se procurará seguir al menos parcialmente, los dos caminos antes indicados. En consecuencia, se desarrollará una primera parte destinada a presentar esa visión global de la situación actual y las tendencias que se advierten, a escala mundial, en la legislación sobre formación profesional.

En una segunda parte, correspondería abordar el examen particular de las distintas modalidades de formación profesional. En el caso, sin embargo, el mismo se concentrará en el régimen del contrato de aprendizaje, por varias razones que brevemente pueden resumirse en las que siguen:

a) el contrato de aprendizaje, por diversas causas, es la modalidad que presenta en las legislaciones el mayor grado de homogeneidad, o sea, la que mejor se presta a una comparación que pretenda interesarse por algunos detalles;

b) es en esta modalidad que más claramente confluyen las tendencias detectadas como poseyendo el mayor grado de generalidad;

c) existe una firme corriente de opinión en los círculos relacionados con la FP de que se está viviendo un proceso de revalorización del contrato de aprendizaje;

d) a través de un estudio de la legislación sobre ese contrato, es posible conocer cómo se manifiestan ciertas cuestiones que interesan a la formación en su conjunto. Por ejemplo: la función de los órganos de orientación política y de supervisión de las acciones, los planes de formación, las condiciones que deben reunir los formadores, las relaciones con el conjunto del sistema educativo, las políticas de promoción, la evaluación y certificación de la capacitación, los cuestionamientos a la preeminencia alcanzada por la formación práctica, etc.

16. Al desarrollo de esa segunda parte, que como se comprende, exigirá una mayor extensión, seguirán las conclusiones, en que habrá una sección destinada a la recapitulación de lo expuesto sobre las grandes líneas de tendencia, y otra con referencias y comentarios sobre el contrato de aprendizaje, en que se incluirán juicios de valor sobre su efectividad en relación con el derecho a la formación.

La obra se completa con varios apéndices (la guía de la legislación referida; la lista de abreviaturas y siglas utilizadas y su significado, así como la bibliografía correspondiente).

17. Corresponde precisar que en el curso de la investigación complementaria que precedió a esta segunda edición, se pudo advertir un mayor énfasis en algunas cuestiones, fundamentalmente en los temas vinculados con la *empleabilidad,* así como respecto de las medidas para garantizar la calidad de la formación y en lo relativo a la certificación de las cualificaciones o competencias. Por otra parte, se tiende a ver, cada vez con mayor claridad, la conexión de la formación profesional con las políticas dirigidas a combatir la pobreza en todas sus manifestaciones.

A ese respecto, es sumamente demostrativa la Memoria del Director General de la OIT, que fue presentada y discutida en el curso de la 91ª Reunión de la Conferencia Internacional del Trabajo, en junio de 2003, donde el *trabajo decente* asume un papel central en el combate de la pobreza, y la formación profesional para toda la vida, es considerada uno de los instrumentos necesarios para la extensión del mismo.

El mayor y más intenso desarrollo que las más recientes legislaciones acuerdan a algunos de los puntos que ya estaban en la mira de los legisladores desde hace varios años, –aunque quizás no eran percibidos con la misma nitidez–, no invalida el planteamiento original, ni altera el cuadro de las tendencias que se habían detectado en el curso de la investigación anterior. Antes bien, la acentuación de los mismos, debe ser vista como confirmación o consolidación de las tendencias apuntadas, sin perjuicio de que sea necesario dejar constancia del incremento de la preocupación por determinadas cuestiones.

I

Cuadro general de las líneas de tendencia en las recientes legislaciones

1. A primera vista, se presenta como ardua y quizás con escasas posibilidades de llegar a resultados apreciables, la tarea de distinguir tendencias comunes en materia de FP dentro del vasto universo de la normativa adoptada en estos últimos años en países de muy variadas características.

Sin embargo, asumiendo ese cometido como un riesgo calculado, saltando sobre los detalles que conforman cuadros de diversidad prácticamente infinita y tratando de aprovechar al máximo los rasgos más visibles de las soluciones que se dan a los problemas comunes, resulta posible resaltar algunas coincidencias que pueden conducir a la sistematización de las líneas de tendencia sobre las principales cuestiones.

En ese entendido, se presentarán en sucesivas secciones, los siguientes puntos: 1) Énfasis en las consideraciones económicas y en la adaptación a los cambios, la *empleabilidad* y la inserción en el empleo; 2) Extensión del reconocimiento del derecho a la formación; 3) Incremento del proceso de descentralización; 4) Aumento de la importancia asignada a la formación práctica y consecuente desarrollo de nuevos contratos de trabajo y formación, y revalorización del contrato de aprendizaje.

Es oportuno reiterar la aclaración que las referencias a países y a legislaciones, con que se ilustrará la presentación de las mencionadas líneas de tendencia, deben ser entendidas solamente a título de ejemplo, o sea que no pretenden configurar una relación exhaustiva. Tampoco posee esa condición, la Guía Temática del Apéndice I, pero en ella pueden hallarse, referencias a las legislaciones de un número mayor de países.

§1. Énfasis en las consideraciones económicas, la adaptación a los cambios, la empleabilidad y la inserción en el empleo

2. Si se repasan y comparan las legislaciones sobre FP, tratando de descubrir las ideas que las sustentan, salta a un primer plano la cuestión de la reformulación de los objetivos.

Las definiciones que adoptan, sobre ese particular, las leyes sancionadas en estos últimos años, sin abandonar, en todos los casos, la consideración de finalidades educativas y las referencias a la contribución de la FP a la realización y al desarrollo de los individuos, así como al mejoramiento de los niveles de vida de los trabajadores, parecen inclinadas a priorizar los objetivos económicos. Dentro de ellos, queda incluido todo lo relacionado con los cambios que afectan la producción y con la adaptación a los mismos. En particular, se concede especial atención a los variados problemas que plantea el empleo, desde su conservación y el ascenso en el que se tiene, hasta la adquisición de la competencia requerida para obtener otro.

Ello no obsta a que en algunas legislaciones recientes, como la de Chile, sin perjuicio de la prioridad de las consideraciones económicas y sobre el empleo, –y ciertamente no en contradicción con ellas, sino con la intención de regular su impacto–, se hayan equiparado a las de *capacitación* "las actividades destinadas a desarrollar las aptitudes, habilidades o grados de conocimientos de los dirigentes sindicales" (art. 10 del Estatuto de Capacitación y Empleo, de acuerdo con el texto establecido por la ley 19.765/2001).

Asimismo, aunque en el apartado b) del art. 3 del Programa Leonardo da Vinci de la Unión Europea, en el "Marco común de objetivos" se hace hincapié en medidas dirigidas a promover la formación para responder a las necesidades de las empresas y para contribuir a la reducción del paro, corresponde aclarar que: en cuanto a lo primero, la mención de las necesidades de los trabajadores, antecede a la referencia a las empresas. En cuanto a lo segundo, se agrega, a la expectativa de reducción del desempleo, el objetivo de "facilitar la realización personal".

3. Los intereses que podrían calificarse como humanistas, privan por sobre los demás, en los 19 incisos del referido artículo del Programa de la UE.[1] En el Informe final sobre aplicación de la primera fase de dicho Programa, producido en el 2000, se afirma que las conclusiones del Consejo Europeo de Lisboa, celebrado en marzo de ese año, han dado un nuevo impulso a la educación y la formación, promoviendo la aceptación de la idea de que "la sociedad del conoci-

---

1 El "Leonardo da Vinci" es un programa de acción para la aplicación de una política de FP (formación profesional) de la Comunidad Europea. Fue adoptado por Decisión del Consejo de esa Organización de 6.12.1994. Su primera fase se cerró el 31 de diciembre de 1999.

miento es el medio más adecuado para alcanzar el objetivo estratégico de una economía competitiva y dinámica basada en el conocimiento, que combine empleo, crecimiento económico y cohesión social".

Esta orientación, ha sido reiterada en el Congreso organizado conjuntamente por la *Fundación europea para el mejoramiento de las condiciones de vida y de trabajo* y la Presidencia de la Unión Europea, que se realizó el 12 y 13 de mayo de 2003. De la documentación de esa reunión, parece resultar una nueva valorización de la formación profesional a través del acento puesto en la mejora de la calidad de los empleos, al mismo tiempo que en el de su número. Todo lo cual, no excluye que permanezca en primer plano de las motivaciones del Programa, la idea de que los empleos de mejor calidad sirven para producir "una Europa más competitiva", según ha reiterado el director de la referida Fundación.

4. Los textos legales en que las consideraciones economicistas y la problemática de la inserción en el empleo alcanzan especial relieve, pueden ser sistematizados por sus contenidos, aunque estos, en cierto modo, son complementarios y de límites imprecisos, y desde luego no excluyentes. Con esa salvedad, y con la aclaración de que el orden en que se enuncian no está significando prioridad, se pueden señalar ejemplos de un número grande de legislaciones en que predomina uno de estos tres objetivos:

a) Satisfacer la necesidad de la respectiva comunidad nacional de contar con un contingente de trabajadores en número y calidad adecuados para impulsar su desarrollo económico;

b) Satisfacer las necesidades de las empresas en cuanto a disponer de mano de obra cualificada, y consiguientemente, ubicación de esta como centro de los sistemas de formación profesional;

c) Ayudar a la adaptación a los cambios en los empleos, así como fomentar la inserción y la reinserción a través de la evaluación de las competencias, la formación continua y otras acciones, como las de complementación de medidas de redistribución del trabajo disponible, y la reducción del tiempo de trabajo.

5. El primero de los contenidos que se acaban de enumerar, figura incorporado y se mantiene, desde hace bastante tiempo, en forma más o menos nítida, en la definición de los objetivos de la FP, establecida por la legislación de varios países y entre otros, en las de: Colombia;[2] Corea;[3] El Salvador;[4] Filipinas;[5] Nicaragua;[6] y Tunisia.[7]

---

2   La ley del SENA de Colombia (119/1994), al tratar de la "Misión" de esta institución de formación profesional (IFP) en su art. 2º se refiere a que ofrecerá y ejecutará *"la FP integral, para la incorporación y el desarrollo de las personas en actividades productivas que contribuyan al desarrollo social económico y tecnológico del país"*. Todavía más nítidamente la fundamentación económica está en primer plano en el art. 3º que trata de los

Es anterior, pero igualmente puede citarse, como poseyendo muy claramente análoga entonación, la legislación de Argelia.[8]

También sería el caso de la versión actual del Estatuto de Capacitación y Empleo de Chile, pero la mención al objetivo "de incrementar la productividad nacional", no consta en el art. 1°, sino en el 10, de la ley de 2001 que regula el Sistema.

En la ley filipina, se alude concretamente a "conseguir competitividad internacional". Asimismo, lograr "competencia en los mercados globales", figura en lugar preeminente en la fundamentación de la nueva estructura de la formación y capacitación, que comenzó a procesarse en México a mediados de los noventa.[9]

Por otra parte y a la par de su referencia al *régimen de producción socialista* y al *progreso social*, la Ley de Trabajo de la República Popular de China de 5.07.1994, menciona entre sus objetivos, la promoción del desarrollo económico.

6. La ubicación de la empresa en el centro de las preocupaciones y de las soluciones en materia de formación profesional y concretamente, la contribución de esta, a la satisfacción de las necesidades de mano de obra cualificada de las empresas que se estima necesaria para incrementar su productividad, ya era visible en la terminología, –incluso adoptada por el Convenio N° 142 de 1975–, que llevó a calificar a la formación profesional como "desarrollo de los recursos humanos".[10]

"objetivos" del SENA, allí se establece, bajo el numeral 1: *"Dar FP integral a los trabajadores de todas las actividades económicas, y a quienes sin serlo, requieran dicha formación para aumentar por ese medio la productividad nacional y promover la expansión y el desarrollo económico y social armónico del país, bajo el concepto de equidad social redistributiva".*

3   La Basic Law for Vocational Training, N° 2973/1976, enmendada por la ley 3814 de 1986 y la Ley del Trabajo de 1953, enmendada por la 4099 de 1989, establecen como propósito de la FP, contribuir al desarrollo de la economía nacional.

4   Ley de Formación Profesional, Decreto (D) 554 de 8.07.1993, donde se dice que el INSAFORP *"tiene como objeto satisfacer las necesidades de recursos humanos que requiere el desarrollo económico y social del país".*

5   Tanto la ley de 2.03.1994, sobre estímulos a la Ciencia y Tecnología, como la de creación del TESDA de 23.08.1994, incluyen referencias concretas al *"desarrollo filipino y sus fines y objetivos".*

6   D. 3-91 de 10.01.1991, que al tratar de los cometidos del INATEC, hace referencia a *"la fuerza de trabajo calificada requerida por el desarrollo socioeconómico del país".* Sin embargo, el mismo texto afirma que el INATEC *"forma parte del Sistema Educativo Nacional".*

7   La ley 93-10 sobre formación profesional, en el art. 2, se refiere a la contribución de esta a los *"objetivos del crecimiento".*

8   D. 82-298 de 4.09.1982, donde se incluye entre los objetivos de la FP: *"participar en la satisfacción de las necesidades sectoriales y nacionales".*

9   Un alto funcionario del sistema (Agustín E. Ibarra Almada), en un documento difundido por la Secretaría del Trabajo y Previsión Social de México en octubre de 1995, en el que se analiza la "Reforma estructural de la formación y capacitación de recursos humanos y política laboral", afirma que: *"con la reforma del sistema de formación y capacitación se pretende que el país cuente con los recursos humanos calificados que demanda la transformación productiva, la innovación tecnológica y la competencia en los mercados globales"* (p. 24).

10   Ackerman (1996), apoyado en Umberto Eco y en Erich Fromm, destaca la significación que pueden alcanzar los cambios lingüísticos, y al repudiar la expresión "recursos humanos", expresa el temor de que su uso cada vez más frecuente y generalizado por los empleadores, (y por los técnicos) pero no por los trabajadores, sea "otro síntoma de una cultura todos los días un poco más mercantilizada" (p.31) .

Esta forma de encarar la cuestión, aparece como prioritaria en las leyes adoptadas desde hace varios años en varios Estados, entre los cuales pueden citarse: Argelia;[11] Chile;[12] Ecuador;[13] Irán;[14] y México.[15]

En términos generales y sin excluir la especial consideración que en ella se da a las cuestiones vinculadas con el empleo, cabría integrar en este grupo, la ley N° 24.013 de 1991 de Argentina, por cuanto, en su artículo 22-g, se declara el propósito de *"desarrollar una acción más estrecha entre la capacitación y formación de la fuerza laboral y el sistema productivo"*. También habría que señalar que aunque la preocupación por el empleo parece la dominante, el art. 1 de la Resolución N° 57/1994 de Côte d'Ivoire alude a la promoción de las empresas.

7. La colocación del interés de las empresas en el centro de la temática de la formación y aun de la educación en sentido global, –tradicionalmente una reivindicación de los empresarios–, ha ido consolidándose en los últimos lustros, a favor de la creciente aceptación de la ideología neoliberal y la consiguiente nueva significación de los agentes económicos en el escenario social y político.

En esa línea, tomó impulso, ha motivado desarrollos en la doctrina de la formación profesional, y ha tendido a institucionalizarse en la legislación, –situándose entre las pioneras, las de Gran Bretaña, Australia y México–, un método o sistema de difícil definición conceptual,[16] conocido como de *competencia laboral*, o de *formación basada en la competencia laboral*, en el que el interés de las empresas tiene una indiscutible preeminencia.

---

11 Entre los objetivos de la FP en la empresa, enunciados en el D.82-298 consta, en primer lugar: *"la satisfacción de todo o parte de las necesidades de mano de obra cualificada de la empresa"*. Hay también una mención expresa al "desarrollo de la empresa" en la L. 90-11, que incluye en el art. 7, entre las obligaciones de los trabajadores, la de participar en las acciones de formación que el empleador emprenda en el marco de la mejora del funcionamiento o de la eficacia del organismo empleador.

12 En el art. 1 del actual Estatuto de Capacitación y Empleo (L. 19.518/1997, texto dado por el art. 1 de la L. 19.765), se incluye entre los objetivos del sistema de capacitación: *"mejorar la productividad de los trabajadores y las empresas, así como la calidad de los procesos y productos"*. Se ha dejado de lado una mención de decretos anteriores a: *"mejorar la organización y producción de las empresas"*.

13 El nuevo Reglamento Orgánico del SECAP de julio de 1994, en su art. 1 consigna que *"La finalidad fundamental del Servicio...es la capacitación profesional intensiva y acelerada de la mano de obra y de los mandos medios para las actividades industriales, comerciales y de servicios"*.

14 En el Cap. V del CT de Irán de 1992, al referirse al objeto de la formación y a la creación de Centros de Formación, dispone que se deben tomar en cuenta *"las necesidades de las industrias establecidas"*.

15 En el Acuerdo de 27.03.2003 en que se establecen las Reglas de Operación y los indicadores de evaluación y gestión del Programa de Apoyo a la Capacitación, la "competitividad de las empresas", aunque se menciona en último término, se concibe como la realización final del sistema. En efecto, se define como el objeto del referido Programa, la creación de las condiciones para que los trabajadores en actividad y los empleadores de las Micro y PYMES, puedan desarrollarse y evolucionar de acuerdo con el ritmo de los cambios, especialmente los tecnológicos y los nuevos procesos productivos y se especifica que se debe fomentar las actividades de capacitación, como medio para procurar el bienestar de los trabajadores "para incrementar su productividad y, consecuentemente, la competitividad de las empresas".

16 Cfr. Ducci (1997, p. 19); Barretto Ghione (1999, p. 748).

8. Bajo este enfoque, las preocupaciones por la educación y por la formación profesional, parecen ceder ante los requerimientos de las nuevas condiciones de producción y ante el proceso de globalización, que se desarrolla bajo el signo de la más despiadada competencia en las relaciones comerciales nacionales e internacionales, y que a nivel individual repercute en la lucha por los escasos empleos disponibles. En ese contexto, la reiteradamente invocada *formación para toda la vida,* parece responder más que a la necesidad de incrementar y simultáneamente satisfacer la sed de conocimientos y el afán de superación personal, al interés de los empresarios en disponer de "recursos humanos" capaces de adaptarse a las cambiantes condiciones tecnológicas.

Todo lo cual, está ocurriendo en un mundo del trabajo en el que la casi instintiva reacción de supervivencia individual ante el riesgo de perder el empleo ha opacado la solidaridad y en el que la participación sindical ha quedado, en buena medida, relegada en el campo de la FP como en otros, a la eventual resistencia ante prácticas abusivas o cláusulas indebidas introducidas en las normas propuestas por los empresarios.

Frente a esa nueva forma de encarar la cuestión, puede ser del caso preguntarse, si la FP sigue respondiendo en la práctica, a la idea, que al presente, como se verá enseguida, continúa abriéndose camino en el sistema de los derechos humanos fundamentales.

9. Sin embargo y en tanto y cuanto *la formación para la competencia laboral,* no se entienda como excluyente de las preocupaciones humanistas y sí solamente como la razonable consecuencia de la idea realista de evitar "el desencuentro entre las calificaciones laborales ofrecidas y las demandas cualitativas del mundo laboral",[17] algunas de las objeciones a que acaba de hacerse referencia podrían ser atenuadas y hasta superadas.

Ello puede resultar naturalmente de la atención que se preste en el proceso formativo a la *competencia social* y a la *competencia participativa*[18] y del uso que se haga de los instrumentos de este método o sistema.

En primer lugar, debe considerarse como positiva, dentro de las líneas maestras de la formación basada en la competencia laboral, su preocupación por la universalización de las denominadas *competencias básicas (basic skills, key competencies, etc.),* siempre que no se agoten, –como se ha denunciado por gremios de la educación en varios países–, en los aprendizajes directamente relacionados con las ulteriores etapas de la formación profesional.

10. Representa asimismo, un importante avance en la línea de la democratización de los procesos de formación, el perfeccionamiento y ampliación de los

---

17 Agudelo Mejía (2002), p. 19.
18 Ibídem, p.23 y ss.

sistemas de evaluación y reconocimiento de la competencia laboral, que también es actualmente propiciado por el referido método.

Tal perfeccionamiento, tiende a orientarse, en todas partes, a la concreción de lo que la ley francesa define como *"validation des acquis de l'expérience"*.

El establecimiento de un sistema para el reconocimiento de las formaciones profesionales ha motivado una decisión del Consejo de las Comunidades Europeas (92/51/CEE) y en función de la misma, en países de esa región, como por ejemplo en Italia (Dec. 375/2001), se han introducido modificaciones en la legislación respectiva.

En la dirección indicada, son muy claras las recientes previsiones de la legislación francesa. En efecto, el inciso que completa el art. L.900-1 del CT de ese país, incorporado por la ley 2002-73, reconoce que toda persona en actividad laboral tiene derecho a que le sean validadas las cualificaciones adquiridas a través de su experiencia, fundamentalmente profesional. Esa validación, da como resultado "la adquisición de un diploma, de un título con finalidad profesional o de un certificado de cualificación", encuadrado en la lista establecida, por rama profesional, a través de comisiones paritarias, en concordancia con lo dispuesto, a esos efectos, por el *Código de la Educación*.

11. El aumento de la capacidad de empleo de los individuos y de su adaptabilidad a los cambios, como parte de la estrategia para enfrentar la creciente penuria de trabajo, es otro de los objetivos que actualmente se reconocen como prioritarios en materia de formación. Lo cual responde a la preocupación de los legisladores y de los gobiernos, ante los magros resultados de las políticas de flexibilización y desregulación que se pretendía que tuvieran una repercusión favorable sobre el empleo.

Por esta vía, se combina la formación con medidas de contención de los despidos injustificados y de acompañamiento de los por motivos económicos. Al mismo tiempo, la FP se suma a los esfuerzos por redistribuir los puestos disponibles, como ocurrió en Francia, a través de la obligación de negociar cláusulas con ese propósito, en el marco de la reducción convencional del tiempo de trabajo, conforme a la ley de 13.06.1998 y las subsiguientes sobre estos temas.

12. Son claras las intenciones de un número elevado de legislaciones, de poner a la FP en la primera línea de la lucha contra el desempleo, especialmente el tecnológico, por la vía de la formación permanente.

Entre las normas más recientes, que confirman esa orientación, puede citarse el Decreto-ley N° 308/2001 de Portugal, en el que, sin perjuicio de las relaciones con el sistema educativo, se procura que la formación profesional juegue un papel protagónico al encarar la problemática del mercado de trabajo y las políticas de empleo. Del mismo modo, una ley de 2001 de la Comunidad Flamenca de

Bélgica, integra la *formación de inserción* como componente de las políticas y programas de empleo, y como instrumento para la defensa de los niveles de ocupación.

También en la ley española Nº 5 de 2002, el Sistema Nacional de Cualificaciones y Formación Profesional, se concibe en coordinación con políticas activas de empleo, agregando un nuevo elemento, que tiene que ver con la dimensión europea del mercado de trabajo, como es el fomento de la libertad de circulación de los trabajadores.

A su vez, en Marruecos, el Decreto Nº 1584 de 2001, expedido por el Ministerio del Empleo, la Formación Profesional y la Solidaridad, expresa, junto al propósito de "promover la calidad de la formación", el de mejorar la adecuación de la formación "a las necesidades del mercado del empleo".

Entre textos anteriores, pueden citarse como persiguiendo análogos propósitos, las leyes de Argentina;[19] Chad;[20] Chile;[21] Côte d'Ivoire[22] y Gabón.[23]

En Francia, desde hace varios años se trabaja, con participación de los interlocutores sociales, en pos de una ley general sobre formación profesional, con la declarada intención de mejorar los procesos de formación continua, reduciendo las desigualdades de acceso a la formación y dando mayor libertad y mayores facilidades a los trabajadores para el desarrollo de sus cualificaciones. Aunque esas iniciativas no han llegado a concretarse plenamente, varias leyes recientes, han incorporado en ese país, algunas importantes innovaciones en el ámbito de la problemática económica y principalmente de la relativa al empleo. El hecho es que, sin haber sido eliminadas del Código de Trabajo las menciones a la educación permanente, con un sentido global,[24] la extensa ley de 2002-73, ro-

---

19 La Ley Nacional de Empleo Nº 24.013 de 1991, al describir su objeto, en el art. 2-c, dice textualmente: "Incorporar la FP como componente básico de las políticas y programas de empleo", y en el art. 129, al tratar de las atribuciones del MT se refiere en el inc. a), a la integración de *la FP para el empleo en la política nacional laboral.*

20 En el D. 765/PR/MPC/1993, por el que se creó el CONEFE, el art. 2 establece que : "El CONEFE es una instancia... que tiene por misión especial formular políticas y programas de gobierno en materia de educación y formación en relación con el empleo".

21 El D. 1/1989, señalaba como objeto del régimen de capacitación y empleo: "procurar un adecuado nivel de empleo, con el fin de hacer posible el progreso de los trabajadores...". El art. 1 de la L. 19.765 que mantiene en este punto lo prescrito en el art. 1 de la L. 10.518/1997, se limita a mencionar, en el primer lugar, como objetivo del sistema, su contribución "a un adecuado nivel de empleo".

22 El Art. 57/1994 sobre atribuciones de la Agencia Nac. de la FP (AGEFOP) encomendó a uno de sus departamentos realizar estudios e investigaciones con el objetivo de poner en evidencia "el papel de la FP en la resolución de los problemas de promoción del empleo y de las empresas" (art. 1, *cit. supra*). Por otra parte, según el art. 3 del D. 92-316 de creación de la AGEFOP una de sus misiones es elaborar, generar y coordinar los proyectos de FP, según las necesidades detectadas.

23 El D. 273/PR/MINTRHFP de 1994, organiza un Fondo especial de ayuda económica, en cuyos arts. 45 y ss. se contempla que el mismo tomará total o parcialmente a su cargo los gastos de todos los proyectos de FP referidos al reciclaje, el perfeccionamiento, la reconversión o el aprendizaje, con vistas a la inserción o reinserción profesionales.

24 El art. L. 900-1, que encabeza el Libro IX del Código del Trabajo (CT), comienza por la declaración de que "La formación profesional permanente constituye una obligación nacional", para más adelante, dejar consignado que: "La formación profesional continua forma parte de la educación permanente". Es cierto que

tulada sugestivamente de *Modernización social*, se alinea entre las que enfocan como prioritaria la inserción en el empleo. Ello se evidencia especialmente en la incorporación, por la referida ley, con ese claro propósito, de nuevos artículos al CT, y nueva redacción o agregados a varios otros. Lo cual, no obsta a que, dentro de medidas de esa clase, quepan las que apuntan a la ya mencionada *"validation des acquis de l'expérience"*, (art. L.900-4-2, nuevo del CT), que no solo procura instalar "la formación profesional en el corazón del empleo", sino que concibe esa validación como un derecho individual del trabajador, correspondido por obligaciones del empleador, aunque pueda dudarse de su efectividad.[25]

13. Es plenamente representativo de la preeminencia de la problemática del empleo y de los requerimientos de adaptación ante los cambios que se operan en las ocupaciones y en las competencias adecuadas a las nuevas situaciones, el párrafo final incorporado al art. L.933-2 del CT francés, –que a su vez, había sido introducido por una ley de 1991–, que trata de la obligatoriedad de negociar periódicamente sobre formación en los convenios colectivos y otros acuerdos de rama.

En efecto, el nuevo párrafo, que se incorpora al referido artículo del CT, determina que: "La negociación sobre las prioridades, los objetivos y los medios de la formación profesional debe tratar sobre las acciones de formación que deben ser puestas en ejecución para asegurar la adaptación de los asalariados a la evolución de sus empleos y al desarrollo de sus competencias, así como de la gestión preventiva de los empleos de las empresas de la rama, ante la previsible evolución de los oficios. La negociación debe también tratar de las condiciones en que los asalariados pueden beneficiarse de una entrevista individual sobre su evolución profesional, así como sobre su continuidad".

14. Diversos factores vinculados con orientaciones políticas que han sido aplicadas de modo bastante generalizado, así como el mayor involucramiento de la FP en el mundo del trabajo, resultante de la nueva definición de sus objetivos prioritarios, han determinado la acentuación y generalización de la tendencia hacia la inclusión de esta problemática en las competencias de los Ministerios de Trabajo en vez de los de Educación.

---

ya algún párrafo introducido en ese Libro, daba entrada a motivaciones económicas, como el que encuadra el derecho a la cualificación profesional, en la que corresponda "a las necesidades de la economía previsibles a corto o mediano plazo" (párr. incorporado al encabezamiento del art. L.900-3 del Código del Trabajo por ley No. 91-1405 de 31.12.1991). Con relación a ese punto, cabe tomar en consideración que si bien en esta ley hay una apertura hacia las consideraciones económicas, no puede reconocerse una preeminencia de éstas, por cuanto, según señala J-M. Luttringer, en el Acuerdo Nacional Interprofesional del 3.07.1991, que es el antecedente de la ley 91-1405, se mantuvo "el consenso sobre la doble finalidad de la formación continua: desarrollo individual de los asalariados y competitividad de las empresas" ("L'acc. nat. interp. du 3.VII.1991...", in rev. *Droit Social*, París, N° 11/1991, p. 800).

25 Maggi-Germain (2002, pp. 334 y 336).

Tal cambio, puede entenderse justificado en las actuales circunstancias, con tal que no represente el abandono de las preocupaciones humanísticas de la formación. Por otra parte, no puede dejarse de tener presente que el cambio sobreviene en momentos en que los Ministerios de Trabajo, o los que con diferentes denominaciones hacen sus veces, no gozan de real autonomía para conducir, bajo sus propias orientaciones, la política de formación que, en los hechos, está supeditada a directivas, a veces muy concretas, fijadas por los titulares de la política económica.[26]

15. Asimismo, en aquellos países, como la mayoría de los de América Latina, en que las Instituciones de Formación Profesional (IFP) habían sido el eje de todo el sistema a escala nacional, tal proceso está significando también, un sensible debilitamiento de las mismas, comportando una progresiva pérdida de protagonismo. Es oportuno acotar que, con el propósito de defender las instituciones públicas de formación profesional, se han constituido en algunos países, como es el caso de Colombia, círculos de estudios sobre estos temas, para generar conocimiento, cambiar prácticas y actitudes y contrarrestar las campañas de desprestigio orquestadas por los sectores partidarios de la privatización total de la FP.

Cabe señalar, a ese respecto, que las IFP en algunos países, han perdido o enfrentan el riesgo de perder o ver disminuidas sus fuentes de recursos, no sólo por la derogación de la contribución sobre la nómina, sino también por la posible desviación de esos fondos a otros destinos, así como por la eventualidad de ser dejadas de lado en la atribución de los provenientes de financiaciones acordadas por los bancos internacionales.

16. La referida tendencia, se manifiesta también, en leyes que cometen a los Ministerios de Trabajo funciones en materia de política de formación, de tutela, supervisión o financiamiento de las IFP y de los órganos del sistema de formación, y hasta, en algunos casos, de planeamiento y ejecución de los programas y de las acciones correspondientes.

Se encontrarían, al menos en alguna de esas situaciones, normas que se han ido adoptando en varios países, entre otros: Argentina (L. 24.013/1991, art. 5, y L. 24.465/1995); Brasil (Res. 96/18-10-95 del Consejo Deliberativo del Fondo de Ayuda al Trabajo, CODEFAT); Corea (L.S. art. 75.2); Estados Unidos (según la *Job Training Partnership Act*, reformada en 1992, existe una *Employment and Training*

---

26 El *proceso de erosión de las facultades* de los Ministerios de Trabajo es un fenómeno que se viene produciendo desde hace ya tiempo, como fue destacado por Efrén Córdova al examinar la situación en América Latina (*Las relaciones colectivas de trabajo en América Latina*, Ginebra, OIT, 1981, p. 67). Lo característico de la situación actual es la global supeditación de los titulares de estas carteras a los "superministros" de asuntos económicos.

Administration (ETA) dentro del *Department of Labor (DOL)*; México (Programa Nacional de Capacitación y Productividad, y Programa de Calidad Integral y Modernización, CIMO); Namibia, *(National Vocational Training Act/*1994, arts. 3 y ss.); Portugal (Decreto ley N° 308/2001), etc.

En ciertos Estados, particularmente del Norte de África, se ha preferido constituir Ministerios de Formación Profesional, con algunos aditamentos en la denominación, como en Marruecos (D.584/2001); Argelia (Decreto de 2003); también en Tunisia (desde el D.90-875, de 1990, aunque actualmente se ha agregado una referencia al Empleo y ese Ministerio comparte funciones con el de Educación y Formación, según D. de 2002).

En esa dirección, en Francia o Tunisia, la preocupación por los problemas de inserción ha llevado a la especialización de los Ministerios que se ocupan de la formación en cometidos relacionados con el Empleo y la Solidaridad.

En otros países, se han constituido Secretarías especializadas, como en el Reino Unido (en Educación y Trabajo), o la expresión *Formación Profesional* pasa a integrar la denominación descriptiva de los contenidos de la cartera, como en Gabón (Ministerio de Trabajo, Recursos Humanos y Formación Profesional).

Ministerio de Protección Social, es el nombre asignado actualmente en Colombia al que tiene a su cargo el relacionamiento con el Servicio Nacional de Aprendizaje (SENA). El mismo, resultó de la fusión, por el D. 205/2003, de los de Trabajo y Seguridad Social con el de Salud.

La formación no es mencionada y sí solamente la Empresa y el Empleo, en la denominación del Ministerio al que se refiere la reciente ley irlandesa sobre estas cuestiones (*National Training Fund Act - 2000*).

Tal vez previendo los frecuentes cambios de denominación de los portafolios, en algunos países, como en Bélgica, los textos suelen limitarse a hacer referencia al *Ministerio Encargado de la Formación Profesional* (Decisión del Ejecutivo de 24.10.91).

17. No obstante cuanto acaba de ponerse de relieve, en algunas normas recientes, se mantiene la competencia en materia de formación de los Ministerios o Secretarías de Educación. Es, por ejemplo, el caso de la República Sudafricana, donde la *South African Schools Act, 1996*, la *Further Education and Training Act*, N° 98 de 1998 y la *General and Further Educatin and Training Quality Assurance Act*, N° 58 de 2001, aclaran que, cuando se menciona al "Ministro", se trata del de Educación.

Es también el caso de Honduras, donde la Secretaría de Educación ejerce tutela sobre la institución oficial de formación (CENET), o el ya mencionado de Tunisia, en que el Ministerio de Educación comparte tareas con otros departamentos ministeriales.

En algunos países, se les han reasignado funciones en la materia, a los Ministerios de Educación, por ejemplo en Côte d'Ivoire, donde estaban a cargo del

Ministerio de Asuntos Sociales (D.84-545), pasaron al de Educación Nacional (D.92-316).

En varios ordenamientos, como los de Argentina, Brasil, Francia e Italia, hay competencias relacionadas con la formación que comparten varios ministerios, o en que tienen intervención, con diverso grado de autonomía, las autoridades estaduales, regionales o departamentales.

En Austria, algunas competencias referidas a la FP, *v.g.* la determinación de las actividades que requieren aprendizaje, son directamente asignadas a los Ministerios de Economía.

En Albania, según lo dispuesto por la ley N° 8872 de 29.03. 2002, la Coordinación del Sistema de Formación Profesional se realiza por el Consejo Nacional de la Educación y de la Formación Profesional, que está integrado por los diversos ministerios que tiene relación con estos temas.

§2. Extensión del reconocimiento del derecho a la formación

18. Para afirmar que existe una sostenida tendencia hacia el reconocimiento del derecho a la FP como un Derecho Humano Fundamental,[27] pueden tomarse en cuenta dos ámbitos, el internacional y el nacional.

El derecho a la educación, en un sentido amplio, que incluye el derecho a la formación profesional, consta en los instrumentos internacionales y en la legislación de muchos países. Empero, además del reconocimiento del derecho a la FP como parte del derecho a la educación, muchos textos aceptan la especificidad del de la FP y su pertenencia al mundo del trabajo y al ramo del derecho que regula sus relaciones. O sea, que se le atribuyen al derecho a la FP dimensiones propias, aunque no contradictorias con su amparo a título de modalidad del derecho a la educación.

19. El entendimiento del derecho a la formación profesional, como poseyendo especificidad, es relativamente antiguo, y ha ido perfeccionándose en sucesivos instrumentos internacionales que cuentan con un elevado número de ratificaciones, o han superado esa exigencia, hasta el punto de ser aceptados por la conciencia jurídica universal como *jus cogens*.[28] Este derecho, así concebido, ha sido incorporado a varias categorías de instrumentos.

---

27 V.: Barretto Ghione, 2000, pp. 33-45 y anexos documentales de la obra, p. 103 y ss. Del mismo autor, se recomienda consultar un estudio posterior (2001), con un desarrollo muy completo sobre estas cuestiones: *La obligación de formar a cargo del empleador*, FD-FCU.

28 Según el art. 53 de la Convención de Viena, una norma internacional tiene el carácter de *jus cogens*, cuando es "aceptada y reconocida por la comunidad internacional de los Estados en su conjunto en tanto que norma respecto de la cual no está permitido imponerle ninguna derogación y que no puede ser modificada más que por una nueva norma de derecho internacional que posea el mismo carácter".

A) *Reconocimiento internacional del derecho a la formación*

20. El derecho a la FP cuenta, desde hace bastante tiempo, con reconocimiento en textos internacionales. Incluso se puede rastrear en el Preámbulo de la Constitución de la OIT, que integraba el Tratado de Versalles de 1919 y desde luego, el derecho a la FP está implícito en la Declaración de Filadelfia de 1944, relativa a los fines y objetivos de la Organización Internacional del Trabajo.[29]

Ese derecho alcanzó su pleno y universal reconocimiento al más alto nivel en dos instrumentos de singular jerarquía y alcance general: la *Declaración Universal de los Derechos Humanos* (DUDH) de 1948, y el *Pacto Internacional de Derechos Económicos, Sociales y Culturales* (PIDESC) de 1966.

En la *Declaración Universal,* consta en el art. 26, como manifestación del derecho a la educación. En el PIDESC, *la orientación y la formación profesionales,* aparecen como un instrumento indispensable para la materialización del derecho al trabajo (art. 6), pero también; el derecho a la formación está implícito en la enumeración de las *condiciones justas y equitativas del trabajo* (art. 7), y se desarrolla como parte del *derecho a la educación* en el art. 13.

Instrumentos algo posteriores, insistieron en su significación para la eliminación de discriminaciones respecto de los minusválidos (*Declaración del Derecho de los Impedidos* de 1975, art. 6) y de las mujeres –Convención de 1979, arts. 10 a) y 11.1.c)–.

21. Es sabido que la Conferencia Internacional del Trabajo, desde su 21ª Reunión, había adoptado algunos Convenios que trataban cuestiones conexas con la formación para ciertas actividades, como los Nos 53 (1936) y 69 (1946), así como varias Recomendaciones. Pero fue recién en las reuniones de 1973 y 1974, que se aprobaron instrumentos de alcance general, como el C. 140 y la R. 148 sobre *licencia pagada de estudios* y el C. 142 y la R. 150, sobre *formación de los recursos humanos.*

En las conclusiones de la primera discusión sobre la revisión de la Recomendación 150, –que tuvo lugar en la 91ª Reunión de la Conferencia en 2003–, se insiste, desde los lineamientos del Preámbulo, sobre la significación fundamental de la educación, la formación profesional y el aprendizaje. Asimismo y explícitamente, se aspira a que la Recomendación que se adopte en definitiva, sirva para alentar a los Estados Miembros de la Organización para que "reconozcan el derecho de todos a la educación y a la formación y en colaboración con los interlocutores sociales, se esfuercen para garantizar el acceso de todos a la educación y al aprendizaje permanente" (Punto 14 a).

---

29   V.: "La FP en los instrumentos constitutivos de la OIT y en el sistema de las NIT", *in Boletín Interamericano de Formación Profesional* (Boletín Cinterfor), N° 128, julio-set., 1994, p. 52 y ss.

22. El derecho a la formación ha sido incorporado a instrumentos regionales como la Carta Social Europea (1961) especialmente en los arts. 10 y 15, así como al Protocolo de San Salvador de 1988, adicional a la Convención Americana sobre Derechos Humanos, en materia de Derechos Económicos, Sociales y Culturales (arts. 6-1 y 2; 7.b.c; 13-3 y 3.9; 17- encab. y 18- encab.). En la Carta Africana de Derechos Sociales de 1981, aunque no hay una referencia especial al derecho a la formación, el inciso a) del art. 17, afirma en términos omnicomprensivos, que "todas las personas tienen derecho a la educación".

En varios instrumentos de integración económica, también aparece este derecho a la formación, que tiene su formulación más amplia en la Declaración Sociolaboral del Mercosur (1998), cuyo art. 16 comienza estableciendo que "Todos los trabajadores tienen derecho a la orientación, la formación y la capacitación profesional", para extenderse, a continuación, sobre el compromiso que deben asumir los Estados Partes respecto de la institución de servicios y programas con ese propósito, de su articulación y de "la efectiva información sobre los mercados laborales".

Este derecho, ha sido incluido, aunque de una manera indirecta, en otros instrumentos de ese tipo, como la Carta de los Derechos Fundamentales de los Trabajadores de la Comunidad Europea del 9.12.1989 (art. 15),.[30] y resulta reforzado por las previsiones de los actuales arts. 149 y 150, de los Tratados de la Unión Europea, conforme a la versión consolidada resultante del Tratado de Niza de 26 de febrero de 2001.[31]

23. Pueden señalarse, como consecuencias necesarias de la consagración internacional del derecho a la FP, las siguientes:

a) La proclamación del derecho a la FP en cuanto condición para el goce del *derecho al trabajo*, obliga a los Estados a proveer los medios jurídicos y los servicios correspondientes, para asegurar a todas las personas, sin ninguna discriminación, el máximo de oportunidades de acceder a una capacitación acorde con sus expectativas;

b) Las oportunidades de formación que la legislación y la práctica de cada país tienen la obligación de proveer, deben existir a todo lo largo de la vida activa de las personas, para habilitar la *formación permanente*, permitiendo una constan-

---

30 El texto del art. 15 es el siguiente: *"Todo trabajador de la C.E. debe poder tener acceso a la FP y poder beneficiarse de la misma a lo largo de la vida activa. En las condiciones de acceso a dicha formación no podrá darse ninguna discriminación basada en la nacionalidad. Los poderes públicos competentes, las empresas o los interlocutores sociales, cada uno en el ámbito de su competencia, deben establecer los sistemas de formación continua y permanente que permitan a todo ciudadano reciclarse, especialmente mediante permisos de formación, perfeccionarse y adquirir nuevos conocimientos a la luz de la evolución técnica".*

31 A la fecha de la presente edición, la Comisión encargada de la redacción de una Constitución para la Unión Europea, ha previsto la incorporación de la Carta de Derechos Fundamentales, al proyecto, en vías de aprobación.

te superación y los progresos materiales resultantes de las promociones en el empleo, tanto como las adaptaciones y recalificaciones necesarias para su conservación;

c) Para que la igualdad de oportunidades sea efectiva, deben arbitrarse medidas especiales, de modo de posibilitar, de la manera más amplia, la FP de las personas pertenecientes a grupos con características particulares o que, por diversas circunstancias, puede considerarse que se hallan en inferioridad de condiciones a ese respecto (mujeres, migrantes, indígenas, menores, personas de edad avanzada, minusválidos, etc.);

d) En la formulación y ejecución de los planes y programas de la FP debe reconocerse que, al margen de cualquier otra consideración, se trata de un derecho de los trabajadores o de los potenciales trabajadores, lo que representa suficiente título para justificar su amplia participación en ellos, a través de sus organizaciones representativas;

e) Por consiguiente, la negociación colectiva es un medio idóneo, a los distintos niveles, para tratar todo lo relativo a la FP y esta materia puede integrar el contenido de los convenios colectivos, como efectivamente es cada vez más frecuente y resulta estimulado por las legislaciones de varios Estados. Eventualmente, la FP puede también integrar, y de hecho ha comenzado a estar presente en la negociación colectiva supranacional .

f) El derecho a la formación supone el derecho de quienes se hallan en una relación de trabajo a disponer del tiempo necesario para aprovechar, sin ninguna discriminación, las oportunidades de formación que se presenten y para gozar de las facilidades correspondientes, incluida la licencia de estudios;

g) Por su parte, los empleadores asumen las obligaciones correlativas de modo de que el derecho a la formación sea efectivo.

B) *El derecho a la formación en los ordenamientos nacionales*

24. Corresponde examinar ahora la manera en que los compromisos que derivan de los instrumentos internacionales se han materializado en la legislación interna.

A los efectos de ese examen, se mencionarán algunos ejemplos de ordenamientos que han reconocido de modo general el derecho a la educación, así como los que, de una u otra forma, han señalado la especificidad del derecho a la FP, o han declarado a la FP como una obligación fundamental del Estado, para llegar hasta las que han admitido la existencia de un derecho subjetivo a la formación, oponible al empleador, con todas sus consecuencias.

Es innecesario decir que no se trata de categorías excluyentes y que la legislación de un mismo país puede contener normas sobre todas ellas.

25. El derecho a la educación, en términos que permiten considerar comprendido el de formación, consta en buen número de constituciones de reciente data, especialmente en las iberoamericanas, como las de Bolivia, 1967-94, art 7; Brasil, 1988, art. 6°; Ecuador, 1996, art.96; El Salvador, 1982, art. 40; España, 1978, art. 27.1; Guatemala, 1995, art.. 71; Honduras, 1982, art. 63; Portugal, 1976, art. 73.1 y 74.3; etc.

En la República Argentina, luego de la reforma constitucional de 1994, el derecho a la educación y a la formación, quedó integrado al derecho interno en los términos en que consta en los instrumentos internacionales y regionales sobre derechos fundamentales. Ello resulta del nuevo inciso 23 del art. 75 que reconoció jerarquía constitucional a la DUDH, al PIDESC, al PIDCP, y otros ocho tratados y convenios internacionales y regionales.

A análoga conclusión, puede llegarse respecto de otras constituciones, como la de Portugal (1974), cuyo art. 18, alude en forma genérica a las normas aplicables de Derecho internacional sobre los derechos fundamentales, exigiendo que los preceptos relativos a ellos, sean "interpretados e integrados en armonía con la DUDH".

A su vez, en la Constitución de Nicaragua de 1987, además de resultar del art.46, el derecho a la plena vigencia de los inherentes a la persona humana consignados en los instrumentos internacionales y regionales, el art. 85 establece el derecho de los trabajadores "a su formación cultural, científica y técnica", agregando que "el Estado la facilitará mediante programas especiales".

En España, la Constitución de 1978, luego de reclamar en el art. 10-2, la necesaria conformidad con la DUDH y demás tratados y acuerdos internacionales sobre derechos humanos en la interpretación que se dé en lo interno a las normas relativas a esos derechos, especificó en el art. 40-2, que "los poderes públicos fomentarán una política que garantice la formación y la readaptación profesionales".

En la Constitución de Perú de 1993, luego de señalarse en el art. 14, que la educación "prepara para la vida y el trabajo", el art. 16 estipula que "es deber del Estado asegurar que nadie se vea impedido de recibir educación adecuada". El art. 23 completa la idea, especificando que el Estado debe promover "condiciones para el progreso social y económico, en especial mediante políticas de fomento del empleo productivo y de educación para el trabajo".

La Constitución de Brasil, de 1988, dice en el apartado 3 del art. 218, que el Estado "apoyará la formación de recursos humanos"; la de El Salvador de 1983, en su art. 40, manda establecer "un sistema de formación profesional para la capacitación y calificación de los recursos humanos", y la de Honduras de 1986, luego de consagrar el derecho a la educación de los menores, en el art. 140 dispone que "El Estado promoverá la formación profesional y la capacitación técnica de los trabajadores".

Una reforma operada hace veinticinco años al art.123 de la Constitución de México, completó, en el apartado XIII, la idea del derecho de toda persona "al trabajo digno y socialmente útil", a que hace referencia la primera cláusula de dicho artículo, configurando el derecho subjetivo de los trabajadores "a la capacitación o al adiestramiento para el trabajo", imponiendo al empleador la obligación de proporcionarla. En esa misma línea la Constitución de Colombia de 1991, establece en el art.54, a continuación de la ya referida mención del Estado, que los empleadores están obligados a ofrecer formación y habilitación profesional y técnica.

Fuera de Iberoamérica, también pueden encontrarse ejemplos de la formulación indirecta del derecho a la formación en normas constitucionales, como la Ley Fundamental de Alemania de 1949, art. 12.1, en que se consigna el derecho a la libre elección del puesto de trabajo y del centro de formación; así como en la Carta de la República Popular de China de 1982, en la que el párrafo final del art. 42 asevera que: "El Estado proveerá formación profesional a los ciudadanos con anterioridad a que sean empleados".

26. En la legislación ordinaria de varios Estados de todos los Continentes, hay ejemplos de la afirmación del derecho a la FP. Entre otras, en la de los siguientes:

Argelia, (art. 6 de la ley 90-11 de 21.04.1990, que consagra expresamente "el derecho a la formación profesional y a la promoción"); Argentina, (art. 96 de la ley sobre PYMES, que proclamó a la capacitación profesional como "un derecho y un deber fundamental de los trabajadores" de dichas empresas); Chile, (CT, art. 182, refiere al "derecho de los trabajadores seleccionados para seguir los cursos de capacitación ocupacional" al establecer la prohibición de medidas que pueden adoptar los empleadores para impedir su goce); China, (Ley del trabajo de 5.07.1994, cuyo art. 3, al enumerar los derechos de que gozarán los trabajadores, incluye el de "recibir formación profesional"); España, (ET –texto refundido por el Dec. leg. 1/1995–, donde se consigna en el ap. b) del art. 4, que los trabajadores "tienen derecho... a la promoción y la formación profesional en el trabajo"); Francia, (ley 90-579, donde se dispuso que el art. L.900-3 del CT se encabezará con el siguiente párrafo: "Todo trabajador incorporado en la vida activa o toda persona que se incorpore a ella tiene derecho a la cualificación profesional y debe poder seguir, según su iniciativa, una formación que le permita, cualquiera sea su estatuto, adquirir una cualificación");[32] República Dominicana, (CT -Ley 16/1992, en el que consta como Principio XI el reconocimiento entre los derechos básicos de los trabajadores, la capacitación profesional); etc.

---

32   Como se verá en los próximos párrafos, en Francia, la "Ley quinquenal" de 20.12.1993, extendió el contenido de este derecho, incorporando un nuevo artículo al C.T. (L.932-2).

Asimismo, en Argentina, la Ley Federal de Educación N° 24.195/1993, consagra el derecho a aprender sin distinción alguna y reclama en el inc. f del art. 5, la concreción de la efectiva igualdad de oportunidades. Se trata de disposiciones plenamente aplicables a la formación profesional, no sólo en función de principios generales, sino también por cuanto la misma ley, entre otras modalidades de enseñanza, regula bajo la denominación de educación *polimodal*, la FP en régimen de alternancia.[33]

27. El derecho subjetivo de los trabajadores a la formación, del que surge la correlativa obligación de las empresas de proporcionarla, es afirmado en varias legislaciones en términos más o menos explícitos.

Entre las legislaciones donde ese derecho subjetivo es más claro,[34] cabe citar: el Cap. V de la Ley de Argelia 90-11, que trata de la formación y promoción en el curso del empleo, y la Ley del Trabajo de China de 1994, cuyo art. 68, determina que las unidades empleadoras deben establecer un "sistema de formación en el lugar del trabajo...proporcionando formación a los trabajadores de manera planificada de acuerdo con la real situación de la unidad". A mayor abundamiento, y ratificando la previsión constitucional, el mismo artículo dispone que "los trabajadores que realicen tareas técnicas deberán recibir formación antes de hacerse cargo de sus puestos".

También el art. 179 del CT de Chile, hace responsable a la empresa "de las actividades relacionadas con la capacitación ocupacional de sus trabajadores", incluyendo en ese concepto todo lo relativo a promover, facilitar, fomentar y desarrollar aptitudes, habilidades o grados de conocimiento. Se menciona también como obligación de las empresas en materia de capacitación, lo relativo a la "necesaria adaptación a los procesos tecnológicos y a las modificaciones estructurales de la economía".

En Irán, el art. 110 del CT de 27.12.1992, impone la colaboración de las empresas en la creación de centros de formación en los lugares de trabajo y establecimientos análogos.

---

33 Aunque es de un período anterior al que se está considerando, parece oportuno citar también el art. 1 de la ley adoptada en Italia el 21.12.1978 (Ley marco sobre formación profesional), por cuanto, al definir su "finalidad", asevera que la promoción de la formación y la elevación profesional, representa un modo de actualizar preceptos constitucionales, de "volver efectivo el derecho al trabajo y a su libre elección y de favorecer el desarrollo de la personalidad de los trabajadores a través de la adquisición de una cultura profesional".

34 Entre las legislaciones que primero desarrollaron esa idea de una manera nítida, se cuenta la LFT de México, de acuerdo con la reforma de 28.04.1978 que incorporó el Cap. III bis al Tít. 4° sobre derechos y obligaciones de empleadores y trabajadores. El primer artículo del referido nuevo capítulo dispuso: art. 153-A: "Todo trabajador tiene el derecho a que su patrón le proporcione capacitación y adiestramiento en su trabajo que le permita elevar su nivel de vida y productividad, conforme a los planes y programas formulados, de común acuerdo, por el patrón y el sindicato o sus trabajadores y aprobados por la Secretaría del Trabajo y Previsión Social". Sobre estas normas y sus antecedentes: *La legislación mexicana sobre capacitación y adiestramiento desde la perspectiva del derecho latinoamericano*, Ed. Pop. de los Trab., México, 1981, pp.27-31.

En términos incuestionables, aunque supeditado su ejercicio a las condiciones definidas por los convenios colectivos correspondientes, el derecho individual a la FP de los asalariados es reconocido por el art. L.932-2 del CT de Francia, incorporado por la ley 93-1313, dentro de la figura de los beneficiarios del *capital de tiempo de* formación,[35] aunque estudios recientes han señalado que sólo el derecho a la adaptación está plenamente respaldado por una obligación correlativa plena del empleador.

28. Sin limitarse a los contratos en que está incluido el elemento formación, la jurisprudencia de algunos países y en particular la de los tribunales franceses, incluida la Corte de Casación,[36] ha desarrollado una tesis, según la cual, de la obligación del empleador de ejecutar de buena fe el contrato de trabajo, deriva el deber de asegurar la adaptación de los asalariados de su empresa a la evolución de los empleos, proporcionando la formación adecuada.

Se ha destacado la pertinencia de esa interpretación cuando la necesidad de readaptación o recalificación es consecuencia de una decisión de gestión, la cual por la introducción de nuevas tecnologías o la transformación de la organización del trabajo, "ha afectado el equilibrio inicial del contrato fundado sobre la cualificación, la competencia o la aptitud del asalariado, contractualmente convenidas".[37]

Tal desarrollo jurisprudencial ha permitido aseverar, con validez que desborda el marco normativo del derecho de un país determinado, puesto que se basa sobre conceptos comunes de la doctrina tradicional sobre los contratos, que "la afirmación del deber contractual de adaptación, fundamentado en la 'buena fe' contractual, permite de ahora en más apreciar mejor la obligación de formación que puede desprenderse de ella". Asimismo, se ha podido constatar que "la irrupción de la formación en el corazón de las relaciones de trabajo es actualmente un hecho fuera de discusión".[38]

Incluso, algunos analistas se preguntan si la puesta en evidencia de obligaciones de formación en contratos de trabajo típicos, no representa una mutación de su objeto.[39]

35 Sobre el alcance de ese concepto: P. Arbant, "Le capital de temps de formation" in rev. *Droit Social*, París, N° 2/ 1994, pp. 200-203.

36 Fallo del 25.02.1992, publ. en la rev. *Droit Social*, París, 1992, p. 379.

37 J-M. Luttringer, "L'entreprise formatrice sous le regard des juges", *in* rev. *Droit Social*, París, N° 3/1994, p. 285.

38 Ibídem, pp. 285 y 283.

39 M. Del Sol, "Le droit des salariés à une FP qualifiante: des aspects juridiques classiques, des interrogations renouvelés", in rev. *Droit Social*, París, N° 4/1994, pp. 412-421, espec. Parte II.

C) *Consecuencias y condicionamientos de este derecho*

29. Las consecuencias y condicionamientos del derecho a la FP resultantes de la forma en que es regulada por las diversas legislaciones, imponen considerar diversas cuestiones.

En primer lugar, resalta un nuevo fenómeno, como es el surgimiento, en algunos sistemas, del deber de los trabajadores de capacitarse (Argentina, L.24.467/1995, art.9), o como dice la ley China (L. de T., art. 2), la obligación correlativa de los trabajadores de mejorar su capacitación profesional. Más expresivamente aún, algunas legislaciones como la ley 90-11 de Argelia en su art.7, establecen la obligación de participar en las acciones de formación, perfeccionamiento y reciclaje y facultan al empleador (Ley cit., art. 69) a exigir esa participación a los trabajadores cuyas cualificaciones lo requieran.[40]

Sin necesidad de dispositivo legal, por aplicación de principios generales y en función del paralelismo entre las obligaciones de ambas partes derivadas del contrato de trabajo, se ha abierto camino la tesis de la obligatoriedad para el trabajador de acceder al pedido del empleador de participar en acciones de formación, que estén justificadas por necesidades de la empresa.[41]

Al presente, la doctrina francesa considera consolidada dentro del cuadro de las obligaciones de los trabajadores la de cumplimentar los requerimientos del empleador en materia de formación. La negativa del trabajador, solo podría resultar justificada por argumentos personales atendibles, así como en los casos en que la pretensión del empleador no esté razonablemente fundada, obedezca a motivaciones ilegítimas o se afecten derechos del trabajador.

30. Una segunda cuestión, tiene que ver con la exigibilidad por parte del trabajador, individualmente considerado, del cumplimiento de la obligación del empleador de proporcionar formación profesional.

Sobre el particular, las legislaciones no suelen contener especificaciones muy precisas en el caso de las acciones de formación en el curso de contratos de trabajo comunes, e incluso de relaciones de trabajo y formación, aunque se pueden citar algunos ejemplos en los contratos de aprendizaje.[42]

---

40   Fuera de la relación de trabajo, algunas legislaciones sobre seguro de desempleo, imponen a los beneficiarios, el deber de formarse (por ej.: L. N° 24.013 de Argentina, art.121)

41   Luttringer aporta referencias a fallos de los tribunales franceses en que se ha aceptado la justificación del despido de trabajadores que se negaban sin motivo razonable a realizar *stages* de formación útiles para la empresa (*op. cit.*, pp.286-287). De Buen Unna funda una de sus críticas a las disposiciones de la LFT de México sobre formación, en el hecho de que no se hubiere establecido, al mismo tiempo que la obligación del empleador de proporcionar formación, la de los trabajadores de recibirla. Este autor, también objeta la preferencia que la LFT acuerda a la antigüedad, en las promociones (*Ley Federal del Trabajo*, Themis, México, 1995, comentario al Cap. III Bis).

42   V. infra, II, 7 A).

Sin embargo, algunas leyes determinan de forma clara, como la de Chile, que el incumplimiento patronal en el desarrollo del plan de formación que le hubiera hecho acreedor a ventajas fiscales, le acarrea la pérdida de esas franquicias.

En la legislación francesa, se han agregado sanciones al empleador por haber omitido las negociaciones relacionadas con la salvaguardia del empleo, y por incumplir la obligación de adoptar determinadas acciones de formación o no proponer a los trabajadores afectados por un despido por motivos económicos el beneficio de las medidas de evaluación de las competencias profesionales y de "acompañamiento" con vistas a la recalificación (Nuevas disposiciones del CT, incorporadas en la Sección 3 de la ley 2002-73, arts. 108 y ss.).

Asimismo, en algunos países, la jurisprudencia con el apoyo de la doctrina, ha aceptado una tesis que implica una forma de sanción al empleador que incumple su obligación de proporcionar formación, en todos los contratos en que hay un componente de esa clase. En efecto, la omisión del empleador sobre este particular, provocaría la "recalificación judicial" del contrato como un contrato de trabajo típico.[43]

31. En un plano diferente, el incumplimiento de la obligación del empleador de proporcionar la formación que corresponda, puede generar acciones de tipo gremial, aunque, como es lógico, es variable la eficacia de esta clase de medidas, incluso dentro de un mismo país, en función del poder de negociación del sindicato y de las características de la empresa.

También puede resultar limitado el absolutismo patronal en cuanto a la definición de los planes de formación y sobre la elección de los beneficiarios, por la exigencia de efectuar consultas a los órganos de participación, en todas o en algunas situaciones, como lo especifican la ley o los acuerdos interprofesionales en Alemania (BetrVG, arts.97-98); Bélgica; Francia (CT, art. L. 933-1); Grecia; Luxemburgo; Portugal, etc.[44]

Estos controles parecen indicados para proteger el derecho individual de los trabajadores contra discriminaciones de parte del empleador, y sobre todo, para evitar el muy frecuente desequilibrio de los planes de formación en perjuicio del personal de los escalafones más bajos.

32. Una vía para propiciar el efectivo goce del derecho a la formación, puede derivar del reconocimiento del derecho a la *licencia de formación*.

Se trata de un derecho más amplio, pero que abarca de modo expreso la "formación profesional a todos los niveles"[45] y cuenta con el respaldo de dos instrumentos internacionales: el C. 140 y la R. 148, ambos de 1974.

---

43 Ph. Enclos, "La chronique de jurisp. du CERIT: La requalification judiciaire des stages d'initiation a la vie prof.", *in* rev. *Droit Social*, N° 6/1991, pp. 500-510.

44 R. Blanpain, *Les politiques contractuelles dans le cadre de la FP continue dans les pays membres de la Communauté Européenne*, FORCE, Peeters, Leuven, 1994, pp.44-46.

45 C. 140, art. 2 a).

Conforme a los términos del referido Convenio, la efectividad del derecho a la licencia de formación dependerá, como dice el art. 5, de que se ponga en aplicación por medio de la legislación, los convenios colectivos, los laudos arbitrales o cualquier otro medio compatible con la práctica nacional. Es oportuno aclarar, que es muy bajo el número de ratificaciones que ha alcanzado el C. 140, (solo 33 a la fecha de esta edición), incluyendo países de muy diferentes características y grados de desarrollo.

Entre las legislaciones que han consagrado el derecho a licencia de formación, pueden citarse, *i.a.*: el CT de Belarús de 1992 (art. 194),[46] así como el CT de Irán de 1992, que permite acceder, bajo ciertas condiciones, a esta licencia (art. 113-a);[47] etc. Cabe agregar, que la Resolución dictada en España el 25.02.1993; con el propósito de regular el goce de esa licencia, fue el resultado de un Acuerdo Tripartito y fijó la duración de la licencia retribuida en 150 horas de jornada.

33. En Francia, la licencia de formación ha asumido una nueva significación por la incorporación al CT de un nuevo artículo, L. 321-4-3, dispuesta por la cit. L. 2002-73. Se trata del denominado *congé de reclassement*, previsto en empresas con más de 1.000 trabajadores, que tiene una duración de hasta 9 meses, que operaría como medio de efectivizar el derecho a la recualificación. Este *congé*, debe ser obligatoriamente propuesto por el empleador a cada trabajador alcanzado por la eventualidad de un despido por motivos económicos y puede incluir, además de las acciones necesarias para la recualificación, una evaluación de competencias. Todo lo cual debe ser financiado por el empleador, quien también deberá cubrir la remuneración normal que corresponda conforme a lo previsto en el CT, salvo en los casos de empresas acogidas a un régimen especial (*redressement*) o en liquidación judicial.

Según un nuevo artículo del CT francés (L.321-4-2.1), en las empresas no alcanzadas por el régimen del citado art. L. 321.4-3, el empleador, al formular la carta de despido por motivos económicos, tiene la obligación de ofrecer a los trabajadores que tengan más de cuatro meses de antigüedad, el beneficio de medidas de evaluación de su competencia profesional y de acompañamiento, con vistas a su *reclassement*. La información que se obtenga, no puede ser comunicada a terceros, salvo autorización expresa del trabajador. Una licencia especial, para favorecer la reválida de las competencias adquiridas por la experiencia, se contempla también por el inciso complementario del art. L.900-1 del CT, incorporado por la ley 2002-73.

---

46 Un alcance similar al de la licencia de formación tiene el art. 193 del CT de Belarús que beneficia a los aprendices que frecuentan escuelas de enseñanza general con una reducción de la duración del horario de trabajo.

47 En Irán, el usufructo de una licencia de formación crea la obligación de prestar servicios en el mismo lugar, por un lapso por lo menos dos veces mayor al del período de formación. En caso contrario, se debe indemnizar al empleador.

34. Otro instrumento dirigido a favorecer el goce del derecho a la formación son las becas y demás sistemas de ayudas financieras para personas en formación, o en sus etapas preparatorias, como en el caso de la "asignación de acompañamiento" otorgada por el Real Decreto belga de 16.04.2002, a los jóvenes que siguen una formación preparatoria de un contrato para un primer empleo.

Las prestaciones de este tipo, benefician principalmente a jóvenes y a desocupados, ya sea que se desempeñen como aprendices, que asistan a escuelas o centros de enseñanza profesional, o sigan *stages* de formación, incluso a distancia. Además, existen previsiones similares para otras personas que se integren a programas para asegurar igualdad de oportunidades en el empleo, o favorecer la reinserción.

En algunas normas legales, como la de la Región *Wallonne* de Bélgica, de 10.04.2003, se han introducido estímulos para el financiamiento de la formación de los trabajadores ocupados, consistentes en la atribución de subvenciones, bajo forma "cheques-formación" o "créditos de adaptación", destinados a cubrir en parte los gastos de formación.

35. Entre las normas relativamente recientes sobre estos asuntos, pueden mencionarse: la ley N° 183/1994 de Australia sobre *Student Assistance*; el nuevo Estatuto de Capacitación y Empleo de Chile (Leyes N°s 19.508 y 19.765 de 2001 y su Decreto Regl. N° 186, de 9.3.2002, Tít. III, Párr.VIII; el Reglamento de becas para aprendices dictado por el INA de Costa Rica el 20.02.1995; la Ley N° 400/2000 de Dinamarca, sobre compensaciones a quienes participan en programas para adultos de formación a distancia; la Ordenanza 2/94 del Ministerio de Empleo de Egipto sobre pago de subvenciones para formación; la Ley 993/2001 y la Ord. N° 10-2002 de Finlandia, sobre financiamiento de propuestas de estudios formuladas por adultos y subsidios con ese propósito; el D. 94-495 de Francia sobre ayudas financieras a los *stagiaires* de formación profesional, (CT, arts. R.961-2, 3, 9, 15 y R. 963-3) y el D. 1158 de 2001 sobre asignación de formación en aplicación del art. L.351-10-2 del CT; la Ley N°10/1995 de Kuwait sobre estipendio a estudiantes para formación profesional; la Ley N° 1.397 de 17.06.1999 que creó, en Paraguay, el Consejo Nacional de Becas; varias disposiciones adoptadas en Suecia, como la Ordenanza 322 de 1994, modificativa de otra de 1992, así como la 681 de 2001, sobre contribuciones al desarrollo de la educación de adultos, la extensa N° 744 de 2002, de fomento de la formación de estudiantes adultos, varias leyes, como la L. 358 de 1994 sobre subsidios financieros para jóvenes en formación, sobre educación de adultos y subsidios a los desocupados, y la 1170 de 1994, de enmiendas a la ley sobre programas estaduales o municipales de educación de adultos; el inc. b) del art. 327 de la Ley N° 16.320 de 1992 de Uruguay, que creó un beneficio extraordinario para los trabajadores desocupados que se recapaciten; etc.

En México, existe un Programa, que se mantiene activo, de Becas de Capacitación para Desempleados (PROBECAT) bastante anterior a los que se acaban de mencionar, pues se remonta a 1984. [48]

36. En el plano internacional, la lucha contra la discriminación, por cualquier causa que sea, en materia de empleo y ocupación, es el objeto del C. 111 de la OIT, que a la fecha de esta edición, cuenta con 159 ratificaciones e incluye de modo expreso (art. 1.3) el acceso a los medios de formación.

La R. 111, que complementa el referido Convenio, desarrolla esta cuestión en los puntos 2.e), 3.a)ii y 3.b), y el C. 117, sobre política social, reitera la necesidad de trato igual sin distinción de sexo, en la parte VI dedicada a la "Educación y formación profesionales".

Para garantizar la igualdad de oportunidades en el goce del derecho a la formación, varios ordenamientos recientes, han incorporado previsiones especiales y programas de promoción para grupos socialmente desfavorecidos. Es demostrativa de la preocupación por asegurar igualdad de acceso a la formación y por optimizar las oportunidades de enseñanza y formación de las personas marginalizadas, las mujeres, los minusválidos y en general los que padecen situación de desventaja social, la circunstancia de que esas cuestiones sean expresamente señaladas en el Preámbulo de la *Further Education and Training Act* (Ley N° 98 de 1998) de la República Sudafricana. Con igual propósito, existen en varios países, como Nicaragua, "Programas de Rehabilitación Profesional".

37. Entre las leyes que procuran la igualdad de oportunidades de formación sin distinción de género,[49] corresponde citar las de: Chile, Costa Rica, Estados Unidos, Gabón, Italia, Namibia, Nicaragua, Portugal, Reino Unido, Uruguay, Venezuela y Vietnam.

Asimismo, existen diversas disposiciones de los órganos de la Unión Europea, sobre la igualdad hombre-mujer en materia de trabajo y formación que han sido seguidas de modificaciones, enmiendas o ampliaciones de la legislación de los Estados Miembros.

Algunas normas, como el art. 103 del CT de Gabón, se limitan a consignar que los trabajadores de ambos sexos tienen el mismo derecho de acceso a todos los organismos de formación, de perfeccionamiento y de reconversión profesionales, o como dice el Reglamento del INATEC de Nicaragua (Ac. 41/1995), hom-

---

48 Reynoso Castillo, 2000, p. 39.
49 Esta cuestión ha motivado una entrega especial del *Boletín Cinterfor*, N°s 132-133, julio-dic. 1995, que incluye contribuciones de Petra Ulshoefer, Daniela Bertino, Ma. Elena Valenzuela, Silvia Galilea, Sara Silveira, Visitación Cañizal, Beatriz Peluffo, Suyapa Fajardo, Lis Joosten, Albertina Velázquez, Anke Van Dam, Ma. J. Chévez e Irene Brenes.

bres y mujeres deben tener igualdad de oportunidades de acceso a los Centros de Formación Profesional. Otras, como la Ley de igualdad de oportunidades para la mujer de Venezuela,1993 y la ley N° 16.045/1989 de Uruguay, enfocan diversas hipótesis de discriminación por razón de género, e incluyen referencias expresas en materia de posibilidades de formación igualitaria (Arts.8 a 10 de la ley venezolana) y de formación o reconversión profesionales y técnicas y en cuanto a la capacitación y actualización, así como un procedimiento judicial sumario (arts. 2.12.j y 4 de la ley uruguaya).[50]

En algunos países, por ejemplo en el Reino Unido, entre las funciones del Secretario de Estado que se ocupa de la formación con vistas al empleo, se incluye la de concertar providencias apropiadas, para la adopción de medidas de promoción de las oportunidades de empleo y de formación de las mujeres y los jóvenes o de las personas minusválidas (L. de 26.05.1988, (2)-b).

Acciones positivas para corregir las desventajas de las mujeres en estas cuestiones, están previstas, entre otras, en Argentina (Programa FORMUJER, según la Res. 709/2002 del MTESS, así como el para Jefes de Hogar, en la medida que las implica, adoptado por el D. 165/2002); Chile (Servicio Nac. de la Mujer, 1991); Costa Rica (L. de Promoción de la Igualdad de la Mujer, 1991, arts. 19 y 20);[51] Estados Unidos (Programa para Empleos no tradicionales <NEW>, Reg. JTPA/ 1994, Part 628); Italia (L. 125 /1991);[52] Nicaragua (Ac. 41/1995 del INATEC, art. 57 sobre promoción de la participación de la mujer, que ha dado lugar al Programa "Atención de la Mujer" gerenciado por el INATEC); Vietnam, (CT, arts. 109-111); etc.

38. Programas destinados a aumentar las posibilidades de acceder a la formación, y de este modo actualizar el correspondiente derecho de grupos desfavorecidos, se han instituido por la legislación de un buen número de países.

Entre esas disposiciones, puede citarse, en el ámbito de la Unión Europea, la Res. del Consejo de 11.06.1993, incitando a proporcionar mayores oportunidades de formación para los sectores y personas deventajados, y en particular para jóvenes de hogares con carencias. En el derecho interno, se han dictado disposicio-

---

50 M. Márquez Garmendia, "La reg.del trabajo de la mujer y su regulación en el Uruguay" *in* VV.AA., *Regulación del trabajo de la mujer en América Latina*, OIT, 1993, p. 414.

51 M. del Mar Serna Calvo (*Regulación del trabajo de la mujer en A.L.- Estudio comparado*, en la obra colectiva cit. en la nota precedente, p.15), consideraba en 1993 que esta norma, cuyo objetivo era promover el desarrollo de programas de FP para mujeres en ocupaciones no tradicionales, junto con la Ley de Costa Rica de 1991, eran, las únicas que en América Latina habían encarado medidas positivas en materia de formación.

52 La ley N° 125/1991, contempló acciones positivas para la igualdad hombre mujer en materia de formación y de orientación profesional. Se ha sostenido que la misma "se limitó solamente a imaginar genéricas iniciativas promocionales" (Pessi, "Lavoro e discriminazione feminile", *in Dir. Lav. e Rel. Ind.*, N° 63, año XVI, 1994,3, p. 427). Sin embargo, en el campo de la formación profesional habrían ya dado algunos resultados, pues el mismo A. se refiere, más adelante, al hecho de que las primeras experiencias de aplicación de esa ley muestran "*una concentración de las iniciativas en el área de los proyectos formativos*" (p. 434).

nes en ese sentido en: Argentina (Ley 24.013/1991, arts. 83 a 85 y Res. MTSS 448/ 94);[53] Canadá, Manitoba, (donde por una norma de 2003, se contempla un programa especial para *"northean or aboriginal community"*); Chile (donde están previstos en la legislación, además de programas para grupos o sectores especiales, prestaciones de apoyo para quienes están realizando cursos de formación y un programa especial denominado "Chile joven" de 1991);[54] Costa Rica (Ley integral de la persona joven, N° 8184 de 10.01.2002 y D. N° 30622-C de 21.08.2002); Cuba (Código de la Niñez y la Juventud); Holanda (Programa de Ayudas a la Formación Sectorial <BBS>);[55] Irlanda (*Programa Youthreach*/1985, para jóvenes de 15 a 18 años no integrados en el sistema de educación ni en el de formación); Italia (L. 104/1992, art. 17); Reino Unido (*Youth Training*);[56] Venezuela (D. 273 de 11.08.1994, que creó un Centro de Formación especial, para la capacitación en oficios a jóvenes y adultos con problemas de aprendizaje); etc.

39. El derecho a la formación, implica también ciertas garantías sobre la calidad de la formación, y la realización de constantes esfuerzos para mejorarla, como señala el Considerando 12 del Programa Leonardo da Vinci de la Unión Europea.

Con ese propósito, las legislaciones han impuesto la obligación de atenerse a las directivas establecidas por la autoridad competente,[57] y han previsto controles sobre las escuelas y centros de formación y sobre las empresas, incluyendo la pérdida de derecho a subvenciones y a franquicias tributarias,[58] o la prohibición de realizar contratos de formación.

---

53 Programas para jóvenes desocupados (art.83); para trabajadores cesantes de difícil reinserción (art. 84); para grupos protegidos, art. 85.- La Res. 448/94 trata del Programa Nacional de Pasantías (PRONAPAS). Como desarrollo de la ley 24.013 y otras, se han creado además, por diversas resoluciones del MTESS, programas de empleo que incluyen acciones de formación, así como programas dirigidos directamente a la formación, tales como las dictadas en 2002, que llevan los números 8, 509, 709 y 763 que tratan de la formación, de talleres ocupacionales, asistencia para el trabajo, y otros asuntos, incluido el programa de formación para la mujer, ya aludido precedentemente.

54 Destinado a jóvenes de sectores en situación social desventajosa.

55 Este programa subvenciona las iniciativas para la formación de desempleados. Los planes respectivos se elaboran a escala nacional con los representantes de los interlocutores sociales de los sectores de actividad involucrados.

56 El programa está dirigido a los menores de 25 años, incluso los que tienen empleo, y los que han finalizado su educación general. Con anterioridad, existía un programa similar pero más breve el Youth Training Scheme (YTS).

57 Como lo imponen *i.a.* la "Apprenticeship and Traineeship Act 2001, núm. 80 de Australia (New Douth Wales); el art. 180 del CT de Chile; los arts. 18 y 22 del D. 933/2003 de Colombia; la Orden Adm. N° 113/ 2001 de Filipinas; el D. Nª 1584/2001 de Marruecos; la South African Qualifications Authority Act, 1995; etc.

58 Así, por ejemplo, en Venezuela el INCE estableció, por Orden Adm. 768-93-08 de 13.04.1993 un Reglamento de calificación de los cursos de formación profesional, a los efectos de las deducciones de impuestos que acuerda la ley. Sobre estas cuestiones, en relación con la efectividad de la formación en el contrato de aprendizaje, V. infra la Parte II, 4, B .

En varios países, se han encarado diversas medidas respecto de las condiciones que deben reunir los formadores,[59] así como han adoptado disposiciones con vistas a su constante superación y actualización.

Como la mala calidad de la formación, al frustrar las expectativas de alcanzar una cualificación, equivale a la denegación del derecho, serían de aplicación también en este caso, las respuestas que según se vio precedentemente, se dan para las otras hipótesis en que esto ocurre.

40. También están directamente relacionados con el goce del derecho a la formación, el desarrollo de servicios eficientes de orientación y de preaprendizaje, el establecimiento de vías de comunicación entre las modalidades de formación y el sistema educativo, la homologación de los diplomas y la institucionalización de la certificación de las capacidades adquiridas.[60]

Este derecho incluye, en efecto, la alternativa de promoción social y laboral de la que los extremos precedentemente indicados son condiciones de existencia y factores propulsivos, al dar la posibilidad de seguir la formación adecuada, así como de continuarla en uno u otro sistema y poder acreditar la alcanzada por cualquier vía.

Sobre esas cuestiones, que cobran un especial significado en materia de contrato de aprendizaje, se volverá en la Parte III de este estudio.[61]

41. El derecho a la formación, consigna un especial significado y refuerza su vigencia en relación con la seguridad y el medio ambiente de trabajo.

En efecto, habida cuenta de que la FP "es uno y quizá el más importante, de los nuevos medios seleccionados en una estrategia global de mejoramiento de las condiciones y medio ambiente de trabajo",[62] el derecho a recibirla alcanza una aún más amplia dimensión.

Desde luego, es incuestionable, como lo establecen por ejemplo los instrumentos internacionales sobre la seguridad en la utilización de los productos químicos, que los empleadores deben capacitar a los trabajadores con miras a la utilización segura de productos que entrañen riesgos especiales (C.170/1990, art. 15-d) y que los trabajadores tienen derecho a la formación y, en caso necesario, al readiestramiento sobre los métodos disponibles de prevención y control de dichos riesgos, para protegerse contra ellos (R. 177/1970, Cap. V, punto 26-d).

---

59 Ibídem, Parte II, 4, C).

60 V. La institucionalización de la certificación ocupacional y la promoción de los trabajadores, Cinterfor/ OIT, Montevideo, 1979 (89 pp.).

61 V., infra, II, 10, 11 y 12.

62 Expresiones del experto de la OIT Claude Dumont, recogidas en "Salud ocupacional y seguridad en programas de formación profesional", Cinterfor, Informes, 115, Montevideo, 1983, p.26.

42. Pero el tema, no se agota en esos extremos. Reformas legislativas, como la operada en Francia por la ley 91-1414 de 31.12.1991 que amplió el art. L.231-3-1 del Código de Trabajo, apuntan a considerar que todo jefe de establecimiento está obligado a organizar una formación práctica y apropiada en materia de seguridad, en beneficio de los trabajadores que se incorporan, cambian de puesto de trabajo o de técnica y que esta formación debe ser repetida periódicamente en las condiciones fijadas por la vía reglamentaria o por convenio o acuerdo colectivo.[63]

En el mismo sentido, pueden citarse, entre otras, la *Apprenticeship Training Act,N° 94 de 2000* de Nueva Zelandia que contiene previsiones especiales para la aplicación de la Ley de Seguridad y Salud en el Trabajo de 1992. También en Nicaragua, una Resolución del MT de 1999, dispuso el "procedimiento para normar la capacitación en el ámbito de la higiene y seguridad del trabajo.

Por otra parte, en el Programa Leonardo da Vinci, dentro de las medidas comunitarias de apoyo a las mejoras de los sistemas y de los dispositivos de formación profesional en los Estados miembros de la Unión Europea, se hace una especial mención, como ejemplo de sector clave para ser fomentado, de todo lo relacionado con la protección del medio ambiente, sanidad, seguridad e higiene del trabajo.

§3. Incremento del proceso de descentralización

43. Bajo este rubro se considerarán las diversas manifestaciones de la legislación que concurren a generar una clara tendencia a la descentralización y que básicamente operan de cinco maneras: A) Por la generalización de la participación de los interlocutores sociales en la formulación de la política de formación, e incluso en aspectos vinculados con las medidas para su aplicación y en el funcionamiento de los servicios correspondientes; B) Por la integración de acciones y servicios privados en los sistemas nacionales de formación; C) Por la nueva asignación de los recursos destinados al financiamiento de la formación; D) Por los procesos de descentralización territorial en la conducción de los sistemas y en las acciones de formación, E) Por el nuevo impulso a las modalidades de formación en la empresa.

En la difusión de estas tendencias y de sus manifestaciones más visibles, influye una serie de factores y, en especial, la búsqueda del mejor aprovecha-

---

63 El referido artículo L.231-3-1 del CT francés es muy extenso y detallado, consignando la obligatoria intervención de los órganos representativos del personal. En el mismo, se admite que la extensión de la obligación de los empleadores varía según el tamaño del establecimiento, la naturaleza de su actividad, el carácter de los riesgos que existan y el tipo de empleos ocupados por los trabajadores concernidos. Las disposiciones del artículo cit., se complementan con las de los arts. R.231-32, R.231-63, R.233-10 y R.233-44.

miento de los recursos disponibles, por la vía de la mayor proximidad a los grupos interesados y a los destinatarios de los servicios, y una mayor eficiencia en su administración.

Sin embargo, tales procesos se han visto facilitados y han podido desarrollarse e incrementarse bajo las condiciones propicias de una atmósfera neoliberal, caracterizada por lo que Foucault llamó la "fobia al Estado", que incluye la desconfianza y la irritación respecto de todas las actividades en que interviene, comprendida la gestión de los servicios públicos de educación y de formación.

A) *Participación de los interlocutores sociales*

44. El incremento y la generalización de la participación de los interlocutores sociales,[64] se advierte en varios planos. Pero, en lo fundamental, hay que señalar: por un lado, la participación en la creación de normas de diverso tipo, y por otro, la participación en la formulación de la política de formación y de los respectivos planes de acción, e incluso en la supervisión de los sistemas correspondientes. Esto último, especialmente a través de la integración en organismos asesores y en los de dirección de las IFP.

La participación de los interlocutores sociales en la creación de normas, que implica un grado muy alto de descentralización, por comparación con el antiguo monopolio legislativo del Estado, se reconoce en la adopción de leyes consensuadas o concertadas y, desde luego, en el ámbito de la negociación colectiva, a sus distintos niveles.

En cuanto a lo primero, es ya tradicional, fundamentalmente en Francia, aunque también en Italia, en España y recientemente en Portugal (Decreto-ley N° 308/2001), así como en otros países, que la legislación atinente a la formación sea el resultado de una especie de generalización de acuerdos entre las organizaciones patronales y obreras más representativas a nivel nacional, en los que, en algunos casos, también participa el gobierno.

Son muchas las legislaciones recientes que se remiten a los convenios colectivos como fuente de la regulación de las relaciones que se crean[65] y aun, como en el caso de Argentina, se comete a este medio la puesta en aplicación y el seguimiento de algunos contratos laborales promovidos, que tienen un componente de formación. Asimismo, en países, como los que integran la Unión Europea, en

---

64 Dadas las características del presente estudio, no se entrará a considerar lo relativo a la efectividad y la autenticidad de esa participación, que dependen de la independencia de las organizaciones, de su poder de negociación y del interés que tengan en participar. Sobre esas cuestiones, con especial referencia a América Latina: *El tripartismo y la formación profesional*, cit., espec. pp. 126 y ss.

65 V. Decreto-ley N° 308/2001 de Portugal e infra el desarrollo de esta cuestión respecto del contrato de aprendizaje.

que la negociación colectiva está muy desarrollada, son numerosos los acuerdos sobre formación, a nivel nacional/interprofesional, y por rama.[66]

45. La participación en el establecimiento de la política en materia de formación, resulta de la integración de representantes de las organizaciones representativas de empleadores y de trabajadores en órganos de asesoramiento específico sobre este particular, y en las juntas directivas de las IFP entre cuyos cometidos se encuentra la definición de directrices, planes y programas de acción.

Entre las normas que atribuyen o confirman este tipo de funciones e incluso dan competencias reglamentarias a organismos de integración tripartita, pueden citarse textos de: Chad;[67] Colombia;[68] El Salvador;[69] Filipinas;[70] Nicaragua;[71] Reino Unido;[72] Tunisia;[73] etc., así como, más recientemente, el mencionado Decreto-ley N° 308/2001 de Portugal, que creó el *Consejo Consultivo Nacional para la Formación Profesional* (CCNFP).

En las leyes orgánicas de las IFP, se perfila también la participación en los otros aspectos antes mencionados, con la particularidad que refuerza la nota de descentralización, de que estas instituciones tienden, cada vez más, a dejar a las empresas y a los centros privados la ejecución de las acciones de formación.

---

66 R. Blanpain, *op. cit.*, pp. 46 y ss.

67 El D.765/PR/MPC/93 de 31.12.1993, creó el Comité Nacional para la Educación y la FP en relación con el Empleo (CONEFE), con competencia para formular políticas y programas del gobierno en materia de educación y de formación para el empleo, de llevar adelante acciones de movilización de los interlocutores sociales, etc. Dicho Comité está integrado por seis Ministros, más el Secretario General de la Presidencia de la República por el sector gubernamental, dos representantes de los empleadores, dos de los trabajadores, dos de los productores rurales, dos de las asociaciones de padres de alumnos y un representante de los artesanos (sector informal).

68 En el art. 7 de la Ley de reestructura del SENA (119/1994), se integra el Consejo Directivo Nacional con tres Ministros o Viceministros, un representante de la Asociación Nacional de Industriales, uno de la Federación de Comerciantes, uno de la Sociedad de Agricultores, uno de la Asociación Popular de Industriales (ACOPI), dos de las confederaciones de trabajadores, uno de las organizaciones campesinas y uno de la Conferencia Episcopal. Según el art. 17 tienen análoga integración los Consejos Regionales.

69 La Ley del INSAFORP N° 554/1993, le asigna entre sus atribuciones *"elaborar y revisar periódicamente la política nacional de FP, precisando objetivos y metas de mediano y largo plazo"*; también le encomienda organizar, desarrollar y coordinar el sistema de FP, realizar investigaciones, dictar normas, etc. En el art. 8 se prevé la integración del órgano directivo con tres representantes gubernamentales, cuatro del sector empleador y tres del laboral.

70 Conforme a la ley 7796/1994, integran la dirección de la Technical Education and Skills Development Autority (TESDA), además del sector gubernamental, dos representantes de los empleadores, tres de los trabajadores y dos de las instituciones privadas de enseñanza técnica y formación profesional. Tanto en la representación de los empleadores como en la de los trabajadores uno de los integrantes debe ser de sexo femenino.

71 Instituto Nacional Tecnológico (INATEC, creado por el D.3-91 de 10.1.1991).

72 Según la ley de 26.05.1988, arts. 24 y 25, la "Comisión de mano de obra" se transformó en la "Comisión de formación", con diez miembros como mínimo y dieciséis como máximo. Conforme a la ley de 25.07.1973, no modificada en esto, hay tres miembros designados previa consulta con las organizaciones de empleadores, tres con las de trabajadores, dos con las que representen a las autoridades locales y uno designado previa consulta con las organizaciones responsables de la enseñanza.

73 Tanto el Consejo Consultivo como el Consejo de Dirección del Centro Nacional de Formación Continua y de Promoción Profesional, se integran con representantes de las organizaciones centrales de trabajadores y de empleadores (L.93-1493, 12.07.1993, arts. 6 y 8).

B) *Integración de acciones y servicios privados en los sistemas nacionales de formación profesional*

46. Este punto resulta del cruce de las líneas de tendencia que sitúan a la empresa en el centro de los intereses de la formación y las que otorgan preferencia a las entidades privadas, reduciendo la acción del Estado, en éste como en otros campos, a la función de fijar las reglas básicas y controlar su cumplimiento.

En todo caso, el fenómeno de la descentralización queda particularmente en evidencia en la nueva actitud que asumen las IFP oficiales, que tienden a convertirse fundamentalmente en supervisoras de las acciones de formación que toman a su cargo las empresas, o las entidades y centros de formación creados o auspiciadas por ellas.

A ese respecto, en el Documento de Referencia preparado por Cinterfor para la XXXII Reunión de su Comisión Técnica, en Jamaica, 1995, al analizar, ante un caso concreto, las proyecciones de las leyes de reestructuración de las IFP, se dice expresivamente que "está llevando a cabo un proceso innovador de redefinición de su estructura, su articulación con las esferas de la producción, la educación y con la sociedad en general, sus procedimientos y las características de su oferta, que sin perder el objetivo central de la formación se amplía hacia nuevos servicios".[74]

Ese documento, cuyas consideraciones aunque efectuadas hace varios años respecto de la situación en América Latina y el Caribe, mantienen su vigencia y pueden ser universalizadas, presenta algunos párrafos más adelante, el panorama de este proceso de descentralización en sus variados planos. Es así que al enfocar el tema de las nuevas estrategias de las IFP públicas, se advierte que las innovaciones consisten en una combinación de ellas, que incluye: *"promoción del contrato de aprendizaje entre los empleadores, patrocinio de trabajadores ya vinculados al empleo, reconocimiento de cursos en otras instituciones de formación profesional y en empresas, impulso a la cadena de formación, utilización de modalidades de formación desescolarizada o semipresencial, utilización máxima de la capacidad instalada y operativa de los centros, reducción significativa de todos los costos y mejoramiento de la eficiencia total de la respectiva entidad".[75]

C) *Nueva asignación de los recursos destinados al financiamiento de la formación profesional*

47. Es sabido que la formación profesional adquirió alrededor de la cuarta década del siglo pasado un nuevo interés para los conductores de la política de

---

74 *Op. cit.*, p. 45.
75 *Op. cit.*, p. 46.

los diversos países y de los respectivos legisladores. Ello obedeció a diversas circunstancias, entre las que contaron fundamentalmente el esfuerzo de guerra y las ulteriores tareas de la recuperación económica en los países centrales que habían estado involucrados en el conflicto, así como la sustitución de importaciones y las exigencias del despegue en los en desarrollo.

Como las acciones de formación requieren de un financiamiento, comenzó a generalizarse una legislación que establecía un método sencillo y efectivo, consistente en la puesta a disposición de las instituciones y centros de encargados de estas tareas, de los recursos provenientes de una contribución patronal obligatoria de un tanto sobre las sumas pagadas por concepto de sueldos y salarios.

En América Latina, donde el método se difundió a partir del modelo brasileño, autorizadas opiniones lo calificaron como la *"idea innovadora en la enseñanza profesional"* de la región,[76] e indudablemente a ella cabe atribuir el poderoso impulso con que se desarrollaron las IFP estatales, paraestatales y privadas con fines públicos.

48. La resistencia de muchos empleadores a la contribución patronal para el financiamiento de la formación profesional, que obedece a las mismas razones por las que siempre se han opuesto a las cargas sociales, tuvo un fuerte aliado en los especialistas en materia financiera que en todas partes abogaron por una sistematización de la tributación en la que no hay lugar a impuestos con destino específico.

A pesar de lo que acaba de señalarse y a favor de su definición como tasa, según el modelo francés, o sencillamente como contribución patronal para formación, tal aporte se mantuvo en muchos países, y se difundió en otros.[77]

Así, es posible citar muchas leyes dictadas en estos últimos años por las que se mantienen, desarrollan o crean aportes patronales para fondos de formación o para el sostenimiento de IFP, como las de: Brasil, L. del Servicio Nacional de Aprendizaje Rural - SENAR, Nº 8.315/1991, art. 3º; Chad, D. N 767/PR/MPC/ 93, art. 3; Colombia, L. 119/1994 de reestructuración del SENA, art. 30, inc. 4 b; Côte d'Ivoire, D. 87-737 de creación del IPNETP, art. 8; El Salvador, L. del INSAFORP, D.554/1993, art. 26, c); Francia (Leyes 90-579 de 4.07.1990, y 91-1405, de 31.12.1991); Irlanda (*National Training Fund Act*-2000); Malawi (Ord.3/ 1993, sobre tasa de FP); Namibia, L. 18/1994, *National Vocational Training Act*, art. 43; Perú, nueva ley del SENATI, Nº 26.272/1993; Tanzania (*Order* 619/1994); Tunisia, (L. 88-145 y D. 93-696 de 5.04.1993); etc.

---

76 C. de Moura Castro, "Financiamiento de la educación vocacional en América Latina", *in* M. Brodersohn; Ma. E. Sanjurjo, *Financiamiento de la Educación en América Latina*, FCE-BID, México, 1978, p. 478.

77 Incluso en los Estados Unidos entre los propósitos expresados por el Presidente Clinton en 1994, estaba el establecimiento de una tasa sobre las nóminas salariales, con vistas a invertir en gastos de capacitación en el puesto de trabajo (cit. en: "Una propuesta polémica...", *Boletín Cinterfor*, Nº 134, enero-marzo, 1996, p. 55).

49. El cambio que paulatinamente se ha ido operando y que ha incrementado el proceso de descentralización, se caracteriza por la reversión de los recursos de formación a la propia empresa contribuyente, así como por la intensificación de una vasta serie de incentivos fiscales y verdaderas subvenciones a favor de las que realizan actividades formativas.[78]

Lo cual, como se comprende, significa una nueva asignación de los recursos públicos, que van dejando de estar dirigidos fundamentalmente a las acciones encaradas por las IFP estatales o paraestatales, para pasar a apoyar o a retribuir las cumplidas por las empresas, con especial consideración en muchos países para las PYMES, así como a las entidades privadas que prestan servicios de esta clase.

50. A todo lo cual, vino a sumarse la creación de *fondos de formación* por la vía de la tasa de formación o por otros mecanismos, incluso comunitarios como los de la Unión Europea, que en lo sustancial, tienen análogo destino.

Entre las leyes recientes que crean o desarrollan fondos de formación y eventualmente prevén subvenciones a las empresas que realizan acciones de formación, pueden citarse las dictadas en: Bélgica (Comunidad Flamenca, D. de 14.12.2001 sobre habilitación y subvención de los centros de formación de los independientes y de las PYMES); Brasil (L. 7998, del 11 de enero de 1990,FAT); Canadá-Québec, (L. 22.06.1995); Chad (D. N° 767/PR/MPC/93, art. 1); Finlandia (*Ordinance- Council of State*, N° 10/2002, sobre subsidios a la F.P. de adultos); Francia (D. 2002-597, sobre financiamiento de los centros de formación de aprendices, y sobre la tasa de aprendizaje); Luxemburgo, L.10.06.2002 (prevé una participación financiera del Estado, equivalente al 14.5 % de la inversión de la empresa en FP continua); Mauritania (D. 94-084, Creación del FAAF, D. N° 2002-053; Namibia (Ley 18/1994, N.V.T.Act, arts. 44 y ss.); Polonia, L. 29.12.1989, art. 37-12; Portugal (Ordenanza N° 281/ 2002, modificativa de la 208/1997, sobre financiamiento y régimen de concesión de apoyos técnicos y financieros, de acciones promovidas por el Instituto del Empleo y la Formación Profesional); Singapur, (L. N° 19/1991 que modifica la *Skills Development Levy Act, Ch.* 305, 1985 Rev. Ed.); Sudáfrica (Prov. de 7.09.1993, sobre Fondo especial para la Educación Técnica y la FP); Suecia (Ordenance N° 626/2001 sobre contribuciones estatales a las empresas); Tanzania, (*Voc. Ed & Train. Fund*, 1994); Zimbabwe, (L.24/1994); etc.

Es interesante advertir que se ha comenzado a crear una verdadera cultura patronal de la formación en la empresa subvencionada con recursos públicos. Así, por ejemplo, en España, donde actualmente la cuantía económica de las subvenciones y ayudas está fijada por una disposición de 11.02.2002, reglamentaria

---

78 Sobre la promoción de los contratos de aprendizaje , V. infra, II, 12.

del Plan Nacional de Formación e Inserción Profesional, los empleadores han sostenido que la efectividad del ejercicio de los derechos de información y consulta a los comités de empresa en materia de FP, debería estar circunscripta a la financiada de ese modo.[79]

D) *Procesos de descentralización territorial que repercuten sobre la legislación, las políticas y las acciones de formación*

51. El incremento de la descentralización territorial de los sistemas de formación es un hecho ostensible que obedece a dos motivaciones, una de política nacional y otra de técnica administrativa.

La descentralización originada en razones de política nacional es la que se manifiesta en la creación de regiones o comunidades con creciente grado de autonomía, como las que se ha instaurado y continúa desenvolviéndose en varios países europeos como Bélgica, España, Francia e Italia, o por la ampliación de las competencias provinciales como en Argentina o Canadá. Desde luego, la misma no es impulsada por el propósito de descentralizar la FP, pero tiene, en mayor o menor medida, ese efecto. Es así, que al comentar la ley francesa de *Modernisation sociale* (2002-73), se ha podido afirmar, que a través de la descentralización, se ha procurado "vincular la formación profesional, el desarrollo económico y el ordenamiento territorial". [80]

Es así que, para conocer actualmente la normativa en materia de formación en países que se han regionalizado, como tradicionalmente ha sido necesario en los de estructura federal efectiva, es preciso consultar además de la legislación de alcance nacional, la propia de los órganos regionales.

Por otra parte, en algunos países, por ejemplo en Dinamarca, los municipios se encargan de poner en aplicación nuevos programas de formación.

52. Pero la tendencia a la descentralización territorial no se manifiesta sólo de esa manera, puesto que se da también la que se mencionó precedentemente como resultante de la técnica administrativa.

Sobre este particular basta señalar que en la reestructuración de las IFP se atribuye especial importancia a la creación de agencias regionales, al par de que se trata de dotar de mayor autonomía a los centros de formación.

---

79 R. Blanpain, *op. cit.*, p. 46 dice, a ese respecto, que en el Acuerdo Nacional español relativo a la FP Continua de 1992, les fueron conferidos mayores derechos a los consejos de empresa que los resultantes del ET, pero que ello sólo estaba previsto para los casos *"en que la formación proporcionada por el empleador estaba financiada por el gobierno"*.

80 Maggi-Germain (2002, p. 340).

§4. Importancia de la formación práctica, desarrollo de nuevos modelos de contratos y relaciones laborales de formación, y revalorización del contrato de aprendizaje

53. No puede ponerse término a esta relación, sin destacar la importancia asumida actualmente por la formación en la empresa, a través del desarrollo de nuevos modelos de contratos y relaciones laborales con componentes de formación, y por la revalorización del contrato de aprendizaje.

Los nuevos objetivos prioritarios de la formación, el incremento del proceso de descentralización e incluso el desarrollo del derecho a la formación continua, han tendido naturalmente a combinarse para promover una revisión metodológica y obviamente para colocar en una posición preeminente la formación práctica en el seno de la empresa. Es decir que esta cuarta línea de tendencia puede ser razonablemente considerada un corolario de las anteriores.

Como quiera que sea, un examen de las legislaciones dictadas en estos últimos años, muestra la configuración de nuevos modelos de contratos y relaciones laborales de formación y desde luego confirman la revalorización del contrato de aprendizaje.

54. Los contratos y relaciones de formación, que las leyes instituyen en los diversos países, suelen ser objeto de frecuentes revisiones para tratar de corregir los defectos que se han evidenciado en la práctica o para tratar de superar la escasa adhesión que han concitado. La diversidad en los detalles vuelve casi imposible su sistematización. Por otra parte, conspiran contra tal posibilidad los problemas terminológicos, que hacen que un mismo o similar instituto se designe de diferente manera o que existan categorías genéricas como los *stages*, dentro de los que caben diversos programas de formación que implican variantes en el relacionamiento con la empresa.

En virtud de todo lo cual, apenas si puede hacerse una somera lista por orden alfabético de países, de algunos de los textos dictados recientemente, que instituyen variantes contractuales o relacionamientos especiales con un componente de formación, con excepción de aquellos que pueden ser catalogados de modo indubitable como contratos de aprendizaje, que serán objeto de examen por separado.

55. Entre la normativa que, en fecha reciente, ha introducido o desarrollado nuevas figuras que incluyen formación, puede citarse la de los siguientes países:
Argentina.- En la Ley de Empleo, N° 24.013 de 1991, se incluyen diversas modalidades de contratos que, al margen de otras consideraciones, incluyen elementos de formación: Contrato de práctica laboral para jóvenes (art. 51 y ss.); Contrato de trabajo-formación (art. 58 y ss); Programas de empleo para grupos

especiales de trabajadores: jóvenes desocupados, trabajadores cesantes de difícil reiserción ocupacional, liberados, aborígenes, ex combatientes, rehabilitados de la drogadicción, discapacitados (arts. 81 y ss.). Están previstos, además, programas especiales.

Bélgica. Real Decreto-Real 495/1987, sobre contratos de formación para jóvenes entre 18 y 25 años que buscan empleo. Incluye reducción de las cotizaciones a la Seguridad Social.

Dinamarca. Notif. N° 1226 /2002.

República Eslovaca. en el CT adoptado en 2001, se prevén "relaciones precontractuales" y otras que incluyen formación.

Estados Unidos. La *Job Training Reform Amendments* de 1992, que es una ley de enmiendas a la *Job Training Partnership Act* (JTPA) de 13.10.1982, introdujo modificaciones a las modalidades de formación denominadas *On-the-Job Training* (OIT), que contemplan, con esa finalidad, contratos subvencionados de corta duración para jóvenes y adultos. La *Employment and Training Administration* (ETA) del Departamento de Trabajo, dictó una extensa reglamentación, vigente en su integridad desde el 30.06.1995, que en su parte 626 introdujo regulaciones bajo el JTPA, en la 627.240 desarrolla el régimen de OJT y en otras secciones trata de diversos programas dirigidos a incentivar la formación de las personas pertenecientes a grupos desfavorecidos.[81]

España. Contrato en prácticas, ley 22/1992, Real Decreto 2317/93, y ET (Texto refundido por el Real Dec. 1/1995), art. 11.1, para titulados universitarios y de formación profesional de grado medio o superior. Contrato de trabajo de formación (ET, cit., art. 11.2).

Filipinas. CT, arts. 73 a 77: Contrato para actividades semicualificadas, no susceptibles de aprendizaje.

Francia. Ley de 31.12.91, sobre Contrato de Orientación, para menores de 22 años, resultante del Acuerdo Interprofesional de 3.07.1991, que sustituye los *Stages* de Iniciación a la Vida Profesional (SIVP), creados por ley de 24.02.1984, a consecuencia del Acuerdo Interprofesional de 26.10.1983.[82] Por la ley de "Modernización Social" del año 2000, se crearon, *i.a*, los contratos de "iniciativa-empleo".

---

81 En un estudio de J.F. Pérez-López sobre "Los roles del Estado y del sector privado en la formación de recursos humanos en los Estados Unidos", publ. en la Entrega Especial del Boletín Cinterfor, sobre Formación Profesional en los Estados Unidos (núm. 134, en.-marzo, 1996, pp.7 y ss.), se concluye que: "En los Estados Unidos, el Estado y el sector privado desempeñan papeles importantes en la formación de los recursos humanos. El rol del Estado tiende a ser el de proveer servicios de educación básica e información sobre los mercados laborales, facilitar la transición de la escuela al trabajo y asistir en la capacitación de quienes requieren dichos servicios porque han perdido sus empleos o tienen necesidades especiales. El rol del sector privado tiende a ser el de complementar la educación y capacitación provista por el Estado y el de impartir capacitación especializada requerida por el trabajo específico que el trabajador desarrolla" (p. 27).

82 En Francia están en vigencia, además del Contrato de Orientación, dos contratos para menores de 26 años, instituidos por la ley de 24.02.1984, el de Cualificación profesional y el de Adaptación.

Marruecos. L. N° 1-93 de 23.03.1993, sobre *stages* de formación, adaptación e inserción que incluye la exoneración hasta cierta suma del pago de las cotizaciones patronales y salariales a la Seguridad Social y debe adaptarse al modelo de contrato fijado por vía reglamentaria.

Tunisia. Res. (*Arreté*) del Ministro de la Formación Profesional y del empleo de 30.05.1995, sobre condiciones y modalidades de la formación en alternancia, y Convención Marco de promoción de la formación en alternancia (tripartita).

Uruguay. L. N° 16.873/1997, Contratos de práctica laboral (Cap. II), y Becas de trabajo (Cap. III).

Yugoslavia (Serbia y Montenegro). Parte II de la Ley de Trabajo 21.12.2001.

En **Italia**, hay acuerdo en sostener que el contrato de aprendizaje, al no aplicarse las disposiciones que lo reglamentan, ha dejado de ser el eje de la normativa sobre formación profesional. En efecto, además de las facilidades a los estudiantes que trabajan, instituidas desde 1970, se han ido dictando una serie de leyes sobre formación y creándose nuevas figuras, de las cuales la más importante es el contrato de formación y trabajo, institucionalizado por el art. 3 de la ley N° 863/1984. Este contrato, con las adiciones y modificaciones resultantes de las leyes 407/1990 (art.8) y 451/1994 (art.16), presenta tres posibles variantes, según la mayor o menor significación del elemento formativo.[83] A estos tipos contractuales, hay que sumar los "planes para la inserción profesional", previstos por el art. 15 de la L. 451/1994, en beneficio de jóvenes entre 19 y 31 años y aun hasta los 35, para desocupados de larga duración; así como los "Tirocini formativi e di Orientamento", instituidos por la L.515/1995, los cuales, según el art. 8-3, no se considera que creen relaciones de trabajo.

56. Si bien las dificultades señaladas impiden, como ya se dijo, proceder a un examen comparativo más profundo, es posible indicar por lo menos, algunas notas comunes a la mayor parte de las nuevas figuras.

En ese entendido, resulta factible destacar: la importancia que reviste la formación en el lugar de trabajo; el hecho de tratarse de contratos o relaciones por plazo limitado y generalmente de menor extensión que la señalada para los contratos de aprendizaje; la circunstancia de resultar muchas veces promovidas con

---

83 Según señalan G. Ghezzi y U. Romagnoli el contrato de formación y trabajo es *"esencialmente un contrato por tiempo determinado... que debe estipularse por escrito (de otro modo el trabajador 'se considera incorporado con contrato de trabajo por tiempo indeterminado': art. 8. inc.7o. de la L. 407/1990; de duración no superior, como regla general, a veinticuatro meses y no renovable"* (*Il rapporto di lavoro*, 3ª ed., Bolonia, 1999, p.163). Los mismos autores advierten sobre las tres "tipologías internas" de ese contrato, que puede ser dirigido a la adquisición de: calificaciones profesionales elevadas, intermedias, o simplemente (art. 2, inc. 2° de la ley 451/94): *"a favorecer la inserción profesional mediante una experiencia de trabajo apta para lograr una adecuación de las capacidades profesionales al contexto productivo y organizativo"*. A ese respecto, destacan que las tres figuras tienen en común el ser retribuidas con un subsalario; pero mientras que en las dos primeras, la reducción de la remuneración se justificaría por la formación proporcionada, en la última, esta es mínima y no da, como en aquellas, la expectativa de una certificación homologable por las autoridades competentes, sino meramente a una simple constancia del empleador sobre la experiencia cumplida (*op. cit.*, p.165).

incentivos diversos. Entre éstos, se incluye algunas o todas las franquicias siguientes: la autorización a pagar un menor salario; la exoneración o la reducción de los aportes a la seguridad social y otras cargas tributarias; subvenciones directas o compensaciones a los empleadores por el costo de la formación; etc.

Por lo general, en la configuración de estos contratos dominan las preocupaciones por la inserción en el mercado de trabajo y, consecuentemente, por formaciones que abran rápidamente posibilidades en ese sentido, de categorías especiales de trabajadores, como los desocupados de larga duración u otros grupos desfavorecidos, y muy particularmente los jóvenes, aunque la franja etaria se amplía para abarcar edades que exceden la conceptuación habitual de ese grupo.

Asimismo, y esto es un elemento que merece especial destaque, en varias legislaciones este tipo de contratos y relaciones, cuya naturaleza es eminentemente laboral, se define expresamente como fuera del campo de aplicación de la legislación del trabajo, así como al de la seguridad social, del que en la mayoría de los casos, apenas se garantiza protección contra los accidentes del trabajo y las enfermedades profesionales y en algunos casos también en materia de salud.

57. Donde se evidencia más nítidamente la tendencia que se está considerando, o sea la inclinación de los legisladores hacia modalidades en que priva la formación práctica en la empresa, es indudablemente en la atención que se presta a la revalorización del contrato de aprendizaje.

En lo que a este estudio se refiere, la especial dedicación de los sistemas legales a esa modalidad justifica plenamente que se traten de observar con más detenimiento las características que presenta el instituto en la actualidad y su posible evolución.

Por otra parte, al responder a un esquema tradicional, sin perjuicio de importantes particularidades impuestas por las legislaciones nacionales, tiende a ofrecer una mayor homogeneidad y, por tanto, se presta mejor a un enfoque de derecho comparado.

Asimismo, como el contrato de aprendizaje está bajo la mira en todas partes del mundo, puede servir como indicador de las principales preocupaciones que se experimentan en torno de la problemática de la formación y de sus relaciones con la educación, con el empleo y con el desarrollo económico y social.

Por consiguiente, en la segunda parte de este estudio se intentará presentar un panorama de la regulación del contrato de aprendizaje, tal como resulta de la comparación de la normativa reciente sobre esa materia.

II
Examen particular de la regulación del contrato de aprendizaje

§1. Consideraciones preliminares

1. La modalidad de formación más antigua y por mucho tiempo la única, es la formación inicial que se imparte por medio del *contrato de aprendizaje*, que está dirigida a jóvenes o personas asimiladas. Su característica definitoria la da, sin perjuicio de otras exigencias complementarias que se han ido agregando, la circunstancia de impartirse total o parcialmente en un ambiente laboral y en situaciones reales de trabajo, bajo las instrucciones y la supervisión del propio empleador o de un trabajador experimentado.

Al presente, como ha sido puesto de relieve en diversos estudios,[1] se asiste a la revalorización del contrato de aprendizaje, lo cual se traduce en el campo de la legislación, en una intensa producción de normas.

De hecho, en los últimos lustros, es dable advertir que se experimentan frecuentes cambios de fondo o de detalle en la regulación del referido contrato, en países ubicados en todas las regiones del Mundo y en todos los niveles de desarrollo económico y humano.

Lo cual, si bien estaría demostrando el interés y la confianza que se tiene en sus virtudes y sus posibilidades actuales, también probaría que hay una generalizada insatisfacción respecto de los resultados que se obtienen y que se está convencido de que es necesario continuar buscando su perfeccionamiento.

2. Para ilustrar lo que acaba de afirmarse, basta formular una lista, obviamente no exhaustiva, de países en los que recientemente se ha innovado en la

---

1 Ferry, Ch.; Mons-Bourdarias, F. (1973)). V. asimismo, el documento publicado por el CEDEFOP en 1995, respecto de los países de la Unión Europea. En dicho estudio, se citan además, opiniones de expertos que han puesto el énfasis en las *"virtudes sustanciales"* del aprendizaje y han destacado la virtualidad de que tenga *"un futuro interesante"*, bajo ciertas condiciones (*El aprendizaje en los Estados miembros de la UE.- Una comparación*, Luxemburgo, Of. de Publ. Of. de las CE, pp. 7 y 8, en adelante cit.: Doc. CEDEFOP,1995).

legislación sobre el contrato de aprendizaje y en los cuales incluso han sido frecuentes las sucesivas enmiendas.[2]

La referida lista, por orden alfabético, sería la siguiente:[3]

Albania (CT, L. 7961/1995); Alemania (Enmiendas a la L. sobre FP de 1969-BBiG: L. 20.12.1993 y 12.01.1994);[4] Argelia (L.90-34, 1990; D. 90-288, 1990; D.93-67, 1993, Déc. Exéc. 95-31/ 1995); Argentina (L. 24.465/1995, arts 4° y 5°; D. 738/95, Cap. III, arts. 7 y ss.); Australia (New South Wales- *Apprenticeship and Traineeship Act,* núm. 80/2002); Austria (Ordenanza M.As.Ec., N° 1085-30.12.94, mod. lista de profesiones que requieren aprendizaje);[5] Bahrein (Ord. 20/1994); Belarús (CT, arts. 180 y 182 y 187 y ss.); Bélgica (D. 03.07.1991 FP-PYMES; Arr. 22.10.91; Arr. 24.10.91; Arr.Exec. Comm. Franc., 24.10.1991; D. del PE Flam. 9.06.93; D. Comm. Franc. 17.03.93; Arr. Gouv. Comm. Franc. 18. 05.1995; Arr. Gouv. Wallon, 6.04.1995); Bosnia-Herzegovina (Ley de 25.07.2002, de enmiendas y ampliaciones de la Ley de Trabajo); Brasil (L. 8.069/1990, arts. 64, 65 y 67; L. 10.097/2000 (modifica arts 424 a 431 de la CLT); Portaria, N° 702, MTE, 18.12.2001, (normas sobre entidades que desarrollen programas de aprendizaje); Instruçâo normativa N° 26, MTE - SIT ; Canadá- Ontario (Regl. 228/95, Reg. 352/2001 y 488/2001, sobre cualificación y aprendizaje); Canadá-Québec (L. 22.06.1995); Canadá (Manitoba, *Apprendiceship and Trades Qualifications- General Regulations,* 2001- Amendments, 69/2003); Chad (D. 767/PR/MPC/93); Chile (CT, Tít. III, Cap. I, arts. 78 a 86 y Estatuto de Capacitación y Empleo L. N° 19.518 modificada por la L. 19.765 de 2001); China, R.P. (L. de T. 05.071994, Cap. VIII, arts. 66 a 69); Colombia (Ac. 18 - 07.06. 1994- SENA; L. 789 de 27.12.2002, art. 30 (sin perjuicio del mantenimiento de la vigencia parcial del art. 65 del CST) y D. 933/2003; Congo, Rpca. de, (CT, L. 015/2002, Tít. III); Costa Rica (Regls. INA 2842/1991, 30.06.1993 y 06.02.1995); Côte d'Ivoire (CT-1995, Tít. I, Cap. 2, arts. 12.1 a 12.11; D. 92/05); Croacia (Ley de Trab., 758-1995, Cap. 5); Ecuador (L. 19.04.1995); Egipto (Ord. 2/94); España (R. Decr. 2317/1993; Ord. 19.09.94; L. 10.11.1994; R. Decr. 1-1995, Texto refund. ET, art. 11.2); Estados Unidos (*Job Training Reform Amendments*/1992);[6] Filipinas (L. 7796 TESDA Act,

---

2   Los textos legales y reglamentarios que integran la lista, a veces representan verdaderos estatutos del contrato de aprendizaje, pero en ella figuran también los que incluyen breves referencias al contrato de aprendizaje o simplemente consolidan o introducen pequeñas enmiendas en dispositivos que ya figuraban en los códigos o leyes laborales generales o en leyes y decretos específicos; pero en todo caso, implican una ratificación de lo sustancial y un impulso hacia el perfeccionamiento de la figura.

3   A esta lista, pueden agregarse, por la proximidad en el tiempo, el CT de Corea, L. N° 4099/1989, cuyos arts. 74 a 77, tratan del contrato de aprendizaje. Por igual motivo podrían incluirse: la ley 21/1989 sobre educación y FP de Dinamarca; el CT de Filipinas de 21.03.1989; la ley 1836/1989 sobre promoción del empleo y la FP de Grecia.

4   No se relacionan en esta lista las múltiples ordenanzas ministeriales sobre condiciones requeridas, exámenes, etc., en diversos oficios y profesiones.

5   En Austria se han dictado, además, en fechas recientes, Ordenanzas Ministeriales, sobre formación inicial en diversas profesiones (V., los fasc. de *Legislative Information,* editados por el BIT, 1995).

6   Al exponer los propósitos de estas enmiendas a la Job Training Partnership Act, el Comité de Educación y Trabajo House Report N° 102-249, hizo referencia al hecho de que los *"apprenticeship programas"* solo alcanzaban al 2% de los jóvenes de Estados Unidos, en contraste con la significación cuantitativa del aprendizaje en Alemania (p.45).

1994); Francia (Leyes 90-579, 90-613, 91-1, 91-1405, 22-675, 92-1446, 93-1313, 94-638, y Decr. 90-55, 91-688, 91-831, 91-1083, 91 1107, 92-463, 92-886, 92-1065, 92-1075, 93-18, 93-280, 93-316, 93-541, 94-398, 94-399, 94-495, 94-496, 95-998, 2000-1352); Gabón (Ord. 09/93/PR.; D. 273/PR/MinTr.H.FP; CT, L. 3-1994, arts. 81 y ss.; Guyana (*Ind. Training*, L. 1/1993); Holanda, L. WCBO, 01.08.1993; Irán (CT, L. 27. 12.1992, art. 112 y ss.); Irlanda (*Lab. Serv. Act - Appr. Rules*, 1995- S.I. N° 198/1995, *Training Fond Act*, N° 41-2000, que deroga la *Industrial Training- Apprenticeship Levy Act*, 1994; Italia (L. 515, 04.12.1995, art. 8); Kuwait (L. 1995); Luxemburgo (L. 04.09.1990); Madagascar (L. 95-004, relativa al artesanado); Malawi (Ord. 3.1993); Mauritania (D. 94-084- FAAF); Namibia (L. Gral. s/FP <NVT Act 33-1994>, arts. 17 a 28); Nicaragua (D. 3-1991 INT; D. 40-94, L. Org. INATEC; Regl. de CFP, Ac. 41-95); Nueva Zelandia, *Apprenticeship Training Act*, N° 94-2000; Paraguay (CT, L. 213/93 y mod. por L. 496/1995, Tít. Cap. I y II, Sec. I, arts. 105-118 y 119-127); Perú (L. 26.272/1993, SENATI; L. 26513, TO D.S. 05.95-TR); Polonia (L. 29.12.1989- Empleo); Portugal (Decr.-ley 383 de 09.10.1991; Regl. 1061, 13.11.92); República Dominicana (CT L. 16-92, Libro IV, Cap. II y III); Rwanda, (CT, Tít. II, Cap. II, Ley 51/ 2001); Sudáfrica (L.157/ 1993; Enm. de las Cond. de Aprendizaje, 29.09.1995); Suecia (Ord. 1993:1950, 1994:358, L. 1994:322, 1994:358, 1994:1170); Tanzania (D. 8.12.1994), *Vocational Education Training Fund*, Order 616/1994); Tunisia (L. 93-10, Cap. IV, arts. 21 a 28, D. 94-1600, Arr. Min. de 17.01.95, Arr. Min. de 27.02.96); Uruguay, (Ley N° 16.873/1997, Cap. IV y V, y D. 318/998, ídem); Venezuela (LOT, 1990, Tít. V, Cap. I, arts. 247 y ss y 266 y ss; Res. M. Educ., 1255- A/ 1992, D. Pres.3.230/ 1993, D. Adm. 768-93-08/13.04.1993); Vietnam (CT L. 23.06.1994, Cap. III, arts. 20 a 29); Zimbabwe, (*Manp. Plan. and Dev.Act*, 1994-N° 24).

3. Conviene acotar que en países en que el aprendizaje tradicional ha desaparecido o se encuentra muy debilitado, se han estado lanzando "programas para vigorizarlo o para recrear algo muy parecido!".[7] En otros, en que la figura ha estado poco o nada reglamentada, y nunca ha tenido real significación, se registran iniciativas para robustecerla, con la intención de favorecer la inserción de los jóvenes, como ocurre *v.g.* en Uruguay, donde una ley en esa dirección, se adoptó en 1997. En Japón, donde "no existe una formación de aprendices en sentido estricto",[8] se dictó el 5.04.93 una ley sobre *Skill Training System* que los involucra.

Debe advertirse asimismo, que la falta de reglamentación no es necesariamente un indicio de desafección del legislador. Sin embargo, en algún caso, como

---

7   J.M. Adams, quien cita el Reino Unido, Suecia e Irlanda ("¿Callejones sin salida o autopista hacia el futuro?", *in Rev. Europea Formación profesional*, CEDEFOP, N° 2, 1994, p. 81). De hecho, en Irlanda, como se indica *supra*, se dictó en 1995 una ley de aprendizaje.

8   J. Münch, "Educación, formación y empleo en Alemania, Japón y Estados Unidos" *in Rev. de Trab.*, MTSS, 1994, 1.1, p.151.

el de México, el silencio legislativo resultó de la deliberada exclusión del contrato de aprendizaje en la nueva LFT, vigente desde 1970, en el entendido que la figura era anacrónica y promotora de abusos contra los menores.[9]

4. Las normas que se considerarán, son las que mantienen las características más típicas del contrato de aprendizaje, al margen de la denominación que se les dé y aunque la alternancia de la formación teórica con la práctica sea cuantitativamente importante.

Las figuras referidas en la parte I §4, que encaran nuevas combinaciones de trabajo y formación, innominadas o nominadas (contratos de trabajo y formación, *stages*, pasantías, trabajo en prácticas, etc.), que se estén desarrollando al margen de las regulaciones del aprendizaje en sentido estricto,[10] o sustituyéndolas, pero que no se identifican con este contrato, solo serán consideradas incidentalmente.

§2. Rasgos actuales de la regulación del aprendizaje

5. Un vistazo a las recientes normas sobre el aprendizaje, integradas, cuando corresponde, con los textos anteriores, nos muestra una cierta similitud en las líneas generales, aunque subsisten o se generan nuevas diferencias de mayor o menor significación.

Esas diferencias atañen a aspectos formales o de detalle, pero también a cuestiones de fondo, como lo referente a la naturaleza jurídica del contrato que da nacimiento a la relación de aprendizaje.

---

9   En la LFT de 1931 el aprendizaje estaba extensamente reglamentado (arts. 218 a 231), pero para la doctrina era "una supervivencia del régimen corporativo" que debía desaparecer de la legislación (M. de la Cueva, *Der. Mex. del Trab.*, Porrúa, Méx., 1943, p.718 y ss.). Con ese espíritu, la nueva LFT (1970), omitió mencionar el contrato de aprendizaje y, en su lugar, impuso a los empleadores la obligación de proporcionar "capacitación y adiestramiento" a menores de 16 años, (art. 180-IV). La doctrina entendió que era "posible seguir practicando el aprendizaje, pero con base a reconocer al aprendiz la categoría de trabajador con la plenitud de derechos legales" (J.Jesús Castorena, *Manual de Der. Obr.*, Méx., 1973, p. 88). La sobrevivencia de los contratos de aprendizaje fue confirmada por una encuesta de la que resultó que la mayoría de los c. c. hacían constantes referencias al aprendizaje (J.R. Hernández Pulido, *Relaciones Industriales y FP*, INET, México, 1978, p. 172). Una enmienda de la LFT (1978), que impuso a los empleadores proporcionar capacitación o adiestramiento, aunque contempló la eventualidad de capacitación inicial en la empresa de "un trabajador de nuevo ingreso", dispuso que durante el tiempo en que la reciba, "prestará sus servicios conforme a las condiciones generales de trabajo que rijan en la empresa o a lo que se estipule en los contratos colectivos" (Art. 153-G). Los actuales cambios del sistema de FP, podrían repercutir en este tema en la eventualidad de reforma de la LFT.

10   Así por ejemplo en Italia, desde los años ochenta se han desarrollado nuevas fórmulas contractuales que combinan trabajo y formación. El clásico *tirocinio o apprendistato* ha sobrevivido, aunque en la doctrina se ha puesto en duda la utilidad de su conservación (Cfr.: G.Pera, *Dir. del Lav.*, 6ª ed., CEDAM, Padua, 2000, p. 354 y n.).

6. Con relación a ese punto, lo primero que se advierte es que en muchos ordenamientos legales se ha completado el proceso por el cual el de aprendizaje ha pasado a ser plenamente reconocido como una variedad del contrato de trabajo.

Por consiguiente, la tendencia parece consolidada en el sentido de aplicar a ese contrato y a los participantes en la relación que genera, sin perjuicio de su especialidad, la normativa que regula las relaciones de trabajo, tanto en el plano individual como colectivo, salvo las excepciones que resulten de disposiciones expresas de las leyes.

Tal lo que, a mayor abundamiento, especifican algunas legislaciones, como las de Brasil (CLT, art. 428, según L. N° 10.097 de 19.12.2000), Francia (CT, arts. L. 117-1, L. 117-2), Paraguay (CT, art. 117), etc. Ello puede considerarse superfluo en algunos casos, en función de estar inserto en los códigos o leyes generales de trabajo, y ser calificado por la ley como "contrato de trabajo especial" o figurar incluido bajo el rubro de contratos especiales de trabajo.

En atención a la real naturaleza del contrato de aprendizaje, la Corte Constitucional italiana consideró al aprendiz un trabajador regular y consiguientemente, declaró inconstitucional el art. 10 de la L. 604/1966, que lo excluía de las protecciones establecidas para los casos de despidos injustificados.[11]

7. Es necesario precisar que en países en que funciona el sistema dual, se admite corrientemente la distinción entre el ámbito de la empresa y el de la escuela.

Así, en Alemania, la doctrina mayoritaria entiende que en el contrato de aprendizaje la relación generada por la formación en la empresa, conforme al art. 3, párr. 2 de la LFP (BBiG), –sin perjuicio de la especialidad por su propósito de formación–, debe ser reputada una relación laboral, a todos sus efectos, tanto en el plano individual como el colectivo. En cambio, a la relación generada por la instrucción en la escuela, no se le aplica el derecho del trabajo, sino las normas sobre enseñanza de los respectivos Estados que integran la RFA.[12]

En algunos regímenes, como el de Vietnam –CT, art. 23(2)–, la calificación como laboral de la relación, depende de que el aprendiz participe efectivamente en la producción.

8. Bajo la concepción del contrato de instrucción, –que privó en Francia hasta las trascendentales reformas de 1971 y su inclusión en el estatuto de asalariado (D.72-282)–,[13] el aprendiz no era considerado un trabajador, por lo que sólo se admitía la aplicación por extensión de ciertas normas laborales.

---

11 Tal vez por eso, el art.8.3 de la ley 515/1995, dispuso expresamente que las relaciones que se establecen los *tirocini formativi di orientamento*, *"no constituyen relaciones de trabajo"*.

12 W. Däubler, *Der. del Trab.*, MTSS, Madrid, Cap. XXVII, p. 944

13 M. Malmartel, "Le cadre juridique e institutionnel de l'apprentissage", *in Actualité de la Form. Permanente*, N°. 36- INFFO, París,1978, pp.35-45.

Esa idea, ha sido retomada, con algunas variantes, en textos recientes de Côte d'Ivoire, Gabón, y más acusadamente en Tunisia, y se conserva, entre otros países, en la República Popular de China,[14] y en algunos de Europa, como Grecia, Irlanda o Portugal y, salvo en ciertas profesiones, en Luxemburgo.[15]

En la L. 10 de 1993 de Tunisia, el contrato de aprendizaje aparece como una modalidad de formación inicial (Cap. IV) y no consta ninguna referencia al contrato de trabajo, ni se incluye entre las obligaciones del aprendiz trabajar para el empleador. Además, si bien el aprendiz percibe sumas de dinero a cargo de la empresa durante la vigencia del contrato, estas son calificadas como indemnización (*indemnité*), tanto en el art. 24 de dicha ley, como en el Dec. 94/1600 que fijó los montos mínimos. Sin embargo, el propio legislador admite que tal "indemnité" pueda ser aumentada por convenios colectivos de trabajo y, en los conflictos individuales, si fracasan las soluciones conciliatorias, cabe según el art. 25, el accionamiento ante la jurisdicción laboral.

Con todo, si se examinan normas recientes, dentro de este grupo, se observa que en Côte d 'Ivoire, aunque el contrato de aprendizaje se define como un contrato *sui generis*, en que hay instrucción, con ejecución de tareas en vistas a la formación (art. 12.2), el mismo está integrado al CT (L. 15 de 1995).

Más claramente aún, en Gabón, si bien el contrato de aprendizaje se califica como una forma de educación, está incluido en el Título II del CT (L. 3 de 94) que trata "del contrato de trabajo". Además, pese a que se omite la palabra salario y en su lugar se habla de asignación (*allocation*), la retribución del aprendiz se regula como un porcentaje del Salario Mínimo (art. 85).

9. La tendencia hacia la laboralización del contrato de aprendizaje ha resultado, además, directamente contrariada por cambios legislativos ambientados por la corriente desreguladora, muy fuerte en algunos países.

Es el caso de Argentina, donde se ha declarado expresamente el "carácter no laboral del vínculo" creado por la nueva reglamentación del contrato de aprendizaje (Dec. 738/95, art. 15).

10. sin embargo la corriente revisionista, a la que acaba de hacerse referencia, no parece que, al menos por el momento, vaya a alcanzar preeminencia, ni hay motivos para suponer que será abandonada la tipificación mayoritaria del contrato de aprendizaje como contrato de trabajo.

Basta para confirmarlo, citar textos como los que se enumeran a continuación: Brasil (CLT, art. 428, según la redacción dada por la ley Nº 10.097/2000);

---

14 Según señala Tsien Tche-hao, en China un aprendiz es un joven que entra para aprender un oficio, a quien, a pesar de estar obligado a hacer cierta cantidad de trabajo, no se le considera un verdadero trabajador ("China, R.P." *in IELL*, 1979, p. 30).

15 Tradicionalmente en Bélgica tampoco se considera al de aprendizaje un contrato laboral (R.Blanpain, "Belgium" *in IELL*, 1979, p.59), y esa conceptuación se mantiene en el D. de 3.07.1991, art. 3.

Belarús (donde si bien el CT de 1992 encara el contrato de aprendizaje con una técnica jurídica especial, al aprendiz lo califica insistentemente como trabajador); Chile, (en cuyo CT, reformado en 1994, el art. 78 trata del "contrato de trabajo de aprendizaje"); República de Corea (país en el que aun cuando el aprendizaje es regulado por separado del contrato de trabajo en el Cap. VII de la LSL, –texto enmendado en 1989–, se admite que ciertos extremos de la relación laboral sean establecidos por Decreto Presidencial y se utilizan las expresiones: "empleo para un aprendizaje", "empleador", "trabajador", "salario" y "contratación de un trabajador con vistas al aprendizaje", en los arts. 74 a 77 de dicha Ley); España (que mantiene en el art. 11.2 del ET, reformado en 1994, la conceptuación del contrato de aprendizaje, que denomina "contrato de trabajo de formación", como una de las "modalidades del contrato de trabajo"); Filipinas (donde el art. 58, incs. a) y d) del CT de 1989, define al aprendiz como un trabajador y al contrato de aprendizaje como un contrato de trabajo); Namibia (*National Vocational Training Act*, 1994, donde en la Parte V se habla inequívocamente de "empleo y formación de aprendices" y en los arts. 17 y ss., se mencionan insistentemente los términos empleo, persona empleada y empleador, para referirse al objeto del contrato y a sus partes); Paraguay (en el que el Cap. del CT/1993, intitulado: "Del contrato de aprendizaje", encabeza el Tít. 3° "De los contratos especiales de trabajo", arts. 105 y ss); Polonia (donde el punto 12 del art. 37 de la Ley de 29.12.1989, si bien no menciona al aprendizaje, se refiere a la remuneración abonada a los adolescentes empleados en virtud de un contrato de trabajo con miras a la adquisición de una formación profesional); República Dominicana (el CT de 1992 menciona el aprendizaje en el art. 257 del Tít. III, del L. IV que contiene la regulación de las condiciones de algunos contratos de trabajo); Uruguay (L. N° 16.873/1997, art. 2°); Venezuela (en cuya LOT, vigente desde el 01.05.1991, se especifica en el art. 266, que las relaciones laborales de los menores sometidos a formación profesional se regirán por sus disposiciones, y en los arts. 267 y ss., se regula concretamente la situación de los aprendices); etc.

11. Como corolario de la aceptación de su condición de trabajador, el aprendiz queda bajo el amparo de la normativa en materia de seguridad social.

Tal situación se opera sin necesidad de una ratificación formal, aunque en Brasil (L. 8.069, art.64 y según dispone el parágrafo 1° del art. 428 de la CLS, modificado por la ley de 2000, el aprendiz debe ser anotado en la "Carteira de Trabalho e Previdencia Social"), en Uruguay (L.N° 16.873, art. 2°), y en otros países, para evitar toda posible duda, la ley confirma que los aprendices tienen asegurada la plenitud de los derechos. A su vez, en Francia, se entiende oportuno aclarar que, mientras el aprendiz frecuenta los centros de formación, se mantiene la protección en materia de accidentes del trabajo y enfermedades profesionales (art. L.117-bis-7 del CT).

12. En varios Estados, no obstante reconocerse en el aprendiz un trabajador, la legislación admite restricciones a sus derechos ante las contingencias sociales. Es el caso de España, donde el ET las consagra en su artículo 11, aunque igualmente garantiza la cobertura frente a accidentes del trabajo y enfermedades profesionales, asistencia sanitaria, prestaciones económicas y descanso por maternidad, derecho pensionario y lo relativo al Fondo de Garantía Salarial (art. 11.2-g).

A la inversa, en legislaciones recientes de países en los que no se atribuye al contrato de aprendizaje carácter laboral, se hace reserva de algunos derechos en materia previsional. Así, por ejemplo, en Argentina, los incisos 4 y 7 del art. 4 de la L. 24.465/1995, ordenan que se instrumente una adecuada cobertura de salud para el aprendiz y se reconoce el amparo ante los riesgos que pudiera sufrir en el lugar y en ocasión del trabajo. (El decreto 738/95 determinó las prestaciones que debían quedar aseguradas por la cobertura de salud contratada por el empleador, art. 13 y Anexo I). A su vez, en Gabón, el art. 86 del CT de 1994, impuso la obligatoriedad del seguro contra los accidentes de trabajo y las enfermedades profesionales.

Dentro del mismo grupo de países a que se está haciendo referencia, se da el caso de Tunisia, donde si bien el aprendiz está protegido contra accidentes y enfermedades profesionales, el art. 27 de la L. 93-10, pone el seguro a cargo del Estado, con financiación propuesta por fondos especiales. Cabe señalar que, en función de la concepción del aprendizaje en el derecho tunecino, se continúan pagando asignaciones familiares a quienes siguen regularmente el aprendizaje.

Una situación especial es la que instituye la legislación colombiana, donde el apartado b) del art. 30 de la L. 789/2002, establece que "la subordinación está referida exclusivamente a las actividades propias de aprendizaje", expresión que el art. 1° del D. 933/2003 interpreta libremente al declarar que "el contrato de aprendizaje es una forma especial de vinculación dentro del Derecho Laboral, sin subordinación". El mismo artículo, prosigue aclarando que la prestación económica que recibe el aprendiz, "en ningún caso, constituye salario". Por otra parte, el art. 5° garantiza la afiliación de los "aprendices alumnos" al Sistema de Seguridad Social Integral", poniendo a cargo del "patrocinador" el pago de los aportes.

13. La circunstancia de que el contrato de aprendizaje sea considerado por buen número de ordenamientos, un contrato de trabajo, sin perjuicio de su especialidad, y que el aprendiz cuente con la protección del estatuto laboral, no excluye la muy intensa preocupación de los legisladores por los aspectos relativos a la formación.

En ese sentido, es significativo el proceso de la legislación francesa, pues no obstante haberse optado por definir el contrato que suscribe el aprendiz como "un contrato de trabajo de tipo particular,"[16] se continúan sumando enmiendas a los arts. del Título Primero del Libro I, que se ocupa del aprendizaje, para resaltar la preocupación por todo lo relacionado con la educación.

Una ley de 1992 (92-675), dispuso encabezar el primer artículo del referido Título (art. L.115-1), con un a afirmación no exenta de solemnidad: "El aprendizaje concurre a los objetivos educativos de la nación". Por lo demás, las enmiendas y aditivos al mencionado artículo del CT, no sólo reafirman que "el aprendizaje es una forma de educación alternada", sino que apuntan a refrendar la calificación profesional obtenida por la vía del aprendizaje, con diplomas y títulos del sistema educativo y a facilitar el tránsito de un sistema al otro. A mayor abundamiento, debe mencionarse que desde los Decretos 73-1046 y 73-1048 se ha conformado el Libro IX, titulado: "De la formación profesional continua en el marco de la educación permanente", donde se aclara que tanto la formación inicial como las ulteriores: "forman parte de la educación permanente" (art. L.900-1).

14. En cuanto a las fuentes de la regulación del contrato de aprendizaje, la doble vertiente: relación laboral-objetivos educativos, no impide, según acaba de verse, que en legislaciones, como la francesa, la mayor parte de los dispositivos atinentes al aprendizaje consten en el código de trabajo. En cambio, otros sistemas dan un tratamiento por separado a unos y otros, con o sin un relacionamiento o reenvío expreso.[17]

En consecuencia, la relación de aprendizaje está sujeta en muchos países a una doble consideración legislativa: en el ámbito laboral y en el de la formación y sus instituciones. La integración normativa puede volverse triple, cuando las normas sobre contrato de aprendizaje se complementan con las disposiciones sobre obligatoriedad de la enseñanza y más ampliamente, con las que rigen todo el sistema educativo, como ocurre en varios países y particularmente en Europa.[18]

---

16 El primer CT francés, sancionado en 1910, que recogió el articulado de una ley de 22.02.1851, separaba claramente los contratos de aprendizaje de los contratos de trabajo, aunque se admitió que debían ser asimilados a ciertos efectos (R. Théry, *Réglementation Jurisprudentielle du contrat de travail en Droit Français*, Rousseau, París, 1913, p. 212). Luego de la reforma resultante de la ley de 20.03.1928, la situación no varió sustancialmente y la doctrina seguía mirando el contrato de aprendizaje como un caso en que el derecho del trabajo era aplicable *"fuera del contrato de trabajo"*, a *"contratos distintos del de trabajo"*. En esa línea, A. Rouast y P. Durand, podían afirmar que ambos contratos diferían por su objeto mismo, ya que en el contrato de aprendizaje éste era la instrucción profesional y no el trabajo; pues el trabajo, en la medida en que resulta aprovechable por el patrono, no es sino una remuneración al empleador por los cuidados que da a la formación de los aprendices. (Droit du travail, Dalloz, Paris, 1946, pp. 386 y ss., párr. 358.).

17 Entre los textos recientes, hay remisión expresa a la legislación sobre FP, a título de complemento de la regulación del contrato de aprendizaje, en el CT de la República Dominicana (art. 267), y en la LOT de Venezuela (art. 272).

18 V., a ese respecto, los artículos que se recogen en la *Revista de Trabajo*, MTSS, A@o 1, N° 1, B.Aires, 1994, escritos por J. Frietman ("La enseñanza profesional inicial en los Países Bajos: modalidades y evolución", pp. 162-168); S. Guardia González ("La FP en el contexto de los sistemas educativos europeos", pp. 129-147); J-L. Kirsch, "La FP inicial en Francia...", pp. 154-161); J. Münch ("Educación, formación profesional y empleo en Alemania, Japón y Estados Unidos...", pp. 148-153).

Todavía hay que contar, a los efectos de contabilizar en su integridad la regulación legal del contrato de aprendizaje, la normativa sobre trabajo de menores, para todos los casos en que los aprendices tienen esa condición. Empero, como más adelante se verá, la tendencia es a aumentar las posibilidades de opción de los adultos por esta modalidad de formación, elevando considerablemente la edad tope para concertar este tipo de contratos y otros análogos.

15. La regulación estatal, además de leyes en sentido estricto, tiene un componente de reglamentaciones por Decretos del Poder Ejecutivo, ordenanzas y resoluciones ministeriales u otros instrumentos análogos y aún acuerdos de las autoridades de las IFP, o de las Juntas de Formación Profesional, u organismos similares. Sin embargo, debe tenerse en cuenta, que tales acuerdos muchas veces requieren algún tipo de homologación por la autoridad administrativa competente.

En los hechos, en un buen número de países, las leyes sobre el aprendizaje se remiten a su reglamentación, delegan expresamente potestades para ello, o imponen el dictado de ese tipo de normas. En todo caso, es muy frecuente que existan dispositivos reglamentarios y que estos sean muy relevantes. También suelen recogerse las disposiciones sobre el aprendizaje en "textos ordenados" o en "instrucciones normativas", como la recientemente adoptada en Brasil (N° 26, de 20.12.2001).

16. En materia de formación dentro de una relación de trabajo, es también muy importante la regulación que resulta de convenios colectivos, especialmente en aquellos países en que la práctica de la negociación colectiva no tiene obstáculos y está generalizada, como ocurre, entre otros, en los países de la Unión Europea.[19]

La legislación suele remitirse a la regulación por vía de convenios colectivos, respecto de ciertos puntos, como los términos concretos del ejercicio de los derechos de promoción y formación, según dispone el ET de España, o la forma de los exámenes de los aprendices, como se prevé, por ejemplo, en el art. 110 del CT de Paraguay.

A veces, los mecanismos de fuente estatal funcionan solamente en ausencia de regulación por convenios colectivos, como pasa especialmente respecto de la fijación de la remuneración de los aprendices.[20]

---

19 La importancia de esta fuente en esa región, queda en evidencia en el "Rapport Général" de R. Blanpain: *Les politiques contractuelles dans le cadre de la FP continue dans les pays membres de la CE*, Peeters Press, Leuven, 1994 (119 pp.).

20 Esta cuestión se tratará más adelante, pero es oportuno señalar desde ya que, en contradicción con la tendencia indicada, el CT de Chile prohibe que la remuneración del aprendiz sea acordada por convenio colectivo.

En el caso de Alemania, la admisión de que la relación de aprendizaje se puede regir por convenios colectivos, ha permitido al Tribunal Federal de Trabajo, en función del art. 9 de la Ley Fundamental, reconocer con gran amplitud el derecho de huelga de los aprendices, no pudiendo considerarse un obstáculo para su ejercicio la minoría de edad, si la relación establecida con el empleador es válida.[21]

Es interesante destacar que aun en Argentina, donde, según se ha dejado dicho, se le niega carácter laboral a la relación generada por el contrato de aprendizaje, el art. 4.9 de la L. 24.465, que regula este tipo de contrato, admite que por convenios colectivos se fije el porcentaje máximo de aprendices que puede contratar una empresa. Asimismo, esa ley consagra el derecho a que se establezcan por convenios de actividad, rama o empresa, los programas y procedimientos conjuntos de formación.

17. En cuanto a los usos y costumbres profesionales, estaban en el pasado expresamente mencionados por varias legislaciones, e incluso, como en el antiguo CT francés (art. 3), debían ser tenidos en cuenta al establecer el acta por la que se escrituraba el contrato de aprendizaje.

En los textos legales recientes, esta fuente no suele ser mencionada. Entre las excepciones, puede citarse el CT de Côte d'Ivoire de 1995, en el que el art. 12.3, en su primer párrafo, utiliza una fórmula análoga a la que figuraba en la legislación francesa a que se hizo referencia precedentemente.

El silencio de las leyes no obsta a que, como en toda la materia de las relaciones de trabajo, los usos y costumbres profesionales puedan funcionar como fuente subsidiaria, en la medida que se ajusten a los principios del derecho laboral.

18. El repaso de los textos más recientes, muestra –como ya quedó en evidencia al hacer el inventario preliminar–, que en algunos Estados, como Colombia (L. 789/2002 y DR N° 933/2003), o Australia (New South Wales- *Apprenticeship and Traineeship Act, 2001*, N° 80), y también en Francia, desde 1971, las disposiciones sobre el aprendizaje son muy copiosas y hay un constante proceso de correcciones y adiciones en que se trata de contemplar todos los componentes de la figura y de regular los aspectos complementarios atinentes a la formación.

En el extremo opuesto, habría que situar a los países en los que no existe reglamentación, como el Reino Unido, y aquellos como la República Dominicana, donde el CT en su art. 257, (que es el último de los tres del Título que trata de la FP), se limita a autorizar que se concierte un contrato con vistas al aprendizaje de los jóvenes trabajadores. Respecto de los principios, planes y estipulaciones de ese contrato, el artículo referido, se remite a lo que disponga la reglamenta-

---

21   W. Däubler, *op. cit.,* p. 948.

ción que formule el INFOTEP (que es la IFP oficial), con ulterior aprobación de la Secretaría de Estado de Trabajo.

La mayoría de las legislaciones dictadas en los últimos años se sitúan en un término medio, estableciendo, con diferente grado de detalle, los lineamientos fundamentales del contrato de aprendizaje, sin perjuicio de eventuales remisiones a la normativa sobre trabajo de menores, sobre formación y en materia de educación.

19. Dentro de las previsiones que suelen encontrarse en las normas sobre aprendizaje, se encuentra la imposición de la obligatoriedad para las empresas de formar un determinado número de aprendices. Previsión que, como es obvio, obedece a la preocupación ante la resistencia de muchos empleadores a hacerlo voluntariamente y tiene el objetivo de asegurar la disposición de cupos para los programas de formación.

Esa fórmula, que continúa imperando en algunos países, especialmente en América Latina por influencia del modelo brasileño, es recogida, con diferentes porcentajes, en textos adoptados en los últimos años. Así ocurre, por ejemplo en Argelia (L. 90-34, que contiene en su artículo 4 una escala, referida al número de trabajadores ocupados); España (Real Decreto 2317/1993, que también incluye una escala para su determinación); Paraguay (CT, 1992, art. 116), y Venezuela (donde, por la remisión de la LOT de 1990 a la legislación sobre FP, la Ord. Adm. 714-91-003 fijó el respectivo porcentaje).

El régimen de Colombia, conforme a la legislación más reciente (art. 33 de la Ley 789 de 2002 y Cap. II del D. 933/2003), mantiene el principio de la cuota mínima de aprendices y comete a la Regional del SENA su determinación, sin perjuicio de la posibilidad de los empleadores de establecer el número de aprendices y vincularlos o de optar, dentro del plazo previsto, por la "monetización total o parcial";

En la mayoría de los países, en cambio, la contratación de aprendices sigue siendo voluntaria, aunque en algunos, como Filipinas, las autoridades se reservan la facultad de decretar la obligatoriedad cuando medien razones que lo justifique, como las relacionadas con la seguridad nacional, o en la hipótesis de que las empresas, por falta de mano de obra nacional cualificada, utilicen técnicos extranjeros (CT, art. 70).

20. En conexión con el problema del número de aprendices, la preocupación que parece privar es la relacionada con el máximo admisible. Ello obedece a la necesidad de garantizar la atención y la calidad de la instrucción, amén de prevenir los fraudes y la competencia desleal con los trabajadores adultos.

La fijación del número o del porcentaje máximo de aprendices que las empresas están autorizadas a contratar, consta en los CT y en las leyes y decretos de varios países.

Entre estos, se cuentan: Argentina, donde los convenios colectivos fijan los porcentajes máximos, en relación con el personal de plantilla, y subsidiariamente el mismo es fijado por decreto (Dec.738/95, art. 17); Chile, donde el porcentaje de aprendices no debe superar el 10% del total de trabajadores a jornada completa (CT, 1994, art. 85); Corea, donde según la LSL el Ministerio de Trabajo fija el número de aprendices; Namibia, donde la NVT Act (1994) dispone en su art. 17(2) que el número de aprendices admisibles debe fijarse en consonancia con el correspondiente programa de formación de la empresa; Uruguay, donde se fija un porcentaje del 20% del total de trabajadores de la empresa como el máximo de los que pueden ser contratados bajo cualquiera de las cuatro modalidades prescritas en la ley, dentro de la que están las dos de contrato de aprendizaje (L. 16.873/1997, art. 1° D).

En la legislación de Colombia, se admite que el empleador (que la legislación califica como "patrocinador"), pueda aumentar la cuota de aprendices, pero con dos condiciones, que no se exceda el doble de la misma, y siempre que se mantenga el número de trabajadores que habían sido considerados al calcular la cuota mínima de aprendices (D. 933/2003, art. 11 parágrafo 3°).

§3. Cuestiones relacionadas con el método de formación

21. Desde hace bastante tiempo, pero de modo cada vez más generalizado, las legislaciones sobre el aprendizaje recogen la convicción de los especialistas respecto de la insuficiencia de la formación exclusiva en el empleo,[22] y buscan ponerle remedio.

Si la primera gran transformación del instituto fue la laboralización de la relación en favor del aprendiz, la introducción de la alternancia de formación práctica en el lugar de trabajo con formación en centros o escuelas, aparece pues como un segundo y no menos importante cambio. Dicho cambio se refleja en la normativa sobre el aprendizaje de elevado número de países, dando pie a su revalorización y contribuyendo a neutralizar muchas de las críticas que se suelen formular a su respecto.

Es oportuno aclarar que el aprendizaje no es la única vía de la formación en alternancia, pero se distingue de las demás por las características del contrato entre el empresario y el aprendiz y los objetivos perseguidos.[23]

---

22 Según quedó establecido en el Inf. VIII(1) a la 59ª Reunión de la Conferencia Internacional del Trabajo (BIT, *Desarrollo de los recursos humanos: orientación profesional y FP*, Ginebra, 1973, p.10).

23 En Francia, por ejemplo, se señala que la alternancia funciona, además de en el aprendizaje, en secuencias educativas de los liceos profesionales a diversos niveles, en *stages* financiados por el Estado para jóvenes en busca de empleo, en los llamados contratos de cualificación, etc. (Chr. Lenoir, "A propos de la formation par l'alternance" *in* rev. *Droit Social*, París, N° 5/1993, p. 411). V. también M. Thery, "Les formations professionnelles en alternance" *in* rev. *Droit Social*, París, N° 4/1992, pp. 391-398.

22. Al prestigio del método basado en la alternancia de períodos de formación del aprendiz dentro y fuera del lugar de trabajo, ha contribuido la experiencia alcanzada en Alemania que en general es tenida como muy exitosa,[24] así como la de algunos otros países que han implantado el llamado sistema dual.[25]

También en Francia, la alternancia que comenzó a generalizarse con la llamada "Ley Legendre" de 12 de julio de 1980,[26] parece contar con un amplio consenso, pero se ha observado que los resultados económicos y sociales no se corresponden con las expectativas.[27] El método recibió un nuevo impulso en la "Ley Quinquenal relativa al trabajo, al empleo y a la formación profesional" de 20.12.1993, cuyo art. 64 dispuso que el Estado lleve adelante un amplio proceso de concertación social, con vistas a "armonizar las diferentes vías de la alternancia para los jóvenes"[28]

Normas recientes, como la adoptada en Mauritaria por el D. N° 2002-053, han establecido fondos especiales para asegurar la formación continua, la alternancia y el aprendizaje.

---

24   En la p. 57 del Doc. CEDEFOP, 1995, ya citado, el juicio favorable a la experiencia alemana se apoya en opiniones de especialistas que destacan las ventajas pedagógicas y sociales del sistema alemán de aprendizaje, entre los cuales S. Hamilton, (*Apprent. for adulthood- preparing youth for the future*, The Free Press, New York, 1990) y W. Streeck ("Institutional mechanisms and structural elements of vocational training in Germany...", in Dettke - Weil, *Challenges for apprenticeship and vocational training in the 1990s: German and American persp.*, Friedrich Ebert Stiftung, Washington, 1992, p.42). En el mismo sentido, Maryse Peschel en nota sobre un estudio de C. Büchteman, J. Schupp y D. Soloff (Formation par apprentisage.: défi pour l'Allemagne..., *La Doc.Française*, París, 1994), publ. en la rev. *Formación Profesional*, 2/94, CEDEFOP, p.87; D.Marsden, "Le génie du système allemand...", *in Formation-Emploi*, N° 44, 1993. Por su parte Rolf Arnold –sin perjuicio de reconocer el aparente éxito de la formación en empresas, representado por el aumento del porcentaje de jóvenes que han optado por ella, que pasó del 53.8% en 1980 al 66.5% en 1990– sostiene que el sistema dual *"está pasando por un proceso de transición"*. Señala como principales factores que determinan ese proceso: el descenso demográfico, combinado con la búsqueda de títulos superiores; la escasez de docentes y el riesgo de que la enseñanza quede rezagada, y la transformación del mundo del trabajo artesanal y el desplazamiento del énfasis puesto en la formación básica, hacia formaciones complementarias ("Nuevas tendencias de la FP en Alemania", *in Boletín Técnico Interamericano de FP*, Cinterfor/OIT, N° 131, 1995, pp. 43-54.

25   En el Doc. CEDEFOP, 1995, p.75, con el respaldo de un informe de la OECD de 1979, se indica que: *"Austria ha mantenido un sistema dual durante muchos años y con éxito"* (*op. cit.*, p.37). La creación legal de IFP costeadas por un impuesto sobre la nómina, destinadas a operar el método de la alternancia en la formación de aprendices, junto con la obligatoriedad para los empresarios de contribuir a ella, –a la que ya se hizo referencia–, ha sido uno de los elementos característicos del sistema de aprendizaje en Brasil, a partir del Dec.-ley 4.481 de 16.07.1942, para el aprendizaje industrial, que luego otros textos instituyeron en los demás sectores. Bajo la influencia de este modelo, y con fórmulas similares, se crearon IFP en otros países de la región (Ma. A. Ducci, *Proceso de la FP en el desarrollo de América Latina*, Cinterfor/OIT, Montevideo, 1979, esp. pp. 21 y ss.).

26   V. el cit. estudio de Chr. Lenoir (pp. 411-417), donde se trata de la evolución de la legislación sobre la altenancia. *La Documentation Française*, publicó en 1992, el resultado de una investigación sobre el estado de las prácticas y un estudio bibliográfico bajo el título: "Les formations en alternance: contribution à la recherche" (401 pp.).

27   Ch. Lenoir, loc. cit. Del mismo autor, que de ha desempeñado como Director departamental del Trabajo, el Empleo y la Formación Profesional: "Formations par l'alternance, enjeux et ambigüités", *in Actualité de la Formation Permanente*, N° 124, 1993, pp. 15-24.

28   J-M. Luttringer, "La FP: nouveaux chantiers", in rev. *Droit Social*, París, No. 2/1994, p. 197; I.Arrago-Genuini, "Aprendizaje y contratos en alternancia: Francia, plan gubern. por el empleo", *in Herramientas: revista de formación para el empleo*, N° 38, 1993, pp. 22-27.

23. El método de la alternancia parece, en todo caso, sólidamente implantado en casi todos los países de la Unión Europea,[29] y en varios de América Latina.

Es posible mencionar dispositivos adoptados con ese propósito. Por ejemplo, el D. de 09.07.1991, relativo a las clases medias y PYMES dictado en Bélgica, que establece, de modo expreso, que el aprendizaje debe comprender una formación práctica en la empresa, así como cursos de formación general y profesional.

24. En cambio, en Tunisia el régimen de alternancia es mirado como una opción diferente a la del aprendizaje *"en milieu professionnel"* (art. 15, L. 93-10).

A su vez, en Argelia, el art. 3 del Decreto Ejecutivo N° 93-67 de 01.03.1993, se limita a postular la implantación progresiva de la alternancia.[30]

Todavía menos imperativo es el CT de Paraguay (L. 213/93), que en el último párrafo del artículo 105, sólo menciona el régimen de aprendizaje dual, como una de las formas en que puede realizarse el aprendizaje.[31]

25. Una cuestión referida a la alternancia, que es considerada por algunas legislaciones, tiene que ver con la manera en que puede o debe practicarse, y a quién corresponde decidirlo.[32]

Al respecto, las legislaciones dan respuestas no siempre coincidentes.

En Colombia, hasta la ley N° 789/2002, el punto quedaba por la L. 119/94, dentro de las competencias reglamentarias del Consejo Directivo Nacional del SENA, que en función de ello había acordado que la distribución de las etapas lectiva y productiva debía cumplirse en períodos alternos, según lo convenido entre los empleadores y la IFP o el establecimiento que corresponda, una vez que hubiese transcurrido el bloque modular básico, que debía desarrollarse dentro de la jornada laboral. La ley 789/2002, en su art. 39, concedió mayor libertad al empleador, pues "la empresa y la entidad de formación pueden determinar la duración de la etapa productiva, al igual que su alternancia con la lectiva, de acuerdo con las necesidades de formación del aprendiz y los requerimientos de

---

29   Doc. CEDEFOP, 1995, cit., p. 23.

30   En Argentina la Ley Fed. de Ed. No. 24.195/1993, se refiere a la incorporación del régimen de alternancia, al tratar en el artículo 17 de la educación "polimodal".

31   Las otras dos opciones son: el aprendizaje en el lugar de trabajo, o en una institución especializada por cuenta del empleador.

32   De acuerdo con el Documento del CEDEFOP, reiteradamente citado, cuadro 6, p. 26, la forma que más generalmente asume la organización de la formación en los países de la Unión Europea, supone una distribución semanal de un día en la escuela y cuatro en la empresa, (sistema de Grecia, Italia, Luxemburgo y también de Bélgica, aunque allí, el día en la escuela puede ser sustituido por dos medias jornadas y los menores de 15 años pasan un día y medio o 360 horas en la escuela). La formación en la escuela puede alcanzar un peso algo mayor en Alemania y Holanda, donde insume 1-2 días, mientras que la formación en la empresa cubre consiguientemente 4 ó 3. Un criterio distinto se sigue en Francia, donde la alternacia es por semanas (una en la Escuela y dos en la empresa), así como en Dinamarca e Irlanda, donde la alternancia es por bloques (1/3 bloques en la escuela; 2/3 bloques en la empresa, en el primero, y 3 bloques en la escuela y 4 en la empresa, en el segundo).

la empresa", con limitaciones en cuanto a "los tiempos máximos que se fijen para la etapa de formación en la empresa autorizada", los cuales no pueden superar los fijados por el SENA

En España, el art. 11.2 del ET contempla la posibilidad de que las enseñanzas estén concentradas o sean alternadas con el trabajo, según se fije en el convenio colectivo. El Real Decr. 2317/93 (art. 10.3), reitera la atribución de competencia a los convenios colectivos para decidir esa cuestión, aunque también admite que, a falta de previsión sobre el punto en dicho instrumento, se esté a lo dispuesto en el contrato. El referido Decreto, autoriza asimismo, que la formación complementaria pueda impartirse en el centro correspondiente de la propia empresa, en centros de formación creados por las empresas, o por organizaciones empresariales o sindicales, o en centros públicos acreditados al efecto.

Es dable señalar que la norma española tiene en cuenta la eventualidad de que en la localidad en que está implantada la empresa no existan cursos adecuados. Para ese caso, dispone que al aprendiz le sea proporcionada la instrucción teórica por medio de los centros de enseñanza a distancia debidamente acreditados, para lo cual la empresa deberá reducir la jornada laboral.

26. Según acaba de verse, normas sobre el aprendizaje, como las de Colombia, hacen mención de la modularización de la formación.

Esto significa la previsión de que la misma se desarrolle conforme a módulos pedagógicos,[33] los cuales, una vez satisfactoriamente completados, abren variadas posibilidades de conexión con otros y conforman bloques configurativos de avances hacia nuevas calificaciones.

Se trata de otro cambio en los métodos, que tampoco es exclusivo del aprendizaje, pero que a éste concretamente le proporciona un instrumento para superar algunas de las más fundadas críticas. En efecto, la modularización le aporta una mayor flexibilidad, permitiéndole adecuarse a las necesidades y capacidades de cada aprendiz y aumentar las oportunidades de estos, de complementar su formación, abriendo las puertas hacia la formación permanente.

27. Para su oportuno funcionamiento, la formación por módulos debe ir unida a fórmulas para la evaluación, la acreditación y el reconocimiento de los saberes

---

33 S. Agudelo Mejía los define así: *"El módulo pedagógico o instruccional es el conjunto de conocimientos básicos, conocimientos tecnológicos y prácticas ocupacionales ligados y condicionados entre sí, que posibilitan la adquisición de destrezas para poder saber ejecutar las operaciones correspondientes a un grupo de tareas de un módulo ocupacional. Es, en síntesis, una sistematización teórico-práctica de los contenidos a enseñar en torno a un grupo de tareas de un módulo ocupacional"* (Terminología Básica de la Formación Profesional, Cinterfor/OIT, Montevideo, 1993, p. 41). A su vez, según el mismo autor, el módulo ocupacional, llamado también bloque ocupacional: *"se refiere al conjunto de capacitación necesaria en términos de actividades o tareas por aprender, para pasar de un nivel de calificación a otro dentro de una ocupación definida... En síntesis, es un conjunto de tareas a enseñar con una finalidad concreta en el mercado de trabajo"* (loc. cit.).

y la experiencia que vayan adquiriéndose por distintas vías, incluso de manera informal.

Disposiciones recientes de algunos países, sobre este asunto, aportan la consagración de derechos subjetivos derivados del método modular. En particular, el de que la formación alcanzada tenga plena aceptación a todos sus efectos, incluso para aumentar las expectativas de cualificación y acortar la duración del propio aprendizaje.[34]

Tal, el caso del art. 5 del Decreto Ejecutivo N° 93-67 de Argelia, donde se explicita que los programas de formación de los aprendices deben estar concebidos como unidades modulares capitalizables.

§4. Requisitos para la concertación de contratos de aprendizaje

28. El marco normativo del contrato de aprendizaje ha incluido tradicionalmente, y con independencia de sus características y su naturaleza jurídica, una serie de requisitos que deben cumplirse para que la relación pueda concertarse y funcionar.[35]

Los requisitos se refieren fundamentalmente a condiciones para que sea admisible el aprendizaje; son condiciones exigidas a las empresas o a sus titulares; condiciones que tienen que llenar los maestros e instructores, y condiciones que debe reunir el aprendiz. En los párrafos que siguen se tratará de observar cómo se presentan estas exigencias en las legislaciones dictadas estos últimos años.

La mayor o menor detención con que estos asuntos aparecen e incluso la propia presencia de estos temas en las legislaciones, está en correlación con la técnica seguida, así como con el grado de desarrollo económico y social de la sociedad de que se trate y la importancia que se le asigne al aprendizaje como modalidad de formación.

A) *Condiciones para que sea admisible el aprendizaje*

29. En los reglamentos de las corporaciones medievales, que eran muy minuciosos, hay previsiones sobre las actividades, oficios o profesiones en que correspondía concertar relaciones de aprendizaje.

---

34 Doc. CEDEFOP, 1995, p. 27.

35 Los historiadores destacan que de acuerdo con los reglamentos o estatutos corporativos, el número de aprendices que podían ser contratados estaba limitado, para evitar que se descuidara su instrucción (F. Barret, *Histoire du travail*, PUF, París, 1948, p. 23). En el mismo sentido, ha señalado G. Renard que, bajo ese régimen: *"el aprendiz...es objeto de la más viva atención", puesto que "el aprendizaje ...es el medio de conservar la habilidad profesional en la que ponía todo su orgullo la corporación"*. Es así que se exigía *"ser maestro para tener autorización para enseñar, pero no es bastante, es preciso que sea de buena vida y costumbres, de* carácter paciente y las autoridades de la corporación están encargadas de comprobar si el maestro escogido posee las cualidades requeridas..." (Sindicatos, Trade-Unions y Corporaciones, vers. esp., D.Jorro ed., Madrid, 1916, p.19).

Aunque ese extenso período no estuvo exento de abusos e iniquidades contra los aprendices, la situación se agravó con la decadencia y ulterior abolición de las corporaciones, y con la total desregulación de las relaciones laborales que imperó desde entonces y hasta casi los albores del siglo XX.[36]

La cualificación profesional y por ende el aprendizaje, resultaron profundamente afectados, además, por los cambios tecnológicos que se fueron acumulando, a partir de los que provocaron la revolución industrial.

En función de todo ello, la mera apariencia de relaciones de aprendizaje encubría la cruda explotación del trabajo infantil, al punto que una de las primeras y tímidas leyes de protección del trabajo –adoptada en Inglaterra en 1802–, que por otra parte no llegó a tener aplicación efectiva, fue dictada con la intención de limitar a nueve horas por día el trabajo de los aprendices y prohibir su ocupación en horario nocturno.[37]

30. La implantación de la parcelación de las tareas y el trabajo repetitivo en la cadena de producción, volvió aun más imperioso determinar cuáles son las ocupaciones en que es realmente necesaria una cualificación obtenida a través de un proceso relativamente largo de formación por la vía del aprendizaje.

En la práctica, en muchos países, los departamentos de trabajo, y en América Latina las IFP, han establecido desde hace tiempo y mantienen actualizadas, las listas de actividades profesionales sujetas a aprendizaje, generalmente con especificación de la duración de éste.

Entre las legislaciones que condicionan la posibilidad de concertar contratos de esta clase a que figuren en la lista de oficios u ocupaciones en que la modalidad de adquisición de la cualificación por aprendizaje esté autorizada, pueden citarse el CT de Filipinas (arts. 58 y 60),[38] y la NVT Act de 1994 de Namibia (art. 17(2)-b).

B) *Condiciones exigidas a las empresas*

31. En los textos adoptados en los últimos años, es corriente que se exija una autorización administrativa como requisito para permitir que una empresa contrate aprendices.

---

36 Bajo el régimen de las corporaciones, los aprendices "padecían –dice Renard– de la envidia de los oficiales y de la avaricia de los patronos que escatimaban los alimentos y que conservándolos más tiempo que el preciso, les impedían ganar bien su vida. La literatura de la época, cuando se digna ocuparse de ellos, nos da a entender que su existencia no era un colmo de felicidad; sin embargo, conviene agregar –concluye– que su suerte no es comparable a la de los infinitos pequeños mártires que, en la gran industria moderna multiplicó la era de las máquinas" (*op. cit.*, p. 23).

37 K. de Schweinitz, Inglaterra hacia la Seg. Soc., vers. esp., Minerva, México, 1945, p. 253.

38 El CT de Filipinas (arts.73 a 77), admite una contratación especial de principiantes (learners) para alcanzar, en menos de tres meses, un mero entrenamiento (semi-skilled), a través de la práctica, en tareas en que no cabe el aprendizaje. Con un enfoque similar la L. 16.873/1997 de Uruguay previó el contrato de *aprendizaje simple*.

El otorgamiento o el mantenimiento de la autorización está generalmente supeditado a la idoneidad de las condiciones técnicas y humanas de las empresas para la formación práctica de los aprendices. Pero también se suele condicionar la incorporación de aprendices a que la empresa esté al día en sus obligaciones fiscales y ante la Seguridad Social y a que no haya habido, en el período inmediato anterior, despidos de trabajadores que cumplían iguales o similares tareas a las que realizaría el aprendiz.

32. Asimismo, en la legislación de algunos países, el empleador debe establecer y mantener programas de formación, aprobados por el Ministro competente.

En ese sentido, pueden citarse las leyes de Argentina (L. 24.465/1995, art. 4.4); Bélgica (D. de 03.07.91); Canadá-Ontario (Regul. 488/2001); Corea (SLS, arts. 75 y 76); Francia (L. 93-1313, CT, arts. L.117-5, L.117-5.2 y L.119-1) y Tunisia (L. No. 93-10, art. 25).

Es relevante la circunstancia de que algunas legislaciones, por un lado imponen el asesoramiento técnico antes de conceder la autorización (por ejemplo en Bélgica, del Instituto de las Clases Medias), y por otro, prevén una verificación de las condiciones por funcionarios especializados (como es el caso de los Consejeros de Aprendizaje en el decreto tunecino). Asimismo, algunas leyes, como la de Corea, mandan tener a la vista un certificado de la autorización.

En cuanto a la legislación francesa, se advierte que –presumiblemente para no complicar la contratación de aprendices con trámites burocráticos–, el CT admite que las empresas puedan formular simplemente una declaración, en la oficina competente, antes de la concertación del primer contrato de este tipo. En la declaración, debe constar que se han tomado todas las medidas necesarias para la organización del aprendizaje, así como garantizarse que se poseen elementos aptos para permitir una formación satisfactoria, en relación con el equipamiento de la empresa, las técnicas que se utilizan, las condiciones de trabajo, de higiene y de seguridad, y que los responsables de la formación, llenen las exigencias prescritas. Conforme al art. L.119-1 del CT, la Administración puede reclamar a la empresa la prueba de lo afirmado en su declaración y según el art. L.117-5-1, del mismo código, el Inspector de Trabajo puede poner en mora a la empresa respecto del cumplimiento de los extremos a que se obligó, e incluso ordenar la suspensión de la ejecución de las prestaciones, con mantenimiento de la remuneración del aprendiz.

Por otra parte, el CT francés (penúlt. párr. del art. L.117-5), faculta al Prefecto del Departamento donde está radicada la empresa, a oponerse a la contratación de aprendices por una empresa, si las autoridades que controlan la ejecución de los contratos de aprendizaje, entienden que el empleador incumple sus obligaciones legales y reglamentarias o el propio contrato. La decisión, se comunica a los respectivos Comités de Empresa, así como a las Cámaras empresariales. Todo lo cual es sin perjuicio de los eventuales recursos administrativos.

En algunas legislaciones, el empresario debe mantener a la vista el certificado de autorización (Corea), o llevar un documento de control especial, con especificación de la remuneración pagada (Namibia).

C) *Condiciones que deben llenar los maestros o instructores*

33. Según acaba de verse, el CT francés incluye, entre las garantías que debe asegurar el empresario, el llenado de determinadas exigencias a cargo de los responsables de la formación de aprendices.

Se trata de una cuestión de inocultable importancia para la efectividad de la formación, que se cuenta entre las más frecuentemente reclamadas desde tiempo inmemorial por las reglamentaciones.[39]

34. En las legislaciones recientes, –como por ejemplo las de Canadá-Manitoba N° 69/ 2003; Ucrania, N° 1841/III de 2000–, siguiendo la línea tradicional, muchos textos contienen exigencias de este tipo,[40] aunque no hay coincidencia en los extremos reclamados a los instructores.

En efecto, las exigencias que aparecen, cubren uno o varios de los siguientes puntos: requisitos administrativos; edad mínima; condiciones morales, y condiciones técnicas y pedagógicas.

Respecto del control, además del que ejerza la autoridad administrativa o las IFP u organismos análogos, se reconocen competencias, en muchos sistemas, a las cámaras empresariales.

35. En algunos países, los maestros o instructores deben contar con el asentimiento de la autoridad competente, que puede ser la Junta de Formación respectiva (*v.g.* en Guyana, el *Board of Industrial Training,* o el FAS en Irlanda),[41] o el Jefe de sus Inspectores, como en Namibia (NVT Act, 1994, art. 28.1). En Argelia, la autorización para desempeñarse como maestro, la dan las autoridades, con asesoramiento de las cámaras empresariales (L. 90-34, art.8).

En Alemania, así como en Corea (Ley básica de FP No. 2973, art. 41.2) y otros países, la calificación como instructor es otorgada por decreto, cuando se han llenado las exigencias previstas en los reglamentos.[42]

---

39 V. supra, nota 35.

40 En el Doc. CEDEFOP, 1995, sobre los países de la Unión Europea, se señalan como excepción los casos de Bélgica y el Reino Unido, en donde no se habrían establecido exigencias especiales para los formadores, aunque estos, en general, poseen experiencia en ese campo.

41 Doc. CEDEFOP, 1995, cit.

42 En Alemania, las aptitudes que deben poseer los instructores son fijadas por disposiciones reglamentarias, pero la vigilancia del cumplimiento de esos cometidos, corresponde al Centro de Instrucción competente, el cual, de acuerdo con el art. 44 de la LFP de 1969 (BBiG), se encarga de supervisar integralmente la marcha de la formación en la empresa. Ello es sin perjuicio de las competencias atribuidas también, con el mismo propósito, a las Cámaras de Industria y Comercio y de Oficios, así como a las Cámaras Agrícolas.

36. El requisito de edad mínima del instructor no aparece mencionado con frecuencia en las leyes recientes sobre aprendizaje.

Empero, pueden citarse, el CT de Francia, en el que, según el art. L.117-4 los maestros deben ser mayores de edad, y los CT de Côte d'Ivoire (1995, art. 12.4), y Gabón (1994, art. 82), donde la edad mínima para recibir aprendices son los 21 años.

37. Las exigencias sobre condiciones morales para los instructores o los propios empleadores de los aprendices, han sido generalmente resaltadas en las modalidades del aprendizaje, todavía frecuentes en los países de menor desarrollo industrial, en que el aprendiz queda a cargo e incluso es alojado por su maestro.

Es así, que en los CT de Côte d'Ivoire (art. 12.6), Gabón (art. 82) y Paraguay (art. 112), constan previsiones a ese respecto. Incluso, en Gabón, se especifica que el maestro o empleador de aprendices tiene que hacer un reconocimiento de vida y costumbres.

Una referencia a las condiciones satisfactorias de la moralidad de las personas que son responsables de la formación, también figura en el CT de Francia, respecto de la declaración que debe efectuar el empresario antes de contratar aprendices, a que ya se hizo referencia. (Art. L.117-5, en la redacción dada por el art. 58 de la ley N° 93-1313). Por otra parte, el art. L. 117-4, en la versión establecida por la L. N° 92-675, exige que el maestro, a la vez tutor de la formación (*maître d'apprentissage*), que es directamente responsable de la formación del aprendiz, ofrezca absolutas garantías de moralidad.

38. Las exigencias de condiciones técnicas y pedagógicas, aunque con diverso alcance y mayor o menor detalle, figuran en varias legislaciones recientes.

Algunos textos se limitan a reclamar que el maestro o instructor esté suficientemente cualificado para dar formación apropiada. Tal, lo que prescriben el CT de Gabón (art. 82) y el de Vietnam (art. 23.2); otros, como el de Côte d'Ivoire, se remite a lo que decida el Decreto reglamentario (art. 12.3). En Guyana se exige un certificado de aptitud para inscribir al maestro en el registro habilitante.

Exigencias más precisas figuran en la legislación de algunos países europeos, como Luxemburgo y Francia. En Luxemburgo, el instructor debe poseer certificado de maestro de oficio o un CATP, y a lo menos cinco años de experiencia de trabajo. En Francia, además de la mención de las "competencias profesionales y pedagógicas" que deben constar en la declaración del empresario, se ha especificado que el maestro debe tener, por lo menos, un diploma equivalente al correspondiente a la cualificación a que aspira el aprendiz y tres años de antigüedad.

En la Rpca. de Sudáfrica, la ley N° 84 de 1996, *South African Schols Act*, regula ampliamente todo lo concerniente al sistema escolar público.

D) Condiciones exigidas a los aprendices

39. Las legislaciones actuales suelen ser muy minuciosas respecto de las condiciones para admitir a los candidatos al aprendizaje. Las principales exigencias están referidas a edad mínima, edad máxima, cumplimiento de obligaciones escolares, inexistencia de una formación anterior, y posesión de aptitudes.

En algunas leyes, como la de Argentina, trasuntando la aspiración de que el aprendizaje sea un medio de inserción de los jóvenes desempleados, se exige que el postulante no tenga empleo (L. 24.465, art. 4.b). El D. reglamentario 738/95, excluyó también a los que hubieren tenido relación laboral con la empresa donde aspiran a iniciar un aprendizaje.

Varias legislaciones fijan, además, normas para la selección de aprendices, o dan criterios en materia de preferencia entre los aspirantes a una plaza de aprendiz.

40. La edad mínima, para iniciar el aprendizaje generalmente coincide con la exigida para entrar a trabajar, como lo dicen expresamente, entre los textos recientes, los de Belarús (CT, art. 173); Corea (LT, art. 50); Namibia (N.V.T. Act/ 1994); Vietnam (CT, art. 22); etc.

Conviene, sin embargo, precisar que las edades para ingresar al mercado de trabajo, en estos y otros países, varían considerablemente. Por otra parte, en Francia si bien la edad para iniciar el aprendizaje es la general para trabajar –o sea los 16 años–, el art. L.117-3 del CT autoriza la admisión en el aprendizaje desde los 15, si el interesado ha completado el primer ciclo de la enseñanza secundaria.

41. Tampoco hay coincidencia sobre cuál debe ser la edad mínima para iniciar el aprendizaje en las legislaciones en las que existe una disposición expresa sobre el punto.

La edad más baja, entre los textos recientes, parecen ser los 12 años, que estaría autorizada en Paraguay, por el CT adoptado por la ley N°. 213/93, a pesar de que la edad mínima para el trabajo industrial ha sido fijada en los 15 años (art. 119) y en los 14, para los trabajos no industriales (art. 120). En efecto, el art.106 del capítulo sobre el contrato de aprendizaje, al remitir a las condiciones generales sobre capacidad para contratar, abre la posibilidad de que los menores que tengan más de 12 años puedan celebrar este contrato directamente, si cuentan con la autorización de sus representantes legales, sin perjuicio de la facultad de éstos para revocar la autorización, condicionarla, o limitarla (art. 36).

A su vez, en el Brasil, si bien el inciso XXXIII del art. 7 de la Constitución de 1988, prohíbe el trabajo de los menores de 14 años, hace la salvedad de los que tienen la "condición de aprendiz". El mismo criterio se sigue en la L. 8.069 de 1990 (*Estatuto del niño y el adolescente*, art.60).

42. El mínimo de 14 años, que rige en varios países de América Latina, consta, entre otros, en textos de Argentina (Ley 24.465); Colombia (D. 933/2003, art.3°), Panamá (D. 36/91); etc. Es también el caso de legislaciones de Estados de otros Continentes, como Filipinas (CT, art. 59-a).

En los casos que se aplican las normas generales sobre trabajo de menores, el límite inferior son también los 14 años, entre otros, en la República Dominicana (CT/1992, art. 245) y Venezuela (LOT, art.247). Sin embargo, en este último país, el aprendizaje podría caber en la excepción autorizada por el parág. 1° del mismo artículo, en cuanto admite que las autoridades puedan permitir el trabajo de menores desde los 12 años en circunstancias debidamente justificadas, cuando las labores sean adecuadas y se les garantice la educación.

43. Un mínimo de bastante generalizada aceptación son los 15 años de edad. Pueden citarse en ese sentido, leyes de Argelia (L. 90-34); Guyana (*Industrial Training*, L. 1/93, art. 3.1); Irán (CT, art. 112 b); Tunisia (L. 93-10, art. 26); etc.

44. En casi todos los países de la U.E. y en algunos de otras regiones, como Gabón (CT, art. 82), el mínimo para iniciar el aprendizaje se sitúa en los 16 años.

Con todo, en Francia, según ya se dijo, bajo ciertas condiciones, el comienzo del aprendizaje puede ocurrir a los 15 años y en Gabón, con acuerdo del Ministerio de Educación, pueden admitirse aprendices desde los 14.

Es importante consignar que en la U.E. ese mínimo resulta actualmente sobrepasado en la práctica, siendo cada vez más elevado el promedio de edad en que se inicia el aprendizaje.[43]

45. En el entendido que el aprendizaje ha sido tradicionalmente concebido como una modalidad de formación inicial, dirigida a adolescentes, no es de extrañar que muchas legislaciones fijen límites máximos a la edad en la que puede concertarse este tipo de contrato.

Sin embargo, en función de la tendencia hacia la apertura del aprendizaje para los adultos, el máximo de edad se ha ido elevando en las leyes recientes e incluso, en algunas de ellas, como las de Luxemburgo, Paraguay y Vietnam, no figura ninguna referencia a ese respecto.

46. En un rápido repaso de normas vigentes, se advierte una variedad de criterios, aunque la tendencia parecería ser hacia un aumento en el tope de edad para concertar este tipo de contratos.

Es así que, salvo autorización expresa, los 17 años representan el límite para suscribir un contrato de aprendizaje en Guyana.

---

43 Doc. CEDEFOP, 1995, p. 11.

En Irán (CT, art. 112-b), Panamá (D. 36/91) y otros países, la edad máxima son los 18 años.[44]

En Tunisia, la L.93-10 (art.26) fija el máximo en 20 años.

En Chile, el CT, en su art. 78, sólo admite que se celebren contratos de aprendizaje con menores de 21 años.

En la línea de la ampliación de la edad para iniciar el aprendizaje, las leyes de Argelia, Argentina, España, etc., elevan el tope hasta los 25 años, que es también la edad límite para el comienzo del aprendizaje en Francia (CT, art L.117-3).

La ley uruguaya Nº 16.873 de 1997, llevó la edad máxima a 25 años, para el llamado "aprendizaje simple", y a los 29 años para el contrato de aprendizaje e.s.e.

El art. 11.2 del ET reformado de España (L. 10/94), al igual que las leyes de otros países, no ponen ningún límite máximo de edad a los minusválidos.

La posibilidad de que el límite máximo de edad sea fijado por una norma reglamentaria ha sido prevista, por ejemplo, en Colombia, donde según el art. 8 de la Resol. 1035/88, es competencia del SENA.

47. El cumplimiento de las etapas fijadas por las leyes sobre obligatoriedad de la enseñanza, se constituye también como otra condición para que pueda concertarse un contrato de aprendizaje;[45] aunque desde luego, en muchos casos la edad límite de la obligatoriedad coincide con la mínima para trabajar.

La referida condición está impuesta como norma en la mayoría de los países de la Unión Europea,[46] y en muchos otros, aunque obviamente las exigencias, a ese respecto, difieren bastante en función del desarrollo cultural alcanzado.

Entre los textos que imponen el cumplimiento de obligaciones escolares como requisito previo a la iniciación del aprendizaje, pueden citarse las de Namibia (art. 17.2-a-i, N.V.T. Act/ 1994); Nicaragua; Panamá (D 36/91); y Perú (Dec. Legisl. 728, sobre fomento del empleo).

Empero, aunque se están operando progresos, en muchos países la enseñanza reclamada es apenas la que corresponde a la instrucción elemental. Es el caso de la norma panameña, que se limita a exigir que se hayan completado estudios

---

44 En el Doc. CEDEFOP, cit., se indica que en el Reino Unido se reservan cupos de aprendizaje hasta los 19 años para quienes finalizan la escuela secundaria (p. 12).

45 En Alemania, la finalización de la enseñanza obligatoria no es una condición para ingresar al aprendizaje; pero, en general, los empleadores prefieren a los candidatos que poseen el certificado de estudios y en la práctica, en 1991, uno de cada cinco aprendices poseía título de Abitur <Bachiller>. (Doc. CEDEFOP, 1995, cit., p.11, cit. a A. Tomforde, "Germany redefines vocational training", *in Int. Herald Tribune*, 02.11.92, p.12).

46 Según establece el Doc. del CEDEFOP, tantas veces citado, en los países de la U.E. se ha producido un aumento generalizado de la obligatoriedad de la enseñanza, de modo tal que la edad en que cesa se ha elevado en casi todos los países a los 16 años. Las excepciones están circunscriptas a Portugal e Irlanda, en que alcanza hasta los 15 años, en Grecia en que llega hasta los 14 y medio, e Italia sólo a los 14. En varios países, como Bélgica, Dinamarca y Holanda, la enseñanza a jornada parcial es obligatoria hasta los 18 años (*op. cit.*, p. 12 y cuadro 2 de p. 13).

primarios o se posean conocimientos equivalentes, y también de la colombiana, con el agravante de que, según el art. 3° del D. 933/2003, para el reconocimiento de la equivalencia, basta demostrar que se sabe leer y escribir.

48. En varias legislaciones se ha establecido la condición de que el candidato a celebrar un contrato de aprendizaje no haya pasado anteriormente por un ciclo de formación profesional para la misma calificación.

Es lo que se dispone, entre otros, en el D. 36/91 de Panamá. En el mismo sentido, el art. 267 de la LOT de Venezuela de 1990, al definir quienes se considerarán aprendices del oficio en el que trabajan, exige que el menor en cuestión, no sea egresado de los cursos de formación para dicho oficio. (La misma previsión consta en el art. 13 de la L. del INCE.).

Con intención similar y reconociendo el valor de la capacitación que puede alcanzarse en el mero desempeño de un puesto de trabajo, algunas legislaciones, como la de España, también excluyen la posibilidad de celebrar un contrato de aprendizaje con alguien que ya haya desempeñado, por más de doce meses, el mismo puesto en la misma empresa. (ET, art. 11-2-d).

49. La posesión de aptitudes para la formación es otro requisito que figura en varias legislaciones.

Los textos recientes, enfatizan sobre la capacidad para el aprendizaje y para comprender y seguir la instrucción oral y escrita. Con ese alcance, pueden citarse, *i.a.*, el CT de Filipinas (art. 59, inc. b y c) y la NVT Act de Namibia (art.17(2)i).

Por otra parte, en algunas legislaciones, además de los certificados médicos de aptitud para el trabajo, que todo menor debe poseer, se reclama, como en el CT de Vietnam, la posesión de condiciones de salud que se correspondan con las exigencias del oficio enseñado (art. 23(1). La antes citada ley de Namibia, en su art. 17(3), exige que el aprendiz cuente con un certificado médico de aptitud para el aprendizaje.

50. Como complemento de lo establecido precedentemente, es oportuno acotar que algunos textos dan normas sobre la selección de aprendices.

Así, en Colombia, el SENA se reserva la competencia de hacer una preselección de los aspirantes y aunque los empleadores hacen la selección definitiva y pueden aceptar otros, fuera de los preseleccionados, de todos modos, los elegidos deben reunir los requisitos determinados por dicha IFP (Ac. 18/94 del SENA, art.5).

En algunos países, como Paraguay, se reconoce expresamente la prioridad de los hijos de los trabajadores de la empresa para cubrir las vacantes en las plazas de aprendiz (CT, art. 116).

§5. Características del contrato

51. Bajo este rubro se considerarán aspectos relacionados con la capacidad legal del aprendiz y con las formalidades exigidas para la validez del contrato de aprendizaje.

Respecto de la capacidad del aprendiz para celebrar este contrato, la mayoría de las legislaciones se remiten expresa o tácitamente a las normas en materia de contratos de trabajo o sobre minoridad.

Con todo, en algunos textos, como los de Argelia (art.5 de la L. 90-34), Namibia (art. 18 a) de la N.V.T. Act) y las ya citadas disposiciones del CT de Paraguay, se menciona expresamente la necesidad de que mientras quien celebra un contrato de aprendizaje no haya cumplido la mayoría de edad, deba contar con la autorización de los padres, o del representante legal. En Namibia, el art. 18(2) de la ley citada, especifica que dicha autorización puede suplirse por la Magistratura competente.

Es de destacar que tales disposiciones, en la mayoría de los textos consultados,[47] no suponen la sustitución de la voluntad del menor, sino una forma de asistencia, acorde con la responsabilidad social de quienes tienen a los menores bajo su guarda.

52. En casi todas las leyes que se están examinando, aparecen reguladas las condiciones de forma que debe cumplir el contrato de aprendizaje, para su validez como tal.

Existe, a ese respecto, coincidencia bastante generalizada en las grandes líneas, aunque, como en los demás aspectos considerados, se advierte diverso grado de preocupación por los detalles y, a veces, las variantes alcanzan cierta significación.

53. La escrituración del contrato de aprendizaje es una exigencia que figura tradicionalmente en legislaciones como las de la Unión Europea,[48] y que incluso, en caso de silencio de la ley, suele ser suplida por la jurisprudencia de los tribunales de trabajo.[49]

Casi todas las leyes en vigor sobre el contrato de aprendizaje, imponen ese requisito, sea diciéndolo expresamente, sea que la exigencia resulte implícita, por la referencia a su suscripción, a la obligación de adecuarse a modelos o contratos tipo. También queda en evidencia la necesidad del escrito cuando en la ley se establecen determinadas cláusulas que deben figurar obligatoriamente en el

---

47   Una excepción sería la ley de Tunisia, pues el art.22 de la L.93-10 admite que el contrato de aprendizaje sea suscrito por el aprendiz o su representante legal.

48   Doc. CEDEFOP, cit., p.9.

49   Como es el caso de Uruguay.

mismo, cuando se impone para la validez del contrato, su visado por la autoridad, así como su registración, o cuando concurren varias de estas circunstancias a la vez.

Considerando esos extremos, pueden citarse como conteniendo la obligación de pasar por escrito este contrato, entre otras, las legislaciones de Argelia (L. 81-07, refrendada por la L. 90-34, art. 11); Argentina (L. 24.465/95, art. 4.4. y D. 738/95, art. 19); Bélgica (D. de 03.07.1991, arts. 2 y ss.); Chile (CT, art. 78); Colombia, (D. 933/2003, art 2°); Côte d'Ivoire (CT, art. 12.2); España (Real Dec. 2317/93); Filipinas (CT, arts. 61 y 62); Francia (CT, art. L.117-12); Gabón (CT, art. 88); Irán (CT, art. 116); Namibia (N.V.T. Act /94, art.19.1); Paraguay (CT, art. 107); Tunisia (L. 93-10, art. 22); Uruguay, (L. 16.873, art. 15, "contrato de aprendizaje", y art. 24 "contrato de aprendizaje simple"); etc.

En el caso de Côte d'Ivoire, se impone, además, que el contrato de aprendizaje sea escrito en francés, que es el idioma oficial del país (CT, art. 12.2).

Como excepción, o sea como una legislación en que no se exige el contrato escrito, puede citarse el CT de Vietnam de 1994, donde en el art. 24(1), se expresa que el contrato de formación puede ser escrito u oral. Para el caso que el contrato sea escrito, se establece simplemente que debe constar en dos ejemplares, uno para cada parte.

54. Donde surgen las mayores dificultades es en relación con los efectos que puede tener la falta de escrito.

Códigos recientes, como el de Paraguay (art.107), resuelven la cuestión, disponiendo que, si falta el escrito, son de aplicación integral las disposiciones que rigen los contratos de trabajo típicos.[50]

Pero son muchas las leyes que no aclaran este punto y varias de las que al hacerlo, utilizan expresiones que se prestan a diversas interpretaciones o que, por lo menos, son bastante vagas.[51]

Con todo, en función de la vocación de continuidad de la relación de trabajo y la protección del trabajador, parecería que el silencio o aun expresiones como "so pena de nulidad" –con la que alguna ley como la de Gabón, antes citada, sanciona la falta de escrito–, deben interpretarse en la misma forma que dispone el referido artículo del CT de Paraguay.

En ese sentido, incluso la jurisprudencia de la Corte de Casación francesa, que en el pasado dio un efecto análogo al de las nulidades del Código Civil, a la

---

50   En el mismo sentido, la ley italiana 407/1960 (art. 8.7), en materia de contratos de formación y trabajo, especifica que si falta el escrito, el contrato debe considerarse un contrato de trabajo por tiempo indeterminado.

51   Como es el caso, entre las disposiciones de legislaciones de períodos anteriores al que se está considerando, de la Ley de FP (BBiG) de Alemania de 1969. En ella, conforme al art. 4, el contrato debe redactarse por escrito; pero aunque este falte, el TFT considera que es igualmente válida la relación de formación profesional, si bien el aprendiz tendría derecho a fijar por escrito los acuerdos adoptados (W. Däubler, *op. cit.*, p.946).

del contrato de aprendizaje, ha ido avanzando hacia la doctrina de la conversión de los contratos con características especiales en contratos de trabajo típicos, cuando no se cumplen los requisitos previstos en las leyes o se desvirtúa su finalidad.[52]

55. En cuanto a la exigencia de ajustarse a un modelo o *contrato-tipo*, está plenamente establecida, entre otras, en las legislaciones de Argentina (L. 24.465 y art. 19 del D. 738/95); España (Real Dec. 2317/93, art. 10.1); Francia (CT, art.R.117-11); Tunisia (L. 93-10, art. 22); Uruguay (D. 318/1998, art. 24); etc.

En cambio, el contrato-tipo se presenta como facultativo en Colombia (Res. 1035/88, art. 4), y aparentemente también en Filipinas, puesto que el art. 61 del CT se limita a disponer que el organismo competente desarrolle un modelo de contrato de aprendizaje.

56. Con frecuencia la legislación impone también la obligación de proceder al registro del contrato de aprendizaje. En general, para que el contrato de aprendizaje pueda ser registrado, debe haber sido previamente autorizado por la autoridad competente.

Entre los textos, que condicionan la validez del contrato a que haya sido aprobado o visado y registrado, pueden mencionarse los de Australia (L. N° 80/ 2001, núm. 28); Bélgica (D. 03.07.1991, art. 5); Chile (D.S. 146/89, arts. 63 y 64); Colombia (D. 933/2003); Filipinas (CT, art. 62); Francia (CT art. L. 117-14); Gabón (CT, art. 88); Paraguay (CT, art. 107); Tunisia (L. 93-10, art. 22, 2o. y 3er párr.); Uruguay (L. 16.873 de 1997, art.31); etc.

57. El visado en cuestión, se otorga frecuentemente por Res. del Poder Ejecutivo (Bélgica); o de la oficina competente del Ministerio que se ocupa de la aplicación de la legislación laboral y social (Francia), o de la formación profesional (Tunisia). En esos casos, suele haber un asesoramiento preceptivo de alguna institución especializada.

En algunos países, el visado es directamente competencia de una IFP,[53] o de la Junta Nacional representativa del sector (Holanda). En otros, como Luxem-

---

52 En efecto, después de una etapa en que la Corte de Casación se limitaba a consagrar la nulidad absoluta del contrato de aprendizaje al que le faltara su conversión por escrito, se admitió, desde 1963, la posibilidad de considerar, en ese caso, al aprendiz como obrero, reconociéndole su derecho a una remuneración calculada sobre el salario mínimo reducido en función de su edad (V. Jurisp. cit. en el *Code du Travail*, Dalloz, ed. 1995, p.12). La idea de la "recalificación judicial" como contratos de trabajo, de aquellos contratos de formación que adolecieran de algún vicio formal, o en que se hubiera desviado su finalidad, ha comenzado a ser aceptada por la referida Corte, respecto de los *Stages de Iniciación a la Vida Profesional* <SIVP> (Ph. Enclos, "La requalification judiciaire des stages d'initiation à la vie professionnelle", *in* rev. *Droit Social*, N° 6, junio, 1991, p. 500 y ss.).

53 En Chile es ante el SENCE que la empresa debe presentar el contrato en dos ejemplares, acompañado de una declaración conteniendo los datos que se indican en el D.S. 146/89. Según el art. 65 del D.S. cit., puede hacerle observaciones, que son de cumplimiento obligatorio. Corresponde agregar que el visado del SENCE tiene que ver con la concesión de la franquicia fiscal que estimula la contratación de aprendices.

burgo, intervienen conjuntamente la Comisión de FP y el Servicio de Empleo interesados, pero en definitiva el contrato es supervisado y registrado por la Cámara de Empresarios correspondientes.[54]

También en Francia (CT, art. R.117-13) el contrato se registra en la Dirección Departamental de Trabajo, pero debe ser comunicado a la Cámara profesional del sector que corresponda al giro de la empresa.[55]

No todas las legislaciones explicitan la necesidad de visado previo al registro. Entre las que se encuentran en esta situación, están las de España (Real Decr. 2317/93, art. 15.2) y Portugal, donde solo consta la necesidad de que el contrato y sus prórrogas se registren en la correspondiente oficina de empleo.

En cuanto a la oportunidad para proceder al registro, no siempre queda claro en los textos reglamentarios que este requisito deba llenarse con carácter previo al comienzo de la ejecución. Inclusive, alguno como el de Namibia, hace referencia a un plazo de 15 días, desde la concertación del contrato, para su registro ante el Inspector-Jefe del Ministerio de Trabajo y Recursos Humanos (NVT Act/ 1994, art. 12).

En Francia, el art. L. 117-14, da entender que basta con que se presente el contrato para su registro. Por otra parte, un agregado que se le hizo a ese artículo, por el 58 de la ley 93-1313, da quince días a la administración para rechazar el registro por no satisfacer todas las exigencias legales y reglamentarias y en caso contrario, se tiene por aceptado. El mencionado artículo admite, en su párrafo final, que el contrato puede haber ya comenzado a ejecutarse en cuanto establece que el rechazo del registro impide que el contrato reciba o continúe recibiendo ejecución.[56]

58. La decisión por la que se niega la visa o el registro de un contrato de aprendizaje es, en principio, por aplicación de las normas generales, susceptible de los recursos administrativos y jurisdiccionales contra actos administrativos.

En algunas legislaciones se realizan ciertas precisiones, exigiéndose que la negativa al registro sea fundada (CT de Paraguay), o previéndose recursos especiales, como en el CT de Francia, en el que, en caso de rechazo del registro, hay posibilidad de acudir a los tribunales de trabajo (*Conseils de prud'hommes*, CT, art. L. 117-16), demandando que se declare la validez del contrato.

---

54 Cfr. el Doc. CEDEFOP, 1995.

55 En Irlanda, donde el empleador puede concertar directamente con el aprendiz, debe de todos modos comunicar al FAS el reclutamiento, lo mismo que las interrupciones o la terminación (Doc. CEDEFOP, 1995, cit.).

56 La Corte de Casación francesa ha dicho en 1988, que: "La existencia de un contrato de aprendizaje está subordinada a su registro y que su ejecución no puede proseguirse más allá del término fijado por el servicio que procedió a esa formalidad sustancial". En otro fallo de 1992, sin perjuicio de admitir que faltando el registro el contrato es irregular en la forma, ha admitido que deben pagarse al aprendiz el SMIC reducido por la edad, y calcular sobre esa masa las cotizaciones de seguridad social (*Code du Travail*, Dalloz, ed. 1995, p. 12).

59. Respecto de las consecuencias de la falta o rechazo de visado y registro del contrato de aprendizaje, la situación parece similar a la de falta de escrito, o sea, que aun sin que se diga expresamente en la ley, el incumplimiento de este requisito, convierte la relación de aprendizaje en una de trabajo puro y simple.

Es evidente, a ese respecto, que aunque se encuentren expresiones como las de la ley de Tunisia, que reclama el visado para que el contrato produzca efectos jurídicos, eso debe entenderse exclusivamente referido a los efectos específicos del contrato de aprendizaje y no a los demás, que pueden surgir de la existencia efectiva de una relación de trabajo.[57]

§6. Contenido del contrato de aprendizaje

60. También en este rubro son notorias las diferencias de técnica legislativa.

En algunos textos, como el CT de Paraguay (art.108), se incluye un catálogo de los contenidos que deben o pueden tener las cláusulas de los contratos de aprendizaje.

En otros, hay solo breves referencias a las cláusulas principales, sin perjuicio de la remisión a las disposiciones generales sobre los contratos de trabajo. Tal, el art. 80 del CT de Chile, que se remite al art. 10 que fija los requisitos de tales contratos, pero, atendiendo a la finalidad de formación que tiene este contrato, exige la indicación expresa del plan a desarrollar por el aprendiz.

Es obvio, además, que un medio indirecto de definir o complementar el contenido del contrato de aprendizaje puede resultar de la ya mencionada imposición del modelo o contrato-tipo, como lo dicen de modo expreso, entre otros, los textos de España (Real Decr. 2317/93); Francia (CT, art. R. 117-11); Tunisia (Ley 93-10, art. 22); etc.

61. Una revisión de textos recientes nos muestra, que dentro de los que entran en detalles sobre el contenido de los contratos de aprendizaje, se da un número significativo de coincidencias.

Los temas principales –además de los relacionados con la identificación de las partes– son los concernientes a: A) Objeto del aprendizaje; B) Condiciones de la prestación del trabajo; C) Remuneración del aprendiz; D) Plan y control de la formación, con especial referencia a la formación fuera de la empresa y a la calificación, designación, funciones, etc., de quien debe supervisar todo el proceso, que recibe el nombre de tutor, monitor, consejero o supervisor.

En algunas leyes, como las de España (ET, art. 11.2), y Paraguay (CT, art. 108, g), figuran referencias genéricas al establecimiento de otras condiciones que puedan favorecer el régimen de aprendizaje.

---

57   V. a ese respecto el fallo de la Corte de Casación francesa de 1992 citado en la nota precedente.

A)   Objeto del aprendizaje

62. El objeto del aprendizaje, referido a la adquisición de habilidades y conocimientos teóricos y prácticos para el oficio, actividad, ocupación, profesión, nivel de cualificación o materia del mismo, aparece mencionado entre los contenidos obligatorios de los contratos respectivos, en buen número de legislaciones.

Es el caso de los textos de Argentina (D. 738/95, art. 7); Australia (New South Walles, L. N° 80/2001); Chile (CT, art.78); Colombia (L. 789/2002 y D. 933/2003); España (Real Decr. 2317/93, art. 9.1); Gabón (CT, art. 89.5); Irán (CT, art.116-e); Paraguay (CT, art. 108, b); Tunisia (L. 93-10, art. 21); Vietnam (CT, art. 24(2); etc.

En la ley uruguaya de 1997, hay importantes diferencias en la definición del objeto del contrato entre los de aprendizaje e.s.e. y los de "aprendizaje simple".

B)   Condiciones laborales generales

63. Bajo este rubro, se consideran las previsiones sobre tareas a cargo del aprendiz, horarios de labor y lugar donde debe ser prestada; así como las normas en materia de vacaciones y permisos especiales. En las legislaciones más recientes, pueden encontrarse muchos ejemplos de dispositivos sobre estas materias.

Establecen la obligación de que el contrato de aprendizaje incluya cláusulas en que se describan las tareas del aprendiz de modo explícito, entre otros, el CT de Paraguay (art. 108 d); el CT de Chile (art. 80); el D. 933 de 2003 de Colombia (art. 2°); etc. A su vez, el ET de España, en su art. 11.2, establece que en el contrato deben consignarse las condiciones de prestación del trabajo y ello es desarrollado en el Real Decreto 2317/1993. En este y otros países en que se prevé la existencia de un modelo o contrato-tipo, en ese instrumento se enumeran con detalle las condiciones de la formación y del trabajo.

La exigencia de que en el contrato conste el horario de labor del aprendiz, figura en el D. 738/95 de Argentina, y en los contratos-tipo, de varios países. En otros textos, como el de Irán, lo que se establece es el máximo de horas por día (CT, art. 115: 6 horas).

En algunos ordenamientos y, entre otros en el art. 116-d del CT de Irán, y en el art. 24(2) del CT de Vietnam, se exige que el lugar de prestación del trabajo figure en los contratos. En contratos-tipo, como el español además de tener que figurar el domicilio del centro de trabajo, debe estar identificado el lugar donde se impartirá la formación teórica.

Cláusulas sobre vacaciones anuales son siempre posibles en la medida que se superen los mínimos previstos por la legislación, que son los generales, los propios de los menores o, en algunos casos, los especialmente previstos para los aprendices.[58] En los contratos-tipo, suele haber referencias a los permisos que deben ser concedidos para asistir a la formación teórica o cursos complementarios.

64. En cuanto a la duración máxima del tiempo de trabajo del aprendiz, generalmente resulta de las normas generales sobre esa materia, que figuran en los códigos y leyes del trabajo, o de los códigos específicos sobre niñez y adolescencia. En algunos textos, como el art. 432 de la CLT de Brasil, se especifica que "incluidas las actividades teóricas y/o prácticas" la jornada del aprendiz no puede exceder las seis horas diarias y que están absolutamente prohibidas las prórrogas o compensaciones de la jornada

C) *Remuneración del aprendiz*

65. La remuneración del aprendiz es, desde luego, una cuestión que corresponde incluir entre las condiciones de trabajo, pero dada su importancia conviene tratarla por separado.

Según ya hubo ocasión de señalar,[59] algunas leyes, sin perjuicio de admitir que deben servirse al aprendiz prestaciones monetarias, las condicionan al efectivo aprovechamiento de su trabajo por el empleador, o les niegan la calidad de salario, aplicándoles otras denominaciones. También se dan casos, como el de la LOT de Venezuela (art. 270), que solo impone la comunicación por el patrono del salario que devenguen los aprendices, sin otras especificaciones, o el del CT de Côte d'Ivoire, que no hace ninguna mención a la remuneración.

En los próximos párrafos, se tratará de la cuantía de las sumas que deben pagarse a los aprendices y de su método de fijación, sin distinguir en razón de su calificación por el legislador.

66. En relación con la cuantía de la remuneración, el rasgo común de casi todos los textos, consiste en la fijación de estipendios que toman como punto de partida la totalidad o un porcentaje del salario mínimo, previsto conforme a la legislación o resultante de las convenciones colectivas, que tiene alcance general o son propias de la actividad o el oficio.

---

58 En Argentina el D. 738/95, impone un período mínimo de receso pagado, de 15 días; en Corea (SLL, art.76), las vacaciones de los aprendices menores deben cubrir 12 días por año; en Paraguay, sin perjuicio de la aplicación de las normas generales (CT, art. 118), si son menores de 18 años, la vacación es de 25 días hábiles (art. 127); en Belarús, el art. 194 del CT impone el otorgamiento de permisos de estudios y para exámenes. En otras legislaciones, como la alemana, además de reconocerse el derecho resultante de las normas generales, constan referencias a las cláusulas del contrato sobre vacaciones y permisos especiales para los aprendices.

59 V. supra, párrs. N⁰ˢ 8 y ss.

Ello, normalmente, debe ser entendido en el sentido de mínimos de ingresos que se garantizan a todo aprendiz o, como dicen el art. 117-10 del CT de Francia y el art. 1 del D. 94/1600 de Tunisia: bajo reserva de condiciones más favorables. Tales condiciones más favorables, pueden resultar, como es característico de las normas laborales, de la negociación colectiva o individual. En la ley australiana de New South Walles (N°80/2001), se incluyó un dispositivo especial (N° 27), para lo concerniente a la remuneración de los aprendices adultos.

La ley uruguaya N° 16.873/1997, no solo se remite a lo que dispongan los convenios colectivos sobre el particular, sino que para todas las modalidades de contratos con componente de formación y desde luego para ambos tipos de contratos de aprendizaje dispone, en su art. 33, que a falta de convenio colectivo, "la remuneración no podrá ser inferior al mínimo salarial de la categoría correspondiente en la empresa". Este mínimo debe ser incrementado "en la oportunidad y por los mismos criterios del resto del personal del empleador" (art. cit.).

El CT de Chile, en su art. 94, deja enteramente la fijación de la cuantía del salario de los aprendices a la libre convención entre las partes y además de no prever retribuciones mínimas, prohíbe su fijación por convenios colectivos. Igual prohibición ha sido establecida en Colombia en un párrafo del extenso art. 30 de la L. N° 789/2002. La legislación de algunos países, como la de Vietnam (CT art. 23 (2), remiten la cuantía de la remuneración a la tasa convenida entre las dos partes, pero ello no parece implicar la exclusión de acuerdos colectivos.[60]

67. Al mismo nivel del mínimo, por encima de este, o en ausencia del mismo, cabe la inclusión en el contrato de aprendizaje de cláusulas especificando concretamente el importe de la retribución. En muchos ordenamientos –como los de Colombia, Corea, España, Filipinas, Francia, Gabón, Irán, Paraguay, Uruguay, etc.–, con la intención de asegurar el conocimiento de la remuneración que le corresponde al aprendiz, las leyes o las reglamentaciones imponen la obligatoriedad de la referida cláusula.

Para evitar abusos, y en el entendido que la formación del aprendiz resultaría perjudicada si se fijase la cuantía de la remuneración en función del rendimiento, algunas legislaciones, como las de Italia, Namibia (NVT Act, art. 26), Uruguay, etc., excluyen expresamente esa posibilidad. El texto de Namibia aclara sin embargo, que si bien la cláusula que dispusiera el pago por rendimiento sería nula, no anularía el contrato de aprendizaje. En otros países, la prohibición

---

60 Es interesante observar que en Alemania, la BBiG reclama que el aprendiz reciba una remuneración adecuada. En función de ello, la jurisprudencia ha reajustado remuneraciones, tomando como punto de partida los informes de las Cámaras respectivas sobre la vigente en la plaza para trabajadores con una formación comparable y la propia utilidad que presta el aprendiz. Todo lo cual, es sin perjuicio de la posibilidad de que su remuneración pueda ser fijada por convenio colectivo.

de la remuneración a destajo está solamente contenida en las normas sobre menores.[61]

68. Las legislaciones tienen generalmente en cuenta, para variar la relación con el salario mínimo absoluto o el específico de la actividad, oficio o profesión: la edad del aprendiz, y las etapas del aprendizaje.

En algunos estados, como Belarús (CT, art. 181), se toma además en consideración el rendimiento y la extensión del horario de trabajo del aprendiz. También en España cabe la adecuación de la remuneración a la jornada de trabajo efectivo que debe cumplir.

En el D. 933/2003 de Colombia, la prestación monetaria, calificada como "apoyo de sostenimiento mensual en la relación de aprendizaje, debe adecuarse en forma proporcional al tiempo de dedicación a las fases lectiva y práctica del proceso de formación (art. 4º).

A su vez, en Francia, la fijación de los porcentajes del salario mínimo de crecimiento, que constituirán el de los aprendices, se confía a decretos que deben adoptarse previo dictamen de un organismo especializado.[62] En ellos, se admite que puedan fijarse deducciones por el suministro de prestaciones en especies distintas del dinero.

69. No parece muy relevante entrar a la consideración en detalle del porcentaje de los salarios mínimos, que se atribuye a los aprendices en los diferentes países, pero importa advertir las coincidencias en términos generales.[63]

En ese sentido, se puede señalar que en algunos países en que funciona un tipo de mínimo absoluto, calificado como Salario Mínimo Vital, suele garantizárseles en un 100% a los aprendices. Es la situación que se registra, entre otros, en Argentina, China,[64] y Perú.

La relación con el salario mínimo nacional o interprofesional llega, al inicio del aprendizaje y normalmente por todo el primer año, al 75% en Ecuador y Filipinas; al 70% en España[65] y Panamá; al 60% en Paraguay; al 50% en Brasil,

---

61 Es el caso de Alemania; pero la doctrina entiende que la prohibición de la remuneración a destajo puede ser extendida por c.c. a los aprendices no amparados por las leyes sobre menores (W.Däubler, loc. cit.).

62 El organismo asesor es la Comission Permanente du Conseil National de la Formation Professionelle de la P.S. et de l'Emploi. En Corea, la remuneración de los aprendices se fija por Decr. Pres. (LSL, art. 75.1) y debe figurar en la autorización del MTSS (art. 75.2).

63 La Ley 56/1987 de Italia autoriza, en su art. 22, a los c.c. a fijar salarios reducidos para los aprendices. Un criterio similar rige en Uruguay desde la ley 10.449/1943, respecto de los mínimos fijados por los consejos de salarios y, por extensión, por los c. c. de los diferentes sectores de actividad (art. 16). En los Estados Unidos donde, por mucho tiempo, los contratos de aprendizaje que no respetaran el salario mínimo eran ilegales, una enmienda de la Federal Fair Labour Standards Act, autorizó al Secretario de Trabajo a edictar programas de formación, bajo determinadas especificaciones, permitiendo el pago a los aprendices por debajo del salario mínimo (A.Goldman, USA *in IELL* cit.,p.70.

64 Cfr. Tsien Tche-hao, China, loc. cit.

65 En España, sube al 80% del SM Interp. al segundo año y al 90% al tercero. Si los aprendices no tienen 18

Colombia[66] y Costa Rica.[67] En Argelia (Decr. Ejec. 95-31, art. 2), en los primeros seis meses de su aprendizaje, el aprendiz sólo percibe el 15% del Salario Mínimo Nacional Garantizado.

Las fórmulas para establecer lo que debe percibir el aprendiz, son más complejas en algunos países como Tunisia, según resulta del Decreto 94-1600, pues se han establecido escalas diferentes en función de la duración prevista para el aprendizaje.[68] En la redacción dada por la ley N° 10.097/2000 al parágrafo 2° del art. 428 de la CLT de Brasil, se le garantiza "al menor aprendiz, salvo condición más favorable, el salario mínimo hora".

Desde luego, en todos los casos en que hay escalas, que varían por las etapas o el tiempo del aprendizaje, debe computarse la totalidad del que insuma la formación. En la legislación francesa se especifica, a ese respecto, que para el cálculo de la remuneración y de la antigüedad del aprendiz, se debe contar el lapso que haya durado el eventual contrato de orientación, anterior al contrato de aprendizaje (CT, L.981-7).

70. En cuanto a los métodos de fijación de las remuneraciones de los aprendices, de lo dicho precedentemente resulta que, en principio, las legislaciones admiten siempre la fijación por acuerdo de partes. Pero, ello no obsta a que cuando exista previsto un mínimo, este deba ser respetado.

Tales mínimos pueden resultar, como acaba de verse, de las previsiones de las leyes o de disposiciones administrativas.

Salvo expresa disposición en contrario, las remuneraciones mínimas de los aprendices también pueden ser establecidas por convenios colectivos, incluso, según algunas legislaciones, como las de Argentina, Dinamarca, España, etc., éste debe considerarse el método principal, funcionando solo a título subsidiario el legal o reglamentario. En cambio y por excepción, las leyes de Chile y de Colombia, lo prohíben.

71. En algunos Estados, como Polonia –conforme al art. 17(1) 12 de la ley sobre el empleo N° 446 de 1989– el pago a los adolescentes que se desempeñan

---

años, debe cubrírseles por lo menos del 85% del SM Interp. correspondiente a su edad (R.D. Leg 1/1995, art. 11.2 f). Como se indicó antes, la remuneración puede ser reducida proporcionalmente si el tiempo de trabajo efectivo no alcanza al 85% de la jornada completa (Real Decr. 2317/93, art. 11).

66   En Colombia, el 50% se toma, según la Res. 1035/88, sobre el mínimo para los trabajadores del mismo oficio o asimilables.

67   En Costa Rica, asciende hasta el 100% del SM en el tercer año. En Brasil, pasa a los 2/3 en la segunda mitad del aprendizaje.

68   En efecto, en ese país están previstas dos escalas, según que el aprendizaje no supere un año o tenga una duración mayor. Para los que duran hasta un año, se prevé una escala de porcentajes sobre el SMG que aumenta 10 % cada trimestre, a partir de 30% y llega al 60% para el cuarto trimestre. Para los aprendizajes con duración superior a un año, la escala parte también del 30% del Salario Mínimo Garantizado, pero aumenta 10% por semestre, llegando a 80 % luego del quinto semestre.

bajo un contrato de trabajo con vistas a la adquisición de una formación, así como el de sus cotizaciones a la seguridad social, se hace contra un fondo especial.[69]

En el caso de Costa Rica, se contempla el servicio de becas complementarias a los aprendices, con cargo a un fondo establecido por la Ley de Aprendizaje (art. 14 de la L. N°. 5427 de 1973 y modif.). Ese fondo se nutre con los aportes que deben hacer las empresas al INA, por el importe de la diferencia entre el SM y lo que efectivamente le pagan a los aprendices en las diferentes etapas del aprendizaje.[70]

D) *Plan y demás cuestiones vinculadas a la formación que se imparte*

72. Las legislaciones han ido incluyendo cada vez mayor número de especificaciones, para tratar de asegurar que los contratos de formación y concretamente el de aprendizaje, sirvan efectivamente a los fines de la obtención de la calificación para la que se concertó.

Aparte de los dispositivos válidos para todas las modalidades de formación –que son objeto de consideración en otras partes de este estudio–, se examinarán bajo este rubro las previsiones específicas de las normas legales y reglamentarias que, con la finalidad indicada, imponen la inclusión de determinadas cláusulas en los contratos de aprendizaje.

Los puntos desarrollados a continuación son los relativos al plan de la formación y al peso que debe asignarse a la instrucción fuera de la empresa, así como lo referente a la figura del tutor.

73. Los diferentes extremos que deben constar en el contrato de aprendizaje concernientes al plan y demás elementos vinculados a la efectividad de la formación, es corriente que se establezcan en el contrato-tipo que se aprueba generalmente por decreto y que, según quedó dicho precedentemente, va siendo incorporado a la normativa de un número creciente de legislaciones.

Es el caso, por ejemplo, del modelo adoptado en España, que figura como anexo al Real Decreto 2317/1993. Conforme al mismo, debe especificarse en la cláusula segunda la cantidad de horas que se dedicarán durante la jornada a la formación teórica, con indicación del porcentaje que las mismas representan de la jornada máxima prevista en el convenio colectivo que corresponda. A su vez, de la cláusula tercera, diseñada en el modelo, resulta la exigencia de que en el contrato figure el calendario a que debe ajustarse la formación teórica. Por otra parte, en función de la cláusula sexta del contrato-tipo, la empresa queda obliga-

---

69 Se trata del "Fondo del Empleo" que es administrado por el MT y Pol. Social, de acuerdo con el Cap. 7 de la ley cit.

70 Las referidas becas complementarias se rigen por el Reglamento adoptado por la Junta Directiva del INA el 06.02.1995 (espec., art.33 e).

da a proporcionar al aprendiz el trabajo efectivo adecuado al aprendizaje y conceder los permisos para asistir a la formación teórica. Disposiciones análogas constan en el modelo tunecino adoptado por Res. Min. de 17.01.1995 (art. 3).

74. En los códigos del trabajo, o en las leyes especiales, suele también figurar la indicación de las cláusulas que deben constar en el contrato de aprendizaje relativas a la formación del aprendiz,[71] por lo común principalmente referidas a la instrucción que debe cumplirse fuera del lugar del trabajo.

A veces, las previsiones legislativas se limitan, como en Paraguay, a reclamar que en el contrato figure, además de la descripción de las tareas que deberá cumplir el aprendiz, el tiempo y lugar de la enseñanza profesional y la identificación de la institución formadora (CT, art. 108. d).

En sentido análogo, el CT de Gabón, exige que en el contrato consten los cursos profesionales que el maestro se obliga a hacer seguir al aprendiz (CT, art. 89.5), mientras que el CT de Guatemala sólo dispone que en el contrato quede establecido el tiempo que se va a dedicar a la formación teórica.

Una exigencia mayor se encuentra en las legislaciones que imponen que en el contrato figure la indicación expresa del plan de formación a desarrollar por el aprendiz. Tal lo que establece, sin hacer distingos, el CT de Chile (art. 80); mientras que según la ley de Argentina, el empleador debe presentar al MTSS un programa formativo cuando la duración prevista para el aprendizaje exceda de un año (D. 738/95, art. 11).

En el D. 933/2003 de Colombia, entre la información que obligatoriamente debe estar contenida en el contrato de aprendizaje, se mencionan: los "estudios o clase de capacitación académica que recibe o recibirá el aprendiz", la "duración prevista de la relación de aprendizaje, especificando las fases lectiva y práctica", así como la "fecha prevista para la iniciación y terminación de cada fase" (art. 2º).

75. En relación con las obligaciones que asume el empresario para la formación del aprendiz, debe tenerse en cuenta, además, que por mandato legal, integran el contenido del contrato las especificadas en su definición o enumeradas en los artículos de los códigos de trabajo sobre derechos y obligaciones de las partes.

A ese respecto, es muy representativa la disposición del art.L.117-1 del CT de Francia, donde consta que el empleador debe asegurar una formación profesional metódica y completa, dispensada en parte en la empresa y en parte en el Centro de formación de aprendices. Disposiciones análogas figuran en los CT de Côte d'Ivoire (art. 12.9) y Gabón (art. 93).

En la misma línea, se sitúan textos recientes relativos al contrato de aprendizaje como los de Colombia (D. 933/2003, art. 1º) y Uruguay (L. 16.873/1997, arts. 14 y 21).

---

71 En Alemania, el contrato debe contener, entre otras estipulaciones, especificación de la naturaleza de la formación, su programa, su propósito, la duración prevista, etc.

En Colombia, el art. 31 de la ley citada y el art. 6° del D. 933/2003, contemplaron siete modalidades del contrato de aprendizaje, con diferentes exigencias para la formación teórica y práctica, en función del grado de cualificación de los oficios para los que se capacita, de que la formación se integre con cursos del SENA o instituciones educativas reconocidas por el Estado, o que se trate de prácticas de estudiantes universitarios, técnicos o tecnólogos.

En Uruguay, en la ley de 1997 se distinguen dos figuras, por un lado: el "contrato de aprendizaje" y por otro el "contrato de aprendizaje simple". En el "contrato de aprendizaje", la formación conducente a un "oficio calificado o profesión", debe proporcionarse "íntegra y metódicamente", con participación preceptiva de una institución de formación técnico profesional, la cual es parte del contrato y "responsable del proceso de formación". En cambio, en el "contrato de aprendizaje simple", solo se exige que la capacitación se imparta "en forma metódica", por intermedio de un instructor, elegido dentro del personal de la empresa, el cual, en principio, solo puede tener a su cargo hasta tres aprendices (art.23).

76. Es cierto que en esas y en muchas otras legislaciones, los dispositivos, no parecen implicar obligaciones concretas para los empleadores.[72] Así, por ejemplo, el CT de Vietnam (art. 271), se limita a establecer, en términos más bien vagos, que las empresas tienen la responsabilidad de organizar la formación profesional de los trabajadores. Por su lado, el CT de Belarús, consigna meramente la obligación del empleador de crear las condiciones indispensables para que el trabajador pueda acumular trabajo y estudios.

Desde luego, los incumplimientos patronales sobre puntos básicos del contrato, en la mayoría de las legislaciones tienen como efecto la recalificación del mismo, como contrato de trabajo puro y simple. Pero ello supone trámites judiciales que generalmente son complejos e insumen mucho tiempo.

Cabe acotar, respecto de esto último, que algunos textos recientes, –como la *Apprenticeship and Traineeship Act 2001 N° 80* de *New South Wales* (Australia) en su Parte 4–, han regulado de modo especial, los procedimientos para los conflictos en este ámbito.

77. En las legislaciones vigentes sobre el contrato de aprendizaje es habitual que se imponga la obligación de que en el contrato respectivo conste la designa-

---

72 En la LOT de Venezuela, por un lado, consta apenas una mención a la obligación de los patronos que empleen menores de concederles las facilidades adecuadas y compatibles con las necesidades del trabajo para que puedan asistir a las escuelas de capacitación profesional (art. 261). A su vez, en los artículos que, en el mismo capítulo, tratan especialmente del aprendizaje, si bien se reconoce que el tiempo para la formación integra la jornada de labor, se agrega que la organización y horario de estos estudios deberá establecerse de manera que no afecten el desenvolvimiento ordinario y las normas de trabajo de la empresa

ción de un tutor, guía, consejero o monitor de la formación del aprendiz, y que se especifiquen sus calificaciones En ese sentido, en los países a los que se aludió precedentemente en que se han establecido contratos-tipo, tales datos suelen estar especialmente requeridos.

Las funciones que se les asignan a los tutores, son bastante amplias y tienen fundamentalmente que ver con la supervisión y el control de la marcha del aprendizaje, con la coordinación de la formación práctica en la empresa y la teórica, así como con las relaciones con los centros que imparten esta última.

En algunos casos, por ejemplo en la legislación de Bélgica, se ha creado una figura de mayores dimensiones: los *Secretarios de aprendizaje*. Estos intervienen en la conclusión de los contratos, controlan el cumplimiento de las obligaciones legales y convencionales, velan por el desarrollo del aprendizaje, ofrecen una guía moral y social al aprendiz y actúan como mediadores en los eventuales litigios entre el aprendiz y el empleador.

78. En algunos países, como Chile (CT, art. 82) y Francia (CT, art. L.117-4), es el propio maestro del aprendizaje quien ejerce las funciones de guía o tutor. Tal parece ser también el caso de Uruguay, donde esas funciones están implícitas en las de instructor, en los contratos de aprendizaje simple (L. 16.873(1997, art. 23).

En otros sistemas, como los de Grecia, Irlanda, Luxemburgo,[73] Namibia o Tunisia, los tutores o monitores son únicamente supervisores de la formación del aprendiz, con la misión de garantizar que sea satisfactoria, para lo cual verifican las condiciones pedagógicas y morales del instructor de la empresa y vigilan los progresos del aprendiz.

79. En algunos Estados, los monitores actúan bajo la supervisión de la autoridad nacional en materia de formación y empleo, por ejemplo en Irlanda los supervisa el FAS, y en Grecia el OAED. En Tunisia, los "consejeros de aprendizaje" dependen del Ministerio de la Formación Profesional y actúan en coordinación con otros servicios inspectivos (L. 93-10, art. 25).

Una exigencia complementaria tiene que ver con el número máximo de aprendices que puede quedar a cargo de un tutor. Como ya hubo oportunidad de indicarlo, conforme al art. 13 del Real Decr. 2317/93 de España, cada tutor no puede atender más de tres aprendices. Esta misma exigencia rige en Uruguay, para los instructores del aprendizaje simple, salvo que se ocupen exclusivamente de esa tarea, en cuyo caso cada uno puede atender hasta diez.

---

73   Cfr. Doc. CEDEFOP, 1995.

§7. Obligaciones de las partes previstas en las leyes

80. Además de las obligaciones relacionadas con la formación de los aprendices, a las que ya se hizo referencia, las legislaciones imponen a los empleadores y también a los aprendices, sobre esos y otros temas, obligaciones más o menos precisas.

En todo caso, en textos recientes, es bastante frecuente encontrar un catálogo de obligaciones y prohibiciones varias, que alcanzan a ambas partes.

Se examinarán a continuación y sucesivamente las principales obligaciones que los textos recientes han impuesto a los empleadores y a los aprendices, así como la lista de prohibiciones.

A) *Obligaciones de los empleadores*

81. Las obligaciones que se imponen por las leyes y decretos a los empleadores son de diferentes clases.

En una apretada síntesis, pueden mencionarse las obligaciones relacionadas: con la formación de los aprendices; con el pago de las prestaciones que les son debidas a estos; con la atención y el trato que debe dispensárseles, y con los derechos resultantes de la formación.

82. En lo fundamental, las obligaciones que entran en el primer grupo, o sea, las relativas a la formación, ya han sido consideradas en los párrafos anteriores. Con todo, cabe acotar que muchas leyes especifican diversas obligaciones que el empleador debe cumplir al proporcionar al aprendiz la formación convenida, asegurándole la práctica en la empresa con los elementos de trabajo adecuados y permitiéndole seguir los cursos complementarios, etc.

En ese sentido, se expresan en términos más o menos explícitos, la ley australiana Nº 80/2001, (núms. 12-14); el CT de Chile (art. 83); el CT de Côte d'Ivoire (art. 12.9); el Real Decr. 2317/1993 de España (art. 9.1); el CT de Francia (arts. L. 117-1, L.117-7, L.117-bis-2, etc.); el CT de Gabón (art.93); el CT de Paraguay (art.111-a); la L. 93-10 de Tunisia (arts. 21 a 23); etc. En cambio, el CT de Irán se remite a los reglamentos que deberán dictarse (art. 112, nota 2).

En algunos textos, como el CT de Chile (art. 83), se establece, de modo expreso, la obligación de permitir los controles que corresponden en este tipo de contratos por parte de la institución pública de formación profesional (en el caso, el Servicio Nacional de Capacitación y Empleo).

En otros, como el CT de Francia, se establece concretamente entre las obligaciones del empleador, la de inscribir al aprendiz en el Centro de Formación que, según el contrato, ha sido elegido por las partes (CT, art. L.117-6).[74] La nueva redacción del art. 428 parágrafo 1° de la CLT de Brasil (L. N° 10.097/2000), reclama para la validez del contrato de aprendizaje, entre otros requisitos, la inscripción del aprendiz en un "programa de aprendizaje desarrollado bajo la orientación de una entidad cualificada en formación técnico profesional metódica", pero no contempla la participación del interesado, o sus representantes, en la elección de la entidad.

83. Respecto de la obligación de pagar la retribución legal o convenida y las demás prestaciones que puedan corresponder, es dable citar como estableciéndola expresamente, entre otros: el art. L. 117-1 del CT de Francia y el CT de Paraguay.

Tales menciones no son sin embargo indispensables, toda vez que se entienda que el contrato de aprendizaje pertenece a la categoría de los contratos de trabajo, en los que la obligación de pagar el salario es considerada la primera y fundamental, a cargo del empleador y generalmente está previsto el plazo dentro el que debe hacerse efectiva.

84. Sobre la atención personalizada, trato y consideración debidos a los aprendices, hay expresas menciones en los CT de Côte d'Ivoire (art. 12.8); Gabón (art. 91); Paraguay (art. 111-b); etc.

En relación con este punto, algunos textos recurren, para caracterizar la actitud que debe observar el empleador, respecto del aprendiz, al clásico concepto del buen padre de familia.

Por otra parte, esos mismos códigos y algunos otros reclaman que el empleador comunique a los padres o responsables del aprendiz las enfermedades que pueda padecer, sus faltas de conducta o de asistencia a la formación teórica, etc.

85. Entre los derechos resultantes de la formación, que implican otras tantas obligaciones para el empleador, pueden mencionarse los atinentes a la entrega de certificados al término del aprendizaje en que consten los conocimientos y aptitudes profesionales adquiridos.

Sobre el particular, pueden indicarse, entre otros, los textos de Argentina (L. 24.465, art. 4.8); Côte d'Ivoire (C.T., art. 12.8); Guatemala (CT, art. 172); Paraguay (CT, art. 111-c); República Dominicana; etc. En el caso del último país que se acaba de citar, los certificados, además de la firma del empleador deben estar refrendados por la IFP oficial (INFOTEP, Res. 15/88).

---

74   Una firme jurisprudencia de la Corte de Casación francesa (Soc. 19.12.1972) impone responsabilidad al empleador que no inscribe al aprendiz en un centro apropiado, por los perjuicios que le causa (*Code du Travail Dalloz*, ed. 1995, p. 11).

En la ley uruguaya de 1997, bajo el régimen del contrato de aprendizaje e.s.e., se prevén dos comprobantes de la culminación de la formación: un certificado expedido por la IFP y una constancia del empleador sobre la práctica desarrollada en la empresa. Tal constancia, incluyendo referencias a la "asistencia, comportamiento y adaptación al trabajo", corresponde también, aunque en este caso es la única, a la culminación del "contrato de aprendizaje simple" (art. 36 del D. 318/1998).

Una cuestión conexa tiene que ver con la obligación del empleador de inscribir al aprendiz y hacerlo participar en las pruebas para el diploma o título, como establece expresamente el CT de Francia (art. L. 117-7).

En ese mismo código, se reconoce el derecho del aprendiz a presentarse a las pruebas del diploma o título en el momento que lo estime conveniente y a disfrutar de licencia pagada de cinco días en el mes inmediato anterior a las pruebas (art. 117-bis-5).

86. En cuanto a otros derechos emergentes de la finalización del aprendizaje, en algunas leyes se prescribe, como en la de Belarús, el reconocimiento de las cualificaciones obtenidas y el derecho a un puesto de trabajo acorde con el aprendizaje cumplido (CT, art. 189).[75] En otros, como en Paraguay, a los que lo han concluido exitosamente solo se les acuerda una preferencia para ocupar vacantes (CT, art. 111-e).

B) *Obligaciones de los aprendices*

87. La primera obligación de los aprendices que aparece mencionada en buen número de legislaciones recientes, es la de prestar el servicio convenido.

En los sistemas que reconocen el carácter laboral de la relación, se hace expresa referencia al hecho de *trabajar para el empleador* durante la vigencia del contrato, como en el CT de Francia (art. L. 117-1) o en el de Paraguay (art. 109-a).

En los que niegan dicho carácter, o colocan lo laboral en un plano secundario, se utilizan giros orientados a minimizar la significación del trabajo prestado. Así, en los códigos de Côte d'Ivoire (art.12.10) y Gabón (art.94) se hace referencia a la ayuda en la medida de sus fuerzas, que debe prestar el aprendiz a su empleador. Por su parte, la ley de Argentina se refiere al cumplimiento de tareas encomendadas, relacionadas con el aprendizaje (L. 24.465, art. 4.5).

---

75 Según anota Tsien Tche-hao, en China la aprobación del examen final da derecho a un puesto de trabajo, pero la relación que se crea, queda sujeta a prueba por un año (IELL, Suppl. 12, p. 30). También la Corte de Casación francesa (Soc.4.03.92) admite la validez de un período de prueba en el contrato de trabajo subsiguiente a la culminación del aprendizaje con el mismo empleador (CT, Dalloz,1995, p.3, donde se indica que dicho fallo fue publicado con observaciones de A. Lyon-Caen).

88. El proceso de la formación profesional implica también otras obligaciones para los aprendices, sobre las que algunas leyes recientes establecen precisiones, como la *Apprenticeship and Traineeship Act 2001*, Nº 80 de New South Walles (Australia).

Por de pronto, en varias, como el CT de Francia (art. 117-1) o la ley 93-10 de Tunisia art. 23, párr. final), se especifica que el aprendiz está obligado a seguir la formación dispensada en la empresa y en el establecimiento de formación.

A su vez, con el propósito de reafirmar la obligatoriedad de la formación fuera de la empresa, algunos textos, como el Real Decr. 2317/93 de España, aclaran que las faltas de puntualidad o de asistencia del aprendiz a las enseñanzas teóricas serán calificadas como faltas al trabajo, con todas sus consecuencias.

En la misma línea, el CT de Francia (art. 117 bis-5) impone al aprendiz la obligación de presentarse a las pruebas del diploma o título.

89. Es posible también encontrar normas que incluyen entre las obligaciones del aprendiz, algunas que hacen pensar en relaciones de convivencia doméstica, como observar buenas costumbres y guardar reserva respecto de la vida privada del empleador o maestro y de los familiares de estos (CT de Paraguay, art. 109-c).

En un orden próximo, son varios los códigos, como los de Côte d'Ivoire (art. 12.10) y Gabón (art. 94), que imponen al aprendiz guardar respeto y obediencia a su empleador o maestro, o que reclaman que sea leal y respetuoso con ellos, sus familiares, los trabajadores y clientes del establecimiento (CT de Paraguay, art. 109-b).

Es oportuno agregar que en la lista del CT de Paraguay, figuran entre las obligaciones del aprendiz, la de cuidar de los materiales y herramientas del empleador (art. 109-d) y la de procurarle la mayor economía en el desempeño del trabajo en que se adiestre (art. 109-e).

90. En algunos países, pero son la excepción, aparecen en las normas sobre el contrato de aprendizaje restricciones a la libertad del aprendiz para contratar sus servicios con un tercero, que implican la obligación de no abandonar al empleador que les proporcionó o está proporcionando la formación.

En la legislación de varios de ellos, como Côte d'Ivoire (C.T. art. 12.11.), Gabón (CT, art. 96), y Namibia (NVT Act/94, art.24), lo que se sanciona severamente es el desvío de los aprendices, antes que el vínculo con el empleador que lo formó haya quedado legalmente finiquitado.

En otros, como en el CT de Vietnam, la disposición de la ley (art. 24(3), lo que hace es reconocer y validar los pactos de los que resulte la obligación del aprendiz de permanecer por un cierto tiempo trabajando para el empleador que lo formó, con la consecuencia de que, si se produjera el incumplimiento, existiría la obligación de indemnizar.[76]

C) *Prohibiciones diversas*

91. En varias legislaciones hay expresa mención de la prohibición de emplear al aprendiz en trabajos o servicios ajenos al ejercicio de la actividad para la que se califica. Es el caso, entre otros, de la LSL de Corea, y de los códigos de trabajo de Côte d'Ivoire (art. 12.7) y Gabón (art.92).

En diversos textos hay prohibiciones expresas relacionadas con la eventual realización de horas extras, trabajo nocturno, labores peligrosas o insalubres, etc.

La CLT en su art. 403, como antes la L. 8.069 de Brasil (art. 64), prohíbe, de modo terminante, que el trabajo del aprendiz sea realizado "en locales perjudiciales para la salud, para su desarrollo físico, psíquico moral y social y en horarios y locales que no permitan la asistencia regular a la escuela" o que el empleador encargue a los aprendices trabajos peligrosos o en horario nocturno, o que les impidan la frecuentación de la escuela. En la "Instrucción normativa" N° 26/2001, emitida por la Secretaría de Inspección del Trabajo, el art. 14 se extiende sobre las condiciones de seguridad y salud, que deben ofrecer los "ambientes de aprendizaje" y prevé la promoción por el "Auditor Fiscal del Trabajo" de acciones destinadas a regularizar la situación, cuando los ambientes sean inadecuados.

Con un alcance más general, aunque algo vago, el CT de Gabón prohíbe emplear al aprendiz más allá de sus fuerzas. A su vez, el CT de Irán (art.117), condiciona la autorización para la formación de menores en el lugar de trabajo a que dicha formación no supere su capacidad ni sea perjudicial a su salud o a su desarrollo físico e intelectual.

Los trabajos peligrosos o insalubres están en principio prohibidos en muchos ordenamientos, como consecuencia de las normas sobre trabajo de los menores. En el derecho francés, conforme al art. 117-bis-6 del CT, solo es posible que el aprendiz realice trabajos con esas características, si estos son autorizados por reglamentos de administración pública, en función de su necesidad para la correspondiente formación.

---

76 En España figura una disposición, con ese alcance, en el art. 21-4 del ET, desde su sanción original en 1980. La misma pertenece a la Sección 2ª (Derechos y deberes derivados del contrato), del capítulo que trata del Contenido del contrato de trabajo. Sin embargo, en ella no se hace referencia al contrato de aprendizaje, sino a un caso próximo, que solo en algunas situaciones podría implicarlo, como es el del trabajador que haya recibido una especialización profesional con cargo al empresario para poner en marcha proyectos determinados o un trabajo específico. Tampoco se refiere al contrato de aprendizaje, para imponer la continuidad de la prestación de servicios, sino a una figura particular (los jóvenes que realizan su formación en un centro apropiado a ese fin, por cuenta de un empleador), el CT de Irán, en su art. 114 b y nota final.

§8. Duración del aprendizaje

92. En muchas legislaciones se impone la inclusión de la duración del aprendizaje en el respectivo contrato, pero es frecuente que se establezcan restricciones a la autonomía de la voluntad a ese respecto.

Es corriente que se prevea la duración máxima que el aprendizaje puede llegar a alcanzar, en años o meses, o que se instrumenten los mecanismos para su fijación.

A veces, también, aunque es menos común, se establece la duración mínima del aprendizaje para ser reconocido como tal. Es el caso, entre las normas recientes, de las de Argentina (3 meses) y de España (6 meses). En Francia, la duración mínima se fija por convenio colectivo o acuerdo de rama, o por resolución del Ministro de Formación Profesional.

93. En cuanto a la duración máxima del aprendizaje, en varios países se fijan topes uniformes. En otros, se trata de uno o más máximos, que funcionan sin perjuicio de eventuales reducciones o adaptaciones en consideración de la formación anterior del aprendiz, como en Alemania; de ese mismo criterio, así como de la duración del ciclo de formación objeto del contrato, tipo de profesión, nivel de calificación y otros factores, como en Francia; del plan de la formación, como en Chile; del oficio, como en Gabón; etc. En algunos casos, como el de España, el máximo que figura en la norma reglamentaria es bajo reserva de circunstancias especiales, o tiene solo carácter de regla general, como en Paraguay.

En cierto número de sistemas, como los de Argelia, Colombia, Corea, Namibia, Tunisia, etc., no se indican los máximos, sino que la extensión del aprendizaje resulta de las reglamentaciones complementarias que, en relación con cada especialidad, adoptan los ministerios competentes, según propuesta de la IFP respectiva, como en Colombia, luego de consulta de las organizaciones profesionales, como en Tunisia, o con el asesoramiento de las Cámaras de empresarios, como en Argelia.

94. Una visión global de la situación actual sobre este tema muestra variaciones considerables en los máximos admitidos, que van desde los seis meses en Ecuador, hasta los cinco años en Guyana.

La mayor frecuencia parece registrarse en la previsión de aprendizajes que cubren dos o tres años.

En efecto, dos años o 24 meses, están previstos, entre otros países, en Argentina, Chile, Gabón, Uruguay,[77] etc. Tres años, es el tope en Alemania, España,

---

77 Según la ley uruguaya de 1997, el máximo de 24 meses, corresponde a los contratos de aprendizaje propiamente dichos, pues para la figura del *contrato de aprendizaje simple* no se admite una duración mayor de 4 ó 6 meses, según los casos.

Irán, Panamá, etc.[78] En ambas alternativas, hay que tener en cuenta los eventuales ajustes a que se hizo referencia en el párrafo precedente.

Con todo, debe anotarse que en algunas normas de Bélgica y Venezuela, se admite que el aprendizaje pueda durar hasta cuatro años.[79]

95. Como quiera que sea, no son pocos los que sostienen la necesidad de acortar los períodos de aprendizaje, y de hacer esta modalidad de formación más personalizada, como forma de volverla más atractiva. Se tiene en cuenta, a ese respecto, la ampliación de la educación de base, las nuevas tecnologías y los nuevos métodos de enseñanza, que permiten alcanzar una cualificación en menos tiempo.

La tendencia hacia la personalización lleva en algunas legislaciones a establecer criterios para reducir la duración del aprendizaje, tomando en cuenta, además de la formación anterior del aprendiz a la que se aludió precedentemente, la mayor rapidez del aprendizaje. Así, por ejemplo, en Francia, la extensión máxima se fija entre uno y tres años por decreto en Consejo de Estado,[80] en función de múltiples factores, pero cabe la adaptación para tener en cuenta el nivel inicial de preparación del aprendiz, y el aprendizaje puede finalizar antes, si el interesado obtiene el diploma o título para el que se prepara.

Del mismo modo, en Namibia la duración del aprendizaje depende del programa de aprendizaje, pero puede ser reducida por el funcionario ejecutivo (Inspector Jefe), con el parecer favorable de la Junta de la formación profesional (NVT Act/94, art. 27,1,2).

En Alemania, los contratos de aprendizaje son flexibles y sujetos a cambios durante su vigencia, incluso puede cambiarse la ocupación inicialmente escogida.[81]

Por otra parte, textos recientes, como los códigos de trabajo de Paraguay y República Dominicana, fijan el máximo permitido, como regla general, en un año.[82]

---

78 En el Anexo a la Res. Min. que en Tunisia fijó la duración del aprendizaje en cada una de las 140 especializaciones contempladas (Res. de 22.02.1996), se registran 98 que se cumplen en dos años y 42 en tres.

79 En Nueva Zelandia, el período normal sería de 10.000 horas (J. Howells, "New Zealand", *in IELL*, loc. cit.), extremo que para referirlo a años requiere conocer la jornada que cumple en aprendizaje; pero que, en principio, parece representar una duración mayor a los cuatro años.

80 Esos decretos suponen una consulta previa al Consejo Nacional de Formación Profesional y al Consejo Superior de la Educación Nacional (CT, arts. R.116-1 y R. 119-5). Por otra parte, si el interesado ha tenido una formación a tiempo completo en un establecimiento de enseñanza técnica o por un contrato de calificación de por lo menos un año, la duración del aprendizaje se reduce en un año. La reducción puede llegar a dos años o más, si los interesados poseen un diploma o título homologado de nivel superior a aquel a que aspira (CT, R. 117-7-1).

81 Doc. CEDEFOP, 1995.

82 Conforme a la Res. 1035/1988 por la que el MTSS de Colombia aprobó el oficio del SENA sobre la duración del aprendizaje de los técnicos, esta es también de un año (6 meses de instrucción teórica y 6 de práctica).

96. En algunas legislaciones se contempla la posibilidad de prórrogas o prolongaciones del aprendizaje.

En Namibia, el Inspector Jefe de la formación profesional puede autorizar la prolongación del período de aprendizaje si el aprendiz faltó más de 21 días en el año.

En Francia, el joven trabajador puede suscribir contratos sucesivos para preparar diplomas o títulos referidos a cualificaciones diferentes. Para un tercer contrato de esta clase se requiere autorización del Centro de Formación de Aprendices.

97. Los efectos del vencimiento del término previsto para la duración del aprendizaje, están expresamente contemplados por leyes que, como las de Ecuador (CT, art. 28) y Venezuela (LOT, art. 268), reconocen el carácter laboral del vínculo.

En ellas consta que si luego de vencido el plazo legal continúa la relación, se opera automáticamente la conversión del contrato de aprendizaje en un contrato de trabajo por tiempo indeterminado.

§9. Terminación de la relación de aprendizaje

98. La continuidad del aprendizaje por el tiempo necesario para alcanzar la cualificación a la que se aspira, está muy ligada con las expectativas que su logro genera al propio aprendiz y con los beneficios que se supone que el mejoramiento de los niveles de capacitación de la fuerza de trabajo puede aparejar para el desarrollo y la competitividad de las economías nacionales. Ello explica la atención que le prestan las leyes, como por ejemplo, entre las más recientes, la *Apprenticeship and Traineeship Act 2001* de Australia *(New South Walles)*, la cual le dedica la *Division 3*, que contempla varias posibles alternativas de estos contratos (traspaso, variación, suspensión, cancelación y consumación).

Como ha sido advertido por quienes examinan estos temas, los legisladores manejan tales alternativas como forma de promover la continuidad y estabilidad de la relación laboral que se configura por el contrato de aprendizaje.

99. Con esa intención, muchas legislaciones establecen fuertes limitaciones a la posibilidad de que el empleador ponga término a la relación de aprendizaje.

En algunos textos (por ejemplo, el CT de Francia, (art. L. 117-17), o el de Paraguay, (art. 114), se excluye el licenciamiento que no sea por causal justificativa, enumerándose las únicas que habilitarían al empleador a despedir al aprendiz. En la ley de Alemania, se reclama un motivo importante para el despido

(BBiG, art. 15,2,1í), y este es nulo si no se ha notificado por escrito con fundamentación suficiente.[83]

Además, se suele supeditar la efectividad del despido por causal, a la previa aceptación de la configuración de esta, por una autoridad administrativa o judicial.

Un ejemplo del primer caso lo proporciona el art. 22 de la NVT Act/94 de Namibia, donde ante el incumplimiento de la otra parte, se puede promover una decisión del Inspector Jefe de la formación profesional, autorizando la terminación de la relación. A su vez, el art. 17 de la Ley de Aprendizaje de Costa Rica, aunque admite como causas justificativas del cese del aprendiz las generales del contrato de trabajo y otras particulares, hace depender su efectividad de la autorización del INA.

La exigencia de una previa decisión judicial pronunciada por la magistratura paritaria (*conseil de prud'hommes*), que convalide la rescisión del contrato, por la falta grave o los incumplimientos reiterados de la otra parte, o la ineptitud del aprendiz para ejercer el oficio al que quería prepararse, figura en el CT francés (art. L.117-17) y ha sido considerada inexcusable, aunque los motivos existan y revistan gravedad. A lo más, se ha aceptado una suspensión preventiva.[84]

100. La jurisprudencia de algunos países parece también orientada hacia la conservación de la relación.

En Gran Bretaña, se entiende que el patrono sólo puede despedir si las condiciones del aprendiz hacen imposible la instrucción.[85]

En Alemania, en los casos de accionamiento de los aprendices contra el despido, los tribunales de trabajo han entendido que al calibrar si se está ante un motivo importante, debería tenerse en cuenta la mentalidad correspondiente a la edad.[86] Además, y con el propósito de no interrumpir la formación, los tribunales de trabajo, siempre que las circunstancias lo permiten, dictan un auto provisional sobre prolongación del empleo.[87]

101. En la legislación de Costa Rica (Ley de Aprendizaje, art. 19) y en la de otros países, está previsto que la sustitución del empleador no afecta el contrato de aprendizaje.

---

83 W. Däubler, *op. cit.*, p. 947.
84 Jur. cit. en el *Code du Travail*, Dalloz, cit., p. 14. Como en otras legislaciones, la norma alude a la rescisión por cualquiera de las partes, pero obviamente la que aquí interesa es la promovida por iniciativa del empleador.
85 B. Hepple, loc cit.
86 W. Däubler, loc. cit., cita como demostrativo de ese criterio, un fallo de 1977, en que el Tribunal de Trabajo de un Land entendió que no configuraba motivo importante la broma pesada de un aprendiz, que sin que se hubiese probado la intención de perjudicar la salud de un compañero, había vertido en su termo de café una pequeña cantidad de un producto de limpieza, que no se demostró que fuera tóxico.
87 Ibídem, p. 948.

Ello, por otra parte, se ajusta al principio general de continuidad del contrato de trabajo, en favor del trabajador, que funciona a pesar de las transformaciones o variaciones del contrato, siempre que no exista una motivación excluyente.[88]

Algunas legislaciones admiten también, mediando consentimiento del aprendiz, la validez de la transferencia del contrato de aprendizaje a otra empresa. Tal, lo que se prevé en la NVT Act/94 de Namibia, siempre que se cuente con la autorización del Inspector Jefe de la formación profesional, quien la concederá si entiende que es de interés para el aprendiz y también puede imponer condiciones.

102. El mutuo acuerdo, con asistencia del representante legal si el aprendiz fuera menor, es reconocido expresamente como una forma válida de poner término a la relación de aprendizaje, en varias legislaciones, como por ejemplo las de Francia (CT, L. 117-17) y Namibia (NVT Act/94, art. 22). Tal acuerdo no excluye, según la ley de este último país y de varios otros, la obligación del empleador de comunicar a la autoridad en materia de formación profesional, la terminación de la relación dentro de ciertos plazos, bajo severas responsabilidades.

El silencio de la legislación debe interpretarse como admitiendo la validez del acuerdo de partes para dar término al contrato de aprendizaje, como a cualquier otro contrato de trabajo. Empero, en este como en los demás casos, conforme al principio de primacía de la realidad, podría impugnarse su eficacia, si el acuerdo fuera ficticio.[89]

103. Es valor entendido en el derecho comparado que la frustración de las expectativas de cualificación del aprendiz cuando el despido es injustificado, o cuando debe abandonar el aprendizaje por motivos imputables al empleador,[90] da derecho a indemnización a cargo de este.

Entre los motivos justificados de renuncia de los aprendices que les confieren derecho a ser indemnizados, corresponde incluir y a veces se estipula en las leyes, de modo expreso, como en Alemania, la omisión del empleador de proporcionarle o hacerle proporcionar la formación debida.[91]

En cuanto a la indemnización por ruptura anticipada, imputable al empleador, o renuncia justificada, se entiende que el empleador debería cubrir los salarios del tiempo que restase hasta el término del contrato.[92]

---

88 A. Plá Rodríguez, *Los principios del Derecho del Trabajo*, Depalma, B. Aires, 1978, p. 179.

89 Ibídem, p. 243 y ss. Un fallo de la Corte de Casación francesa ha dejado establecido que no existía un acuerdo expreso y bilateral para la ruptura del contrato de aprendizaje, en un caso en que el documento que lo expresaría, era un impreso, que contaba solo con la firma del empleador (cit. por *Code du Travail*, Dalloz, 1995, p.13).

90 Algunas legislaciones, como la de Paraguay (CT art. 115), especifican los casos en que el aprendiz puede retirarse con causa justificada.

91 BBiG, art. 16. Según acota W. Däubler (loc. cit.), el TFT ha confirmado el derecho del aprendiz a ser indemnizado por la frustración de sus legítimas expectativas.

92 Como lo ha decidido la Corte de Casación francesa (*Code du Travail*, Dalloz, cit.,p.14).

Empero, en varios países, como Gran Bretaña,[93] Dinamarca,[94] y Nueva Zelandia,[95] se entiende que ella debe abarcar no sólo los salarios a recaer, sino también una suma adicional que contemple los daños y perjuicios por la frustración de la expectativa de alcanzar una cualificación.

104. La estabilidad de la relación de aprendizaje, con todas sus consecuencias, está asegurada sólo después que se ha agotado el período de prueba. Hasta entonces, se admite en general, la posibilidad del cese inmediato, o con un mínimo preaviso.[96]

En legislaciones como la de Costa Rica, conforme al art. 16 de la Ley de Aprendizaje, el despido durante el período de prueba tampoco es libre, pues el empleador debe probar, a juicio del INA, las causas justificantes que tienen que ver en esa situación con las condiciones de adaptabilidad del aprendiz, sus aptitudes y la conveniencia de continuar el aprendizaje.

105. Algunas legislaciones, no contienen precisiones sobre la posibilidad de un período de prueba en el contrato de aprendizaje. Por tanto, cuando dicho contrato integra el sistema de los contratos de trabajo, serían aplicables las normas generales sobre el particular.

En la ley australiana de *New South Wales* de 2001, hay una expresa previsión del período de prueba en el numeral 18. En varias otras, no sólo se autoriza un pacto en ese sentido, sino que en realidad se crea un período legal de carencia de derechos indemnizatorios, para el caso de ruptura unilateral.

El período de prueba o de carencia de derechos indemnizatorios en caso de ruptura o discontinuidad del contrato de aprendizaje, puede insumir cuatro semanas (Namibia) o un mes (Costa Rica), cubrir dos meses (Francia),[97] un máximo de 90 días (Uruguay, para el contrato de aprendizaje e.s.e.), o tres meses (Australia *Apprenticeship and Traineeship Act* 2001, art. 18). En Alemania, el período de prueba puede extenderse de uno a tres meses.

§10. Evaluación y certificación del aprendizaje

106. La determinación de la calidad de la formación y del grado de aprovechamiento de ésta por el aprendiz, interesa a la legislación desde varios puntos de vista.

---

93 B. Hepple, *op. cit.*, p. 73.
94 P. Jacobsen, "Denmark", *in IELL*, Suppl. 12, p.56.
95 Howells, *op. cit.*, p. 73.
96 La NVT Act/94 de Namibia, exige sólo un preaviso de un día, con noticia al Inspector Jefe.
97 El párrafo. final del art. L.117-17 del CT de Francia, luego de señalar que no hay derecho a indemnización durante ese lapso, admite la posibilidad de una estipulación contraria en el contrato.

Los enfoques que permiten avistar las perspectivas básicas a ese respecto son, por un lado, el global o de conjunto[98] que apunta a la determinación de la competencia de la empresa, del instructor y del centro de aprendizaje para desempeñar sus respectivas funciones, y por el otro, el personalizado, que atiende a la cualificación efectivamente alcanzada por los aprendices individualmente considerados.[99]

107. El primer enfoque, cuenta fundamentalmente a los fines de las autorizaciones por los servicios competentes, que según se vio en secciones anteriores, son requeridas por la legislación a las empresas para que puedan contratar aprendices, a los maestros para habilitarlos a impartir instrucción en ellas, y a los centros o escuelas para tomar a su cargo la formación complementaria de la práctica en el lugar de trabajo. Desde luego, también interesa a los fines del perfeccionamiento de los métodos empleados y del desempeño de unos y otros.

Sin perjuicio de que en esta sección se ha de tratar de la evaluación del aprendizaje en relación con la cualificación alcanzada por los aprendices, cabe incluir una referencia a cómo se encara el enfoque global en la más recientes legislaciones.

Para ello puede considerarse, a vía de ejemplo, el Acuerdo 18/1994 del SENA de Colombia, cuyo art. 10 define los criterios para la evaluación de la formación que se imparte en establecimientos o empresas, conforme a los cuales cabe incluso la cancelación de autorizaciones anteriormente concedidas.

Dichos criterios giran en torno de dos grandes conceptos: el impacto de la formación impartida sobre el medio laboral y los conocimientos, habilidades y destrezas adquiridos por los formandos.

108. La consideración personalizada de la formación de los aprendices tiene que ver, en sus grandes líneas, con la forma de la evaluación, su oportunidad y frecuencia, los requisitos que deben cumplirse, las autoridades responsables, el derecho a someterse a los exámenes, los efectos de la aprobación y de la reprobación y el valor de los certificados o diplomas que se expiden a los que han superado las pruebas.

A propósito de esos puntos hay que comenzar distinguiendo legislaciones que establecen disposiciones programáticas de otras, que dan pautas concretas

---

98   Corresponde fundamentalmente a los conceptos de evaluación de la eficacia de la formación y evaluación de la formación que S. Agudelo Mejía define, respectivamente como: "Apreciación del grado de éxito obtenido por la formación basado en la comparación de los objetivos de la formación con los resultados alcanzados", y "Análisis y verificación continuos de un sistema, programa o curso de formación para determinar los resultados alcanzados, así como la calidad y eficacia de los métodos empleados" (*op. cit.*, p.27).

99   Para la definición del término cualificación, se tienen en cuenta los elementos enumerados en el "Dictamen común sobre diplomas y certificados de FP" <CES-UNICE-CEEP>, de 13.10.1992, reproducido por la *Revista de Trabajo* que edita el MTSS de Argentina, año 1, N° 1, 1994, p. 187, nota 2.

sobre ellos. En el extremo opuesto, en algunos países, las normas sobre los contratos de aprendizaje no contienen ninguna previsión sobre estas cuestiones, es el caso, v. g. de la ley uruguaya N° 16.873/1997.

Como ejemplo de disposiciones programáticas, puede citarse el art. 69 de la Ley del Trabajo de China de 05.07.1994, donde se trata de un modo general de los niveles profesionales, de los sistemas de certificación de cualificaciones y de los órganos autorizados por el gobierno para tomar exámenes y evaluarlas.

Mayor interés despiertan, sin embargo, las pautas concretas que proporcionan las leyes y reglamentaciones de reciente aprobación, sobre los ítems indicados precedentemente.

109. Respecto de la forma de la evaluación, hay que convenir que no ha variado, en su esencia, desde la más remota época. En efecto, si bien las técnicas bajo las cuales se realizan las pruebas han evolucionado en busca de mejorar su objetividad, confiabilidad y validez,[100] hoy como hace varios siglos, la culminación del aprendizaje supone la aprobación de uno o varios exámenes o tests.

Desde el ángulo escogido para tratar estos temas procede, pues, dejar establecido que la gran mayoría de las legislaciones actuales prevén la existencia de pruebas y exigen para que se le reconozca al aprendiz la cualificación alcanzada, la aprobación de los exámenes instituidos para la correspondiente evaluación.[101]

En efecto, las leyes y reglamentaciones no sólo contienen múltiples referencias a exámenes y pruebas, sino que incluyen menciones concretas sobre la oportunidad en que estos pueden o deben realizarse, sobre el derecho y la obligación de presentarse a rendirlos, sobre los efectos de la aprobación o reprobación, etc.

110. La oportunidad y frecuencia de las pruebas de evaluación, suelen estar expresamente contempladas en los códigos del trabajo o en las leyes especiales sobre el aprendizaje.

El CT de Paraguay en su art. 110 prescribe la evaluación al año de la iniciación del aprendizaje; por tanto, ésta coincide con la duración fijada, como regla general, para todo el proceso.

En otros sistemas, como los de Costa Rica (Ley de Aprendizaje, art. 20); Côte d'Ivoire (CT, art.12.10); Gabón (CT, art. 95); Sudáfrica (L. 29.09.1995); etc., así como en los países europeos,[102] derechamente se dispone que para la expedición

---

100 Sobre estas cuestiones: S. Agudelo Mejía, *Manual para la elaboración de pruebas ocupacionales*, Cinterfor/OIT, Montevideo, 1977 (con bibl.).

101 En España, si bien conforme al art. 12 del Real Dec. 2317/93, al término del contrato el empleador entrega, sin otro requisito, un certificado en que consta la duración del aprendizaje y el nivel de la formación práctica adquirida, tal documento no equivale al certificado de profesionalidad. Para obtener este, que es expedido por la administración competente, el aprendiz que posea la constancia del empleador y la del centro de formación, debe someterse con carácter previo a las pruebas correspondientes.

102 Doc. CEDEFOP, 1995, p. 34-36.

del certificado que acredite la cualificación alcanzada con el aprendizaje, se debe rendir una o más pruebas al finalizar el ciclo completo.

Algunas reglamentaciones, como las de Alemania, Grecia,[103] República Dominicana (R. 15/88), etc., sin perjuicio del examen final, contemplan evaluaciones a la mitad de la formación.

Por otra parte, en Bélgica (art. 4 del D. de 3.07.1991), Dinamarca, Irlanda, Luxemburgo, etc., está prevista una observación y evaluación continua de la marcha del aprendizaje.[104]

En Francia, para los contratos de aprendizaje suscritos hasta el 1 de julio de 1978, regía un examen de fin de aprendizaje artesanal, organizado por las cámaras de oficio (CT, art. R. 119-30). En la actualidad, la evaluación de los aprendices sigue el mismo régimen de la de los alumnos del sistema educativo, quedando por tanto obligados a someterse a las pruebas del diploma o del título que sanciona la cualificación profesional prevista por el contrato (CT, art. L.117-7). La autoridad regional del Ministerio de Educación, supervisa la coordinación entre las empresas y los centros de formación de aprendices CFA.

111. No es común que las leyes contengan referencias concretas a los requisitos y condiciones de la evaluación; lo cual, por otra parte, parece explicable, dado su carácter técnico. Como quiera que sea, algunas, como la N° 24 de 1994 de Zimbabwe, incluyen las líneas maestras de los programas de aprendizaje y sobre la certificación.

En varios países, hay una remisión expresa a ulteriores reglamentaciones, a dictarse por las autoridades competentes, que pueden ser los ministerios con competencia en educación o formación profesional o, incluso, las instituciones públicas de formación profesional.

Es el caso, por ejemplo, de Costa Rica, donde la Junta Directiva del INA, adoptó el 30.06.1993 un Reglamento de evaluación de los aprendizajes, y de Nicaragua, donde por Ac. 41/1995 del INATEC se establecieron criterios, con dicho propósito (arts. 53 y 54).

112. Asimismo, en Filipinas, el art. 14-b de la Ley 7796/94 prevé dentro del Secretariado del *Technical Education and Skills Development Act* (TESDA), un servicio *Skills Standards and Certification Office* (SSCO), con competencia para desarrollar un sistema nacional de normalización de calificaciones, realización de pruebas y certificación.

En atención al interés compartido de trabajadores y empleadores sobre estas cuestiones, se dispone por legislaciones como la de Tunisia (L. 93-10, art. 28), que

---

103 Ibídem.
104 Ibídem

la organización de los exámenes de fin de aprendizaje debe ser fijada por resolución (*arrêté*) del Ministro de la Formación Profesional, luego de consultar a las organizaciones profesionales concernidas.

En otros, se comete directamente este tipo de reglamentaciones a la negociación colectiva. Así, el CT de Paraguay en su art.110, determina que los aprendices de oficio calificados deberán ser examinados... en la forma que establezcan los contratos colectivos. En la hipótesis de que falte la norma de origen profesional, el mismo artículo encomienda la función a una comisión examinadora, integrada por un representante del empleador, un perito trabajador y un representante de la Dirección General de Recursos Humanos.

113. En varias legislaciones, se prevén oficinas especializadas en exámenes y pruebas ocupacionales, que suelen tener alcance amplio y no solamente estar referidas a la sanción del aprendizaje. Tal lo que contemplan, entre otras normas, la citada LT China (art.69); la NVT Act/94, de Namibia, cuya sección *Trade testing and certification*, regula lo relativo a exámenes y autoridades competentes; la ley 12/1995, de Sri Lanka que comete a la *Vocational Training Authority* la administración de la *National Trade Tests*.

A veces, estas oficinas se organizan dentro de las IFP, como en Filipinas (ley cit.,art. 14 b), o en Costa Rica, donde funcionan en el INA, con ese propósito, Comités de Evaluación regionales y centros fijos.

Una solución diferente, se encara en otros sistemas, como los de Bélgica, Alemania, Dinamarca, Holanda, etc. En Bélgica, el decreto de 1991, referido precedentemente, atribuye competencia en este campo a los Centros de formación Permanente para las Clases Medias y PYMES, que son asociaciones sin fin lucrativo. En otros países, como los que se acaban de citar, las Cámaras empresariales tienen una intervención preponderante; sin perjuicio de lo cual, hay que señalar que en Alemania una enmienda a la BBiG (art.56.1), ha reconocido el derecho de los trabajadores a estar representados en los tribunales de examen.[105]

Esa tendencia no obsta a que subsistan casos en que la empresa en que se formó el aprendiz, sea la única responsable de su evaluación, con el consiguiente riesgo de que se cometan injusticias.[106]

114. El derecho de los aprendices a obtener una certificación que acredite la cualificación alcanzada, integra el campo de los derechos subjetivos a la formación, que abarca a todas sus modalidades.

Para este caso concreto, implica el derecho a que se le tomen las pruebas correspondientes, en las instancias prescritas, o aun antes, según lo admiten, bajo ciertas condiciones, la ley de Alemania (art. 40); el CT de Francia (arts. 117 bis-5

---

105 W. Däubler, loc. cit.; Doc. CEDEFOP, cit., p. 34.
106 Ibídem, p. 35.

párr. final y R. 151-5), y la ley italiana. Aunque la cuestión es dudosa, parecería que, por aplicación de los principios generales, tal derecho le asistiría también al aprendiz en sistemas en que la ley no lo prevé expresamente.[107]

Este derecho, supone asimismo obligaciones para el empleador, algunas de las cuales ya fueron mencionadas: obligación de inscribirlo para los exámenes, de acordarle permisos y facilidades, de hacerlo participar, de expedirle las certificaciones que correspondan, etc.[108]

115. El principal efecto de la aprobación de las pruebas finales del aprendizaje, es la obtención del correspondiente certificado que acredita la cualificación alcanzada.

En algunos textos, constan menciones al valor de estos certificados y a sus eventuales equivalencias con los emanados del sistema educativo.

En ese sentido, puede citarse el CT de Paraguay (art. 110), donde se hace constar que el certificado que se obtiene por la aprobación de las pruebas finales del aprendizaje posee igual valor que los de la enseñanza profesional.

Por otra parte, en el ámbito de la Unión Europea es clara la tendencia hacia el reconocimiento de equivalencias de los certificados resultantes de la aprobación de los exámenes del sistema de aprendizaje, con los del educativo. Además, en varios de sus miembros y concretamente en Dinamarca, Francia y Holanda,[109] ya se ha instituido una comunicación que habilita la circulación entre ambos sistemas y la integración de las carreras y en otros, como Alemania y Luxemburgo, se advierten en los últimos años claros avances hacia ese objetivo.[110]

Cabe recordar aquí que, en otro plano, la legislación de varios países, como ya hubo oportunidad de señalarlo, otorga a los aprendices que culminaron su proceso de formación, ciertas expectativas, o preferencias, e incluso el derecho a ser incorporados a un puesto de trabajo en las empresas que los formaron.

---

107 En Guatemala (CT, 1989, art. 172), el empleador expide el certificado, pero si no lo hiciera, el aprendiz puede reclamar a la autoridad que se le tome examen de aptitud y si aprueba, el empleador no puede negarse.

108 En Sudáfrica, una ley de Enmiendas a las condiciones del aprendizaje (29.09.1995) requiere que el empleador le adelante al aprendiz el costo del examen.

109 En Holanda el 1.08.1991 entró en vigor la Ley de Enseñanza profesional continua (WCBO) que regula la FP básica (BBO), la formación a tiempo parcial (MBO) y las instituciones que tienen a su cargo la formación específica: enseñanza a distancia, agencias de empleo, instituciones educativas privadas, empresas. (Frietman, "La enseñanza profesional inicial en los Países Bajos", in rev, cit., p. 162 y ss.).

110 Doc. CEDEFOP, 1995, p.37. En ese informe, se hace constar que, en fecha reciente se han creado en Alemania nuevas opciones con el propósito de aproximar la enseñanza académica y la FP. A ese respecto, se indica que desde 1992, los alumnos que entran en un aprendizaje, aun sin poseer el título de la "Hauptschule" (escuela secundaria de 1er ciclo), pueden alcanzar, al finalizar el aprendizaje, el título de la "Realschule" (escuela secundaria de 1er ciclo pero de nivel mayor que la Haupschule), "lo que les abre toda una nueva serie de posibilidades". En Luxemburgo, la ley de 4.09.1990, incorporó el aprendizaje al ciclo intermedio de la educación técnica.

116. En cuanto a la reprobación del examen final o de las pruebas de evaluación intermedias, obviamente tiene efectos directos sobre la continuidad del proceso del aprendizaje.

En Luxemburgo, por ejemplo, al final de cada año la autoridad competente decide, en función del promedio de notas obtenido en su educación general y en la formación teórica y práctica, si un aprendiz puede o no pasar a la fase siguiente; pero en todo caso, los que no aprueban la práctica en la empresa, no pueden continuar.[111]

En algunas leyes laborales, como el CT de Paraguay, se explicita que la pérdida del examen final pone término a la relación de aprendizaje, sin responsabilidad para el empleador (art. 114-c).

A veces, los textos abren la posibilidad de que el aprendiz que hubiese reprobado el examen final tenga una nueva oportunidad. Así, el art. L. 117-9 del CT de Francia, incorporado por la L. N° 87-572, admite que en caso de fracaso en el examen, el aprendizaje puede ser prolongado hasta por un año. Tal prolongación tanto podría resultar de una prórroga del contrato inicial, como de la conclusión de un nuevo contrato con otro empleador.

En ciertos sistemas, como los de Luxemburgo y Holanda,[112] la situación se flexibiliza. En efecto, si bien el aprendiz que al término del aprendizaje apruebe el examen práctico, pero repruebe los de las asignaturas teóricas,[113] no tiene derecho al certificado o título nacional correspondiente,[114] con la sola aprobación de la formación práctica, accede a una cualificación inicial o certificado práctico.[115]

Asimismo, en Holanda y otros países que han implantado el sistema modular, quienes aprueben la parte de un examen que abarque una unidad certificable, también se hacen acreedores a un certificado.[116]

§11. Expedición de las certificaciones

117. Son bastante diferentes los sistemas que rigen la expedición de las certificaciones. En efecto, hay normas que prevén que sean expedidas: por los propios empleadores en forma más o menos libre; por los centros, empresas o instituciones de formación; por las cámaras profesionales; por organismos especializados; por los departamentos ministeriales de trabajo, empleo, formación profesional, educación e incluso agricultura.

111 Doc. CEDEFOP, cit., p.35.
112 Frietman, *op. cit.*, p. 165.
113 En el sistema de Luxemburgo, habría también una flexibilización en los exámenes de las materias teóricas que "suelen ser orales y no escritos" (Doc. CEDEFOP, cit., p.36).
114 En Luxemburgo: el Certificado de Aptitud Técnica y Profesional (CATP), es el mismo que se otorga por las escuelas de tiempo completo y abre las puertas del ciclo superior.
115 En Luxemburgo: el Certificado de Cualificación Manual (CCM).
116 Doc. CEDEFOP, loc. cit.

Por otra parte, en algunos casos, los certificados expedidos por los empleadores u otros organismos, se vuelven oficiales, por contar con el refrendo de alguno de los ministerios que se acaban de nombrar.

118. Las certificaciones y constancias expedidas por el empleador, como las previstas en las leyes de Argentina (L. 24.465/95, art. 4.8), Côte d'Ivoire (CT, art. 12.9), Guatemala (CT, art. 172), o Uruguay (L. 16.873/1997, art. 19 y D. 318/998, art, 36), acreditan de un modo general, la experiencia o la especialización adquiridas.[117]

A veces, tales certificaciones deben ajustarse a las normas que fije la respectiva IFP, como ocurre en Panamá según el D. 36/91, o requieren su aval, como en República Dominicana donde, conforme a la Res. 15/88, los certificados deben llevar, además de la firma del patrón, la del representante del INFOTEP.

119. En Colombia y otros países, la certificación es expedida a la conclusión del aprendizaje por los organismos o empresas que dictaron los cursos, los que se encargan también de verificar el cumplimiento de la formación en la etapa productiva y de informar a la IFP (Ac. 18/94, arts. 11 y 13 (Ac. 18/94, arts. 11 y 13).

Asimismo, en Bélgica y Grecia, la evaluación y la certificación están a cargo de los Centros de formación, pero se expiden a nombre de los respectivos ministerios de Educación o de Trabajo.

120. En varios países de Europa, como Alemania, Dinamarca, Holanda y Luxemburgo, las Cámaras empresariales o comités industriales responsables de la formación participan o supervisan todo o parte del operativo evaluación/certificación.

121. En donde funcionan servicios especializados en certificación, como Filipinas, Irlanda, Namibia, el Reino Unido, etc., son ellos los que expiden los certificados.

En otros, como Argelia, los certificados son expedidos directamente por la Administración de la Formación Profesional, de acuerdo con las condiciones y modalidades de expedición definidas por Resolución del Ministerio de la Formación Profesional (L. 90-34, art. 2 y Dec. ejec. 93/67, art. 11).

122. En países en que el aprendizaje conduce actualmente a diplomas y títulos del sistema educativo, como Francia, los diversos certificados, diplomas y

---

117 En Italia, la ley 451 de 19.07.1994, para los contratos de formación y trabajo, dispone que el empleador entregue al trabajador un *"attestato* sobre la experiencia desarrollada" (art. 16.9).

títulos a que el aprendiz puede acceder, son conferidos por las oficinas regionales del Ministerio de Educación Nacional (Rectorado).

Por excepción, en dicho país, la formación profesional en las actividades agrícolas está bajo el control del Ministerio de Agricultura y el certificado a que se accede (Certificado de aptitud profesional de la agricultura, CAPA) es expedido por el referido Ministerio.

123. Las certificaciones tienden a adquirir una significación creciente a causa de la penuria de empleos.

En la práctica, son varios los países en que resulta difícil obtener un puesto de trabajo si no se posee el certificado que acredita la capacitación correspondiente.[118]

124. Las certificaciones que según ya se dijo, cuentan cada vez más para la circulación y el avance en el sistema educativo, han planteado el problema de su reconocimiento dentro de las Comunidades que se han ido integrando.

En la Unión Europea, el Tratado que la rige dispone en materia de la política de FP, que la acción de la Comunidad se encamine, entre otros objetivos, a favorecer el acceso a la formación profesional y la movilidad de los educadores y de las personas en formación, especialmente de los jóvenes (art. 127. 2).[119] En el Mercosur, está cuestión sigue pendiente, sin perjuicio de que entre los países de esta región, las cualificaciones de nivel terciario, son objeto desde hace mucho tiempo de acuerdos entre sus Miembros y para algunas profesiones liberales se anuncian inminentes acuerdos.

§12. Promoción del aprendizaje

125. Según es sabido, son varios los caminos que se siguen con vistas al fomento de sus diversas modalidades de formación.

A los efectos de la presentación de las diferentes medidas dirigidas a estimular el desarrollo del aprendizaje, se distinguirán las providencias de política ge-

---

118 En el Doc. CEDEFOP, 1995, se citan como países en que esto ocurre con mucha intensidad: Alemania, Dinamarca, Francia y Holanda (p. 34).

119 Los órganos de las CCEE, se han preocupado, desde 1963, de la elaboración de una política común sobre FP. En 1985 la Dec. del Consejo 85/368/CEE, sentó las bases para establecer la correspondencia de las calificaciones de FP entre los Estados miembros. De conformidad con la misma, se han ido cursando por la Comisión comunicaciones relativas a la correspondencia en diversos sectores (Hostelería y restaurantes; Reparación de automóviles; Construcción; Electricidad/electrónica; Agricultura/horticultura/silvicultura; Textil/confección; Metal; Textil/industria; Comercio; Oficinas/ administración, banca y seguros; Química; Industria Alimenticia; Turismo; Transporte; Obras públicas; etc.). A fines de 1992 el Consejo dictó una resolución sobre "Transparencia de las cualificaciones profesionales" (DOCE C 49 de 19.02.93, p.1).

neral que pueden repercutir favorablemente sobre los contratos de aprendizaje, de las medidas concretas de fomento de esta modalidad de formación.[120]

Entre las disposiciones de política general de FP, corresponde incluir la creación de fondos con ese propósito; la extensión de la descentralización y de la participación; la prevención de conflictos entre aprendices y empleadores, y el apoyo a los centros de formación de aprendices.

Entre las medidas concretas, cabe mencionar los incentivos a las empresas, y los dispositivos dirigidos a volver más atractivo el aprendizaje para los jóvenes y sus familias.

126. Un ejemplo de aplicación de fondos especiales al fomento del aprendizaje, lo proporciona el Programa de Becas para Aprendices adoptado en Colombia por el Cap. III (arts. 16 y ss.), del Ac. 18/94 dictado en aplicación de la ley 20/1982 y el Dec. Regl. 1895/1986, por los que se instituyó el Fondo Especial de Capacitación (FEC).

También tienen entre sus objetivos la promoción del aprendizaje, otros varios fondos, como el regulado por las partes V y VI de la ley 24/1994 de Zimbabwe, y el instituido por la ley canadiense de Québec de 22.06.1995.

En Francia, la L. 2000-1352, ha establecido una restricción a la ayuda a la contratación de aprendices, al disponer que la misma queda reservada a las empresas que no tengan más de veinte trabajadores.

127. La extensión de la especialización, la descentralización y la participación en los organismos que orientan o supervisan la formación de los aprendices, es otra manifestación de la política tendiente a prestarle más y mejor atención al aprendizaje y, desde luego, a promoverlo.

La creación de organismos especializados, con competencia en materia de aprendizaje, en los que se ha dado participación a los interlocutores sociales, no es un fenómeno nuevo.[121] Lo que actualmente ocurre, sólo es su continuidad y generalización, como puede probarlo la serie de leyes recientes o de enmiendas de leyes anteriores, que consagran este tipo de medidas en países de muy diferentes características.

---

120 En Alemania, una ley de 1976 puso a cargo del Instituto Federal de FP (BIBB) la promoción de lugares de formación.

121 La participación de los interlocutores sociales en el planeamiento y la puesta en aplicación de las políticas de FP, tiene una larga tradición en Europa y en las IFP de América Latina. Sobre el estado de la cuestión en esta última región a fines del siglo pasado, V.: *El tripartismo y la FP en América Latina*, Cinterfor/OIT, Mont., 1980, esp. pp.80 y ss., con especial referencia al aprendizaje a pp. 80 y ss. Otra manifestación de la participación en la política de promoción del aprendizaje, está dada por la tendencia que se registra en algunos países, entre los que el ejemplo más nítido lo proporciona Francia, de convertir en leyes los acuerdos alcanzados sobre estas materias, por las organizaciones de empleadores y trabajadores.

A ese respecto, son muchos los ejemplos de leyes recientes, que pueden citarse, como los de Argelia, Tunisia, Namibia, Ecuador, El Salvador, República Dominicana, Filipinas, etc.

La Ley 90-34 de Argelia instituyó en su art. 7 un Comité de Participación, entre cuyos cometidos está pronunciarse sobre planes de formación y modelos de contratos de aprendizaje.

Asimismo, en este mismo país, el D. 93-67 creó dos instituciones para la organización y el fomento del aprendizaje. En Tunisia, la ley 93-10 contempla en su Cap. II, el funcionamiento de un Consejo Nacional de la Formación Profesional, con representación de las organizaciones de empleadores y trabajadores, y en Namibia está dispuesta la participación de los interlocutores sociales en la Junta de Formación Profesional y se han instituido comités consultivos de oficios (NVT Act/1994, arts. 3 y ss.).

En Ecuador, (Ley N° 132 de 20.11.1989, que reformó el SECAP); El Salvador (Ley del INSAFORP, art.8), y en Nicaragua (L. 40-94, orgánica del INATEC), los órganos directivos de las respectivas IFP, se integran con representantes de los sectores profesionales. A su vez, en el Comité de Asesoramiento del Aprendizaje de la República Dominicana, según la Res. 37/1991, tienen asiento patrones y trabajadores.

En Filipinas, en agosto de 1994, se aprobó la *Technical Education and Skills Development Act* (TESDA), por el que se creó una Junta, de integración tripartita, con competencia en materia de aprendizaje y concretamente orientada a respaldar e incentivar el sistema dual (Sección 8).

128. La tendencia a la descentralización es una nota común al sistema educativo que se refleja en la legislación reciente y alcanza a las IFP, por ejemplo, en Argentina, la Ley Federal de Educación/1993, y en Colombia, la Constitución de 1991, art. 76 y la Ley Nacional de Educación de 18.01.1991.

En relación con el aprendizaje, se advierten dos vías: por un lado, la constitución de organismos o comisiones a nivel regional o local como en Argelia (Dec. Ejec. 91-519 y 95-31) y Tunisia (L. 93-10, art. 9). Por otro, un camino que puede ser complementario, como en Francia (donde la descentralización se considera una de las bases del sistema), o en Perú, en el que resulta de afectar a la respectiva región, la utilización de una parte o la totalidad de los recursos en ella generados).

129. En un plano diferente, se ha encarado en algunos países, tornar más atractivo para ambas partes el contrato de aprendizaje, arbitrando fórmulas especiales para prevenir y solucionar conflictos entre los aprendices y sus empleadores.

Es el caso, por ejemplo, de la Res. del Ejecutivo de la Comunidad francófona de Bélgica de 24.10.1991, que atribuye a los Secretarios de Aprendizaje, entre sus competencias, la de actuar como mediadores en los litigios entre aprendices y empresarios.

En otros países, como Filipinas (CT, arts 65-67) y Tunisia (L. 93-10), se ha previsto una etapa administrativa de tipo conciliatorio, que debe ser agotada antes de accionar ante los tribunales de trabajo.[122]

En la *Apprenticeship and traineeship Act 2001* de Australia (New South Walles), se incluye una Parte 4 que trata de los procedimientos para los conflictos y la materia disciplinaria. En la Parte 6 estan previstos un Comisario para la FP, con funciones de conciliador, así como tribunales especializados para la decisión de primera instancia y para la apelación.

130. En orden a incentivos a las empresas para que contraten aprendices, se pueden citar leyes que encaran tres tipos de medidas: reducción e incluso exención de aportes a la seguridad social y otros gravámenes; franquicias y créditos fiscales, y subvenciones directas.

Como ejemplos de medidas de exención o reducción de aportes a la seguridad social y a otros gravámenes que afectan las remuneraciones, pueden citarse las instituidas en Argentina, España, Francia y Tunisia.

En Argentina, (art. 15 del Decreto 738/95) y en Tunisia (L. 93-10, art. 24), fundándose en el carácter no laboral que las leyes atribuyen al vínculo entre los empresarios y los aprendices, está establecida la exención de todo tipo de aportes por las sumas pagadas a éstos.

En España, el art. 11.3 del ET, en su redacción actual, habilitó al Gobierno a establecer exenciones o reducciones en la cotización a la Seguridad Social en este tipo de contratos. En función de ello, se dictó el Real Dec. de 27. 07.1993, cuyo art. 14 establece el pago de las cotizaciones a la seguridad social sobre la base de una cuota única.

En Francia, el CT establece que una parte del salario de los aprendices no da lugar a cargas sociales de origen legal o convencional y a ninguna carga fiscal o parafiscal (art. L. 118-1).

131. En varios países se admite la posibilidad de compensaciones de todo o parte de las cantidades debidas por impuestos o por concepto de la tasa de aprendizaje, con las sumas pagadas a los aprendices (Argelia, L. 90-34; Chile, CT, art. 77 y subsiguientes; Francia, CT, L. 118-1; Gabón, CT, art. 85); los gastos de formación de éstos o costo directo de capacitación de los aprendices (Canadá-Québec,

---

122 La Ley de aprendizaje de Costa Rica, en su art. 21, le cometió a la Gerencia del INA la resolución de las divergencias entre empleadores y aprendices que no sean de competencia de los tribunales de trabajo. La Res. de la Gerencia puede ser apelada ante la Comisión Mixta que funciona en dicha IFP.

L. 22.06.1995;[123] Chile, Dec. Supremo 146/89, arts. 59-61 y 63-68; Filipinas, CT, art. 71); los apoyos a los centros de formación de aprendices o las donaciones a las escuelas de enseñanza profesional y otros gastos análogos (Francia, CT, arts. L. 118-2, L. 118-2.1, L. 118-3); etc. Los empresarios franceses también pueden obtener exenciones tributarias en razón de las erogaciones para la formación pedagógica de los maestros (CT, art. L. 118-1-1).

Algunas legislaciones ponen de cargo de fondos especiales la cobertura de determinados costos laborales que normalmente son debidas por los empleadores. Así, en Polonia, de acuerdo con el art. 17(1) de la ley 446/1989, las remuneraciones de los aprendices y sus accesorios corren por cuenta de tales fondos, y en Tunisia un fondo cubre el importe de las pólizas del seguro de accidentes de trabajo y enfermedades profesionales de los aprendices.

Otro tipo de medidas para incentivar a los empresarios a contratar aprendices consiste directamente en el otorgamiento de una prima por cada contrato de aprendizaje firmado, como han sido establecidas en Francia, con ciertas limitaciones. Tal beneficio, se suma a las exenciones y a los créditos por impuestos.

132. Los estímulos que se han ideado para hacer más atrayente esta modalidad de formación entre los jóvenes y sus familias, se refieren a tres grandes temas, a saber: mejoramiento de las condiciones laborales del aprendizaje; garantías acerca de la eficacia de la formación, y aproximación de la formación que se puede alcanzar a través del aprendizaje con las resultantes del sistema educativo.

En cuanto a lo primero, es evidente que, incluso las legislaciones que quieren negarle carácter laboral a la relación, han introducido normas tendentes a asegurar al aprendiz condiciones dignas. A ese respecto, cabe remitirse a lo que ya se expuso sobre remuneración, horarios, vacaciones, amparo en caso de accidentes, trato, derechos sindicales, etc. Incluso en la legislación francesa se ha reconocido la necesidad de establecer un Estatuto del aprendiz.[124]

En la línea de los dispositivos dirigidos a hacer el aprendizaje más atractivo, correspondería citar también la norma de Costa Rica, que ha instituido becas complementarias como modo de aumentar los ingresos de los aprendices.[125]

---

123 En realidad, el sistema de Québec funciona de diferente manera, aunque llega a una solución similar. Con arreglo a la ley cit., los empresarios asumen la obligación de participar en el desarrollo de la formación consagrando a gastos de formación (que pueden corresponder al aprendizaje) un porcentaje de la nómina. En caso de que lo gastado sea menos que la participación mínima fijada, el empleador debe verter la diferencia al Fondo nacional de formación de la mano de obra, que la misma ley instituye.

124 Una fórmula original es la que se ha adoptado por la legislación de Belarús (CT, art. 191) y otros países ex-socialistas, donde se han ideado medidas dirigidas a alentar a los trabajadores que acumulan trabajo y estudio.

125 V. supra, párr. N° 71.

133. Respecto de las garantías de la eficacia de la formación, vale recordar: las exigencias a las empresas y a los maestros, que funcionan como requisitos esenciales para la admisión de la concertación de contratos de aprendizaje; institutos como el del tutor o consejero de aprendizaje, que están bastante generalizados; la progresiva implantación de la alternancia con obligación de indicar en el contrato el tiempo que se dedicará a la formación teórica; la existencia de inspecciones técnicas, paralelas a las que versan sobre las condiciones laborales; etc.

Debe tenerse presente, además, que según se vio oportunamente, en algunos países, al aprendiz que es despedido antes del término de su contrato o al que, de cualquier otra forma, se le defrauda en sus expectativas de formación, se le abren vías para ser equitativamente indemnizado.

134. También deben considerarse inspirados en el deseo de mejorar la imagen del aprendizaje y aumentar su atractivo para los jóvenes y sus familias, los cambios que se están procesando en muchos países.

Se trata de las medidas dirigidas a aproximar o equiparar el aprendizaje con las formaciones que pueden alcanzarse dentro del sistema educativo, que implican simultáneamente una apertura hacia nuevas posibilidades de realizar una carrera, prosiguiendo estudios de nivel más elevado.[126]

A su vez, y en función de las nuevas oportunidades que proporciona a los aprendices para alcanzar una cualificación, corresponde mencionar como un incentivo para recorrer el camino del aprendizaje, la incorporación del método modular, con el eventual derecho a la respectiva certificación.[127]

Pueden también citarse como factores que operan en el mismo sentido, la creciente aceptación de la acreditación del aprendizaje anterior (APL), y su reconocimiento generalizado,[128] así como una mayor preocupación por la orientación profesional y la creación de preaprendizajes, tal como existen en Francia y otros países de Europa y más recientemente en Portugal (Decreto ley 383/1991 y Regl. 1061 de 1992).

---

126 El Consejo de la Unión Europea al definir el marco común de objetivos del Programa Leonardo da Vinci, fija entre las medidas: *"mejorar el estatus y hacer más atractivas la enseñanza y la formación profesionales y favorecer la equiparación de estimación social de los diplomas académicos y calificaciones profesionales"* (art. 3-f, Decisión del Consejo de 6.12.1994- DOCE, 29-12-94) (94819/CE).

127 En el Anexo 3 del documento "Mise à jour des Normes sur la mise en valeur des ressources humaines... " (BIT, Ginebra, 1995, p. 12), se incluye entre los elementos que debieran ser agregados o aparecer más claramente en la Recomendación 150/1975: "la importancia de las formaciones modulares y de las unidades capitalizables debidamente reconocidas".

128 Incluso se ha podido sostener que *"la ventaja decisiva del sistema alemán reside en el carácter transferible de las competencias sobre la base de una certificación racionalmente reconocida"* (C.F. Büchtemann; J. Schupp; D.J. Soloff, "Formation par apprentissage: défis pour l'Allemagne et perspectives pour les Etats-Unis", *La Doc. Française*, N° 45, París, 1994, pp. 51-58, apud Maryse Peschel, in rev. *Formation Professionnelle* (CEDEFOP), 2/94, p.87.

§13. Consideraciones finales

135. A lo largo de los desarrollos precedentes se ha podido confirmar la aseveración inicial, según la cual se asiste en estos últimos años a un renovado interés por la modalidad de formación que, sin perjuicio de una instrucción complementaria en centros o escuelas, tiene como componente esencial la experiencia en una situación real de trabajo.

Tal hecho, desde el ángulo en que se ha situado este estudio, quedó en evidencia al formular la extensa lista de países en que se habían dictado en los últimos lustros, normas relativas al contrato de aprendizaje, demostrando la intensa actividad legislativa y reglamentaria, que se está desarrollando ininterrumpidamente en los cinco continentes y sociedades de muy diversas características.

Los múltiples ejemplos con que se trató de ilustrar el examen de los diversos puntos relativos al aprendizaje, confirmaron ampliamente la dimensión planetaria de este fenómeno.

Pudo advertirse, además, que la actividad legislativa y reglamentaria, se refería no sólo a la regulación del contrato concertado entre el aprendiz y la empresa en que presta servicios y se capacita, sino también a todo su entorno, incluyendo la determinación de las actividades susceptibles de aprendizaje, las exigencias a las empresas y a los instructores, la acción de las instituciones, escuelas o centros de formación de aprendices, la reglamentación de la evaluación de las capacidades adquiridas, la organización y la validación de las certificaciones correspondientes, etc.

136. Asimismo, resultó patente que todo el aparato legislativo e institucional que se está desplegando, no se circunscribe a la regulación del contrato de aprendizaje con el mismo grado de neutralidad con el que tradicionalmente lo han sido muchos otros contratos, en los que están básicamente en juego intereses particulares.

Ni siquiera esta regulación agota su propósito en el objetivo protectorio con que la legislación laboral ha enmarcado el contrato de trabajo, a cuya familia se entiende mayoritariamente que pertenece el de aprendizaje, ni en los de igual signo de la legislación específica sobre menores.

En efecto, la normativa del contrato de aprendizaje busca, desde luego, la protección del aprendiz, en cuanto trabajador y en cuanto menor y proveer garantías a fin de que no sea burlado en sus legítimas expectativas de alcanzar una cualificación. Pero también, como ha quedado de manifiesto, atiende explícita e implícitamente a la promoción de este tipo de contratos.

137. La característica promocional de la legislación sobre el aprendizaje ha alcanzado particular relevancia ante las crecientes dificultades de inserción de

los jóvenes en el mercado de trabajo, la velocidad de los cambios tecnológicos y toda otra serie de fenómenos económicos y culturales que están transformando, de manera más o menos radical, el manejo de los negocios y de las relaciones laborales.

Es así que, sobre el conjunto de normas adoptadas en los últimos años a que se ha hecho referencia, y al margen de su diversidad, sobrevuela una idea-fuerza, que se apoya en la convicción de que el aprendizaje es un medio idóneo para satisfacer simultáneamente expectativas económicas y sociales, individuales y colectivas.

Dichas expectativas, en cuanto a los jóvenes (y a su respectivo núcleo familiar), tienen fundamentalmente que ver con la esperanza de acceso a una ocupación retribuida y una mejor perspectiva de carrera laboral.

En lo que se refiere a los empresarios, cuenta la posibilidad de disponer oportunamente de mano de obra cualificada y adaptada a las condiciones laborales.

Respecto de las sociedades en su conjunto, aparece como un medio para optimizar de modo más económico, y quizás más efectivo, la fuerza de trabajo de la nación, creando, mejorando o manteniendo las condiciones apropiadas para el desarrollo productivo.

138. Es preciso admitir que no son enteramente nuevas todas las circunstancias que rodean el reflorecimiento del aprendizaje, ni son solamente de ahora las esperanzas puestas en él, ni las dificultades que es preciso superar.[129]

Pero está fuera de discusión, al punto que es ocioso insistir sobre este particular, que muchos factores han incrementado su aceleración y que los cambios económicos y culturales han alcanzado una mucho mayor intensidad y amplitud que en el pasado reciente.

Las circunstancias actuales y la especial preocupación ante el aumento de las dificultades que tienen los jóvenes para su inserción laboral, y el constante crecimiento de los que ni estudian ni trabajan, parecen seguir operando a favor de un cierto consenso respecto de las virtudes del aprendizaje, que sirve de respaldo y da impulso a la acción legislativa y reglamentaria para su regulación y promoción.

139. Este consenso y este persistente empuje legislativo no excluye un también constante cuestionamiento del contrato de aprendizaje.

No es ésta la oportunidad para profundizar sobre los distintos argumentos en pro y en contra de esta modalidad de formación. Pero resulta ineludible hacer

---

129 Hace más de veinticinco años, A. Wilches partía de la enumeración de una serie de factores económicos y sociales que justificaban el aprendizaje, que en lo sustancial mantienen vigencia. Ante datos estadísticos insatisfactorios, planteaba la necesidad de abocarse a la realización de estudios y a la introducción de cambios capaces de superar la situación por la que esta modalidad de formación atravesaba ("¿Está en crisis el aprendizaje?", *in Boletín Cinterfor* N° 54, nov-dic. 1977, p. 37 y ss.

una breve presentación de unos y otros para tratar de entender los fundamentos del referido consenso, y consiguientemente, medir la consistencia de las actuales tendencias de la legislación.

En ese entendido, se procurará sistematizar las apreciaciones negativas que mantienen relevancia, para luego encarar las réplicas y alegaciones sobre las ventajas que en las actuales circunstancias conserva o ha adquirido el contrato de aprendizaje.

140. Las evaluaciones negativas, están referidas a tres grandes epígrafes, a saber: resultados mediocres, aun en países que han introducido importantes cambios con la intención de superar las críticas al aprendizaje tradicional; inadecuación de esta modalidad a las necesidades de las empresas; insuficiencia del aprendizaje como instrumento para alcanzar una cualificación.

En cuanto a los resultados, se pone de manifiesto que los abusos y desviaciones no han desaparecido y que, en la práctica, ni las empresas que estarían habilitadas para proporcionar una formación adecuada se interesan,[130] ni los jóvenes se sienten atraídos por esta modalidad,[131] aun en países con fuerte tradición de aprendizaje y en los que la legislación ha introducido toda clase de estímulos.[132]

En este mismo orden de planteamientos, y en relación con la expectativa de mejorar la inserción de los jóvenes en el mercado de trabajo, se ha señalado que en dichos países, lo más que puede decirse es que "los datos estadísticos obteni-

---

130 La autora del Doc. CEDEFOP, 1995, cit., <Martina Ní Cheallaigh>, que no oculta su convicción respecto de las virtudes del aprendizaje, reconoce que *"entre las empresas grandes, el tema de la oferta de aprendizajes resulta siempre problemático"*, por lo que en la mayoría de los países este se concentra exclusivamente en las PYMES, con el grave riesgo que ello entraña para la homogeneidad y calidad de la formación dispensada (p.54). Todo hace pensar que este juicio que se refiere a la experiencia de los países de la Unión Europea es válido a escala mundial. A todo lo cual, habría que sumar otros factores negativos ya referidos por Wilches en el artículo citado precedentemente, que no se pueden superar solamente con cambios de la legislación, como la falta de instructores competentes, o la carencia de análisis ocupacionales adaptados a las necesidades reales.

131 En el informe citado en la nota precedente, se reconoce que: "En la mayor parte de los países <de la Unión Europea> se ha producido en general durante la última década una disminución en las cifras de entrada anuales de aprendices a la formación" (p. 40). Tal afirmación está confirmada y complementada por la evolución de las cifras de aprendices, desde 1980 hasta 1983 (cuadro 8, p. 41), que debe ser además analizada tomando en consideración las tasas de abandono o no obtención del certificado, que son sugestivamente altas en varios países: 40% en Holanda, 37% en Luxemburgo, 30% en Dinamarca y Grecia (cuadro 9, p. 42). Es interesante advertir que, conforme al cuadro 10 del mismo documento (p.43), entre los jóvenes que en la Unión Europea están siguiendo alguna modalidad de formación, el porcentaje de los que realizan aprendizaje es bajo, salvo en Alemania, Dinamarca y Luxemburgo. Tales datos, resultan básicamente confirmados por la encuesta que analiza C. Pellegrini, aunque en esta, el porcentaje que se registra en Francia <22.7> supera al de Dinamarca <16.7> ("Statiscal Análisis", *in* VV.AA., *Contractual Policies concerning continued vocational training in the European Community Member States*, FORCE, Peeters, Lovaina, 1994, p. 389). Algunos comentaristas, como los que cita Maryse Peschel en la rev. Formación Profesional (V. supra, nota 126), no dudan en considerar que *"la falta de interés de los propios jóvenes"* es el principal factor de preocupación. Por otra parte, es bajo el porcentaje de aprendices que aprovechan las nuevas oportunidades de proseguir una carrera que les brinda la apertura del aprendizaje hacia el mundo académico (Doc. CEDEFOP, cit., p.37).

132 Otro motivo de crítica son los propios estímulos, en particular los consistentes en rebajas o exoneración de contribuciones a la Seguridad Social, que implican un desconocimiento de sus principios y afectan su ya difícil situación financiera, sin alcanzar resultados apreciables.

dos no son tan favorables como podría esperarse",[133] y la situación a ese respecto parece incambiada en los últimos años.[134]

141. La alegación de la inadecuación del aprendizaje a las necesidades de las empresas, se abre en torno de dos grandes categorías de argumentos.

Por un lado, se mantiene o aumenta la convicción de que esta modalidad de formación corresponde al pasado. En particular, se duda que la calificación artesanal a que el aprendizaje conduce en la mayoría de los casos pueda tener futuro en momentos en que los cambios y flujos de la vida laboral lo que requieren no son expertos muy especializados sino "generalistas flexibles, capaces de cubrir una diversidad de puestos y necesidades", con amplias posibilidades de reciclaje o readaptación.[135]

Por otro, se discute la viabilidad del aprendizaje desde la perspectiva empresarial y se explica la reticencia a contratar aprendices, fundándose en que por más alicientes que se les ofrezcan, no resulta rentable para las empresas efectuar inversiones netas en competencias profesionales capitalizables. Ello sería así, no tanto por el argumento que se suele manejar de que el empleador se perjudicaría al tener que cargar con el costo de la formación y además quedar obligado a aumentar la remuneración al aprendiz cualificado,[136] cuanto por el peso muerto de las deserciones y la imposibilidad de asegurarse el ulterior concurso de quien culminó su aprendizaje en la empresa, por un lapso suficiente para recuperar la inversión, en virtud del principio de libertad de trabajo y protección especial del aprendiz que impera en la mayoría de los países.[137]

---

133 Op. de la autora del Doc. CEDEFOP, 1995 (p. 43), que admite abiertamente a la vista de los datos disponibles, que *"aunque uno de los argumentos en favor del aprendizaje y de su actual resurgimiento es que facilita el acceso al empleo, resulta muy difícil encontrar informaciones sobre el éxito que encuentran los aprendices en el mercado laboral"*.

134 En un informe publ. en el *Bulletin CEREQ* (N° 67, 15.03.1981), relacionado con una encuesta francesa de esa época, se establece: *"Los aprendices parecen en una situación respecto del empleo más favorable, que se traduce en una tasa de desocupación al mes de marzo siguiente al fin del aprendizaje más débil que la que puede ser estimada a la misma fecha para los liceos de enseñanza profesional. Sin embargo, este riesgo de desocupación menos importante para los aprendices está ligado al hecho de que una parte de ellos son contratados por su patrón de aprendizaje, una vez que su contrato ha terminado. En cambio, los que no se han incorporado a la empresa que les proporcionó el aprendizaje, padecen una tasa de desocupación más elevada que los alumnos de los LEP"*. Por añadidura, en el informe se aclara que no se puede estar muy seguro de las conclusiones a causa de que las poblaciones no son comparables.

135 Op. expresada por Beverly Geber en nota publicada por *The Economist* en 1994, transcripta en "Una propuesta polémica...", *Boletín Cinterfor*, N°134, enero-marzo, 1996, p.61.

136 Becker, citado en el Doc. CEDEFOP, p. 54.

137 Según se vio en el párrafo N° 90, las legislaciones de algunos países, como Côte d'Ivoire, Gabón y Namibia, admiten restricciones a la libertad del aprendiz, y en algún caso como en Vietnam, validan los pactos que impongan la permanencia en la empresa por cierto tiempo. Sin embargo, esto debe ser considerado la excepción e incluso algunas leyes, como la de Alemania, según destaca Däubler, dan "especial protección al derecho del aprendiz a elegir libremente el puesto de trabajo después de haber aprobado el examen: el art. 5, párrafo 1, de la BBiG declara nula toda prohibición de competencia y solo admite la creación de una relación laboral tal como se fijó en el contrato dentro de los tres últimos meses de la formación profesional" (*Derecho del Trabajo*, cit., p.945).

142. Hay otra serie de argumentaciones que no se limitan a inventariar carencias o fallas del sistema por defectos de su regulación o de las prácticas, sino que las consideran inevitables, por la esencial ineptitud del contrato de aprendizaje como vía para una satisfactoria formación profesional.

Las mismas, han sido expuestas hace algún tiempo y pretenden estar respaldadas por una investigación, aunque reclaman validez universal, en cuanto cuestionan la filosofía y los métodos de esta modalidad de formación.[138]

Esta conceptuación negativa pretende hallar una nueva y diferente definición del contrato de aprendizaje, que en función de la investigación que sus sostenedores realizaron, estaría más de acuerdo con su verdadera realidad. En efecto, bajo este enfoque revisionista, se lo presenta: "como el agregado de una multiplicidad de prácticas cuyo único denominador común es la formación en los constreñimientos materiales y sociales de la vida profesional".[139]

A partir de allí, se asevera que:

- la "pedagogía de la alternancia", consagra en los hechos el rechazo de la formación teórica y la preeminencia de una práctica subordinada a las necesidades inmediatas del trabajo productivo;

- el equilibrio entre el trabajo productivo y la formación, o sea, entre imperativos económicos y pedagógicos, no se realiza sino en un número limitado de casos, pues rige, incluso en el ámbito de los centros de formación de aprendices, la subordinación a las exigencias de la producción. El resultado inevitable sería una formación mediocre, que no permite alcanzar la categoría de trabajador cualificado;

- a través de la diversidad de situaciones regidas por el contrato de aprendizaje, lo que realmente se busca es inculcar una determinada concepción moral e ideológica, que vuelva al aprendiz utilizable por las empresas.

- Por todo lo cual se concluye que "el aprendizaje bajo contrato se sitúa como una pasarela entre el fracaso escolar y la explotación en el mercado de trabajo. Es una transición entre el 'desorden' de la escuela y el orden del taller, convirtiendo a los jóvenes que se pretende formar, en un vivero de mano de obra adiestrada en la disciplina del trabajo".[140]

143. Los argumentos favorables al contrato de aprendizaje son también múltiples y variados.

En primer lugar, se sostiene que la mayor parte de los juicios negativos están referidos al aprendizaje tradicional y no toman en cuenta la evolución de las normas y de las prácticas que aquellas han generado.

---

138 C. Ferry- F. Mons Bourdarias, "L'apprentissage sous contrat...", *in* C.O.R.D.E.S., *Rapport d'activité* (1979-1980), *La Documentation Française*, p.98 y ss.
139 *Op. cit.*, p. 98.
140 Op. cit., p. 99.

O sea, que desde este punto de vista la mayor parte de las críticas mantendrían validez sólo respecto del aprendizaje que funciona en países en que su regulación y la aplicación que recibe, no han evolucionado suficientemente.[141] Afirmación que sería válida incluso respecto de dispositivos legales y reglamentarios recientes, pero que siguen antiguos esquemas, están desprovistos de flexibilidad, no prestan suficiente atención a las garantías de la eficiencia de la formación y a los necesarios controles, o decididamente no se aplican.

144. Respecto de la aparente desafección de empresarios y trabajadores, se invoca el prestigio y el dinamismo que mantiene el aprendizaje en algunos países, como Alemania, Austria, Dinamarca o Luxemburgo, donde precisamente esta modalidad ha evolucionado y está dotada de flexibilidad y capacidad de adaptación a nuevas situaciones.[142]

Los datos estadísticos sobre la relativa estabilidad de los efectivos y la significación del aprendizaje entre las distintas modalidades de formación en esos países, parecerían estar corroborando este aserto.[143]

Por otra parte, el continuado descenso de las oportunidades de trabajo, que por diversas razones afecta con mayor o menor intensidad a todos los países del mundo, puede alegarse como justificación válida de la ambigüedad de los datos en cuanto a la efectividad del aprendizaje como vía de acceso a un empleo permanente.

145. En cuanto a la mentada inadecuación del aprendizaje artesanal a las condiciones modernas de producción, se pone énfasis en que se estarían logrando progresos en varios países para superar la especialización estrecha del aprendizaje tradicional.

Ello estaría aconteciendo a través de la modularización de los cursos, combinada con la acreditación de la enseñanza anterior, que abren la vía hacia nuevos tipos de calificación y nuevas áreas de actividad;[144] la racionalización y reducción del número de profesiones de aprendizaje, con la simultánea integración de grupos profesionales más amplios que dejan la especialización para una etapa ulterior,[145] y la creciente aceptación de la idea de que el aprendizaje sólo es la primera etapa de una formación permanente durante toda la vida.[146]

---

141 En un Seminario celebrado en Marsella en abril de 1994, habría habido acuerdo entre los participantes en cuanto a considerar que existen mayores posibilidades que el aprendizaje en vez de ser un callejón sin salida, funcione como una autopista hacia el futuro. (J.M.Adams, Callejones sin salida o autopista hacia el futuro, en Rev. Eur. *Formación Profesional*, N° 2/1994, p. 81).

142 V. supra, la nota 23.

143 Para Alemania, Dinamarca y Luxemburgo, V. cuadro 8 y 10 del Doc. CEDEFOP, pp.41 y 43. Respecto de Austria, el Doc. CEDEFOP cita a p. 37 el juicio favorable de una publicación de la OECD, *Policies for Apprenticeship*, París, 1979, p. 75.

144 Op. de Martina Ní Cheallaigh, en el Doc. CEDEFOP, 1995, pp. 26 y 53.

145 Ibídem, pp. 39 y 45-46. En la p. 53, se citan los casos de "Alemania y Dinamarca, donde existen aprendizajes en una amplia gama de profesiones pertenecientes a todos los sectores económicos, sin que esta vía esté mal considerada".

146. En apoyo del aprendizaje, se aportan otra serie de argumentos que no pretenden ser solamente defensivos, sino que apuntan a señalar las virtudes del sistema y, de paso, podrían verse como una réplica a las objeciones pedagógicas y filosóficas a que se ha hecho referencia en párrafos precedentes.

Estos argumentos tienen en común la aceptación de los efectos formativos ínsitos en los nuevos modelos de organización del trabajo que estarían sustituyendo al taylorista fordista,[147] o sea, aquellos modelos en que la empresa funciona como organismo de formación *(Learning Organization)*.[148]

En la misma dirección los partidarios del aprendizaje, convocan inmediatamente a privilegiar el contrato correspondiente, como una modalidad de formación de los recursos humanos acorde con los requerimientos del nuevo contexto económico internacional. Asimismo, sostienen su adecuación a algunos planteamientos conceptuales, como la aceptación de que "el aprender –y sobre todo, el aprender rápidamente y en grupo, en todos los niveles ocupacionales de la empresa– se ha convertido en una imperiosa necesidad", y que "por ello, la capacitación habrá de ser cada vez más dependiente de, integrada en y entremezclada con el mundo productivo y la vida real de las empresas".[149]

En efecto, aunque se entienda que el aprendizaje no es la única modalidad que da una respuesta satisfactoria y se encuadra en esa nueva conceptuación de la formación profesional, es indudable que responde puntualmente a ella, al reconocer "a la unidad productiva como la unidad básica a la que se destina la atención" y al "movilizar los diversos recursos capacitadores a partir de las demandas formuladas por las empresas y no por la oferta capacitadora existente".[150]

En otros planteamientos concordantes se suele recordar que sigue manteniéndose o aun acrecentándose la proverbial superioridad de la infraestructura tecnológica de la empresa, que se pone a disposición de los aprendices, sobre la de las escuelas o centros, cuyos equipamientos no pueden renovarse a la veloci-

---

146 Ibídem, p. 53.

147 A. Martín Artiles, "Cuadro comparativo: 'fordismo' y 'toyotismo'", in Rev. *Relasur*, N° 6, Montevideo, 1995, p. 236.

148 Concepto cit. en el anexo 3 del doc.: Mise à jour des Normes sur la mise en valeur des ressources humaines..., BIT, 1995, como uno de los elementos que deberían ser agregados o aparecer más claramente en la Recomendación que revisaría la 150/1975. En el mismo sentido, M. Ní Cheallaigh afirma que se ha vuelto a descubrir la importancia de un puesto de trabajo para aprender, *"con el nuevo término organización calificante", (op. cit.,* p. 56).

149 "Horizontes de la Formación - Una carta de navegación para los países de América Latina y el Caribe!, Documento de referencia presentado por Cinterfor/OIT a la XXXII Reunión de la Comisión Técnica, Ocho Ríos, Jamaica, 1995, p. 27.

150 *Op. cit.,* loc. cit Si bien en esta parte del documento del Cinterfor no se hace referencia concreta al aprendizaje como modalidad idónea para responder a estas nuevas exigencias, cuando se analizan ciertas innovaciones en algunas IFP de la región se destaca la importancia que reviste *"utilizar todo el potencial de contratos que permite la legislación de contratos de aprendizaje, en los niveles de trabajador calificado, técnico profesional y tecnólogo".* Se señala, asimismo: *"la promoción del contrato de aprendizaje entre los empleadores",* como un elemento fundamental dentro de las nuevas estrategias de dichas instituciones (*Op. cit.,* p.46)

dad a que, en cambio, están obligados a hacerlo los emprendimientos productivos.[151]

147. Se sostiene, además, que desde el punto de vista pedagógico, la formación que proporciona el contrato de aprendizaje es de un valor más alto que la que resulta de otras modalidades y que sus virtudes tienen fundamentación psicológica y se proyectan socialmente más allá de lo puramente laboral.

En cuanto a lo pedagógico, se hace referencia a varias cuestiones y desde luego, a la extrema importancia de aprender en el proceso de trabajo y a la significación del conocimiento por experiencia.[152]

También se señala que el aprendizaje es un método válido de formación para aquellas personas que tienen dificultad para aprender dentro del sistema escolar, pero pueden poseer aptitudes para aprender en una situación de trabajo.[153]

Se destacan, además, las nuevas posibilidades de aprender y de hacer una real carrera de calificaciones y de promociones en el trabajo, que derivarían de la apertura del aprendizaje hacia las calificaciones del mundo académico.[154]

148. Otras ventajas pedagógicas que se atribuyen al aprendizaje por experiencia, se combinan con fundamentaciones psicológicas.[155]

En efecto, se invoca el hecho de que en el ámbito de las nuevas tecnologías, como la microelectrónica, donde el trabajo y la experimentación se mezclan, es necesario desarrollar la capacidad para una resolución independiente de problemas y para la improvisación, lo cual sería más factible de adquirir en el propio proceso de trabajo.[156]

Argumento, este último, que puede utilizarse no sólo para levantar la clásica objeción de la inadecuación de esta modalidad de formación a las condiciones de producción en el mundo moderno, sino además, para presentar al contrato de aprendizaje como la mejor vía para capacitar a los trabajadores que hoy se necesitan.

---

151 Afirmación que mantendría su validez, aun cuando los centros de formación utilicen talleres "virtuales", en reemplazo de los talleres reales.

152 Op. de W. Streeck, "Institutional mechanisms...", in Dettle y Weil, op. cit., p. 42, apud M. Ní Cheallaigh, (*op. cit.*, p.57).

153 Ibídem, p.59. La A. concluye sosteniendo que: "*El ambiente de trabajo y el estatuto de asalariado pueden constituir para estas personas una motivación mejor para aprender que la del entorno escolar, donde nunca han conocido el éxito ni han experimentado realizaciones positivas*". Tal idea parece estar detrás del inc. h) del art. 3 del Programa Leonardo de la Unión Europea, cuando enfatiza sobre la necesidad de *"fomentar acciones concretas de FP en favor de los jóvenes desfavorecidos... y, en particular, de los jóvenes que abandonan el sistema escolar sin una formación adecuada"*".

154 V. supra, párrafo 113.

155 Punto de vista de Kolb, cit. por M. Ní Cheallaigh, en la p. 57 de la *op. cit.*, quien en una obra de 1984, divide "*el aprendizaje en cuatro etapas: Etapa 1: 'Experiencia concreta' al estar haciendo algo (período de trabajo); Etapa 2: 'observación reflexiva' (período escolar); Etapa 3: 'Conceptualización abstracta' (ponerlo en relación con la propia experiencia, lo que puede efectuarse dentro o fuera de la empresa); Etapa 4: 'experimentación activa' (propia de las fases finales del aprendizaje, cuando el aprendiz es capaz de efectuar un trabajo más independientemente)*".

156 M. Ní Cheallaigh, citando a Streeck, loc. cit.

Se alude también a las ventajas que para la formación de los adolescentes representaría la interacción y comunicación en el puesto de trabajo, dentro de un grupo monitor de adultos.[157]

149. Las múltiples consecuencias beneficiosas desde el punto de vista social que se atribuyen al contrato de aprendizaje, tienen que ver con la mejor preparación para la vida, resultante de la circunstancia que acaba de referirse; esto es, la colocación del adolescente en condiciones de interactuar y cooperar con adultos competentes, en dos contextos extrafamiliares: la empresa y la escuela o centro de formación.[158]

Por añadidura, lo que para los críticos del aprendizaje era un factor negativo: el adiestramiento para soportar los constreñimientos de la vida en el trabajo; es entendido como un proceso de "socialización profesional" y consecuentemente calificado como francamente positivo y útil, por quienes consideran la formación a través del contrato de aprendizaje como insustituible.[159]

150. A modo de complemento de los argumentos favorables al aprendizaje, se pueden mencionar otros dos:

Por un lado, una alegación relacionada con la cuestión de los costos de la formación, bajo el supuesto de que la que se cumple en gran parte en la empresa resultaría menos gravosa que la que proporcionan las escuelas profesionales de tiempo completo. A esta condición se le asigna muy grande importancia en los actuales momentos, no sólo en países en vías de desarrollo con penurias crónicas de recursos, sino también en algunos países desarrollados,[160] y en general, en todos aquellos en que, bajo la inspiración de doctrinas economicistas, se busca a toda costa la reducción de los gastos del Estado.

Por otro, la circunstancia de que en muchos países cuenta con la adhesión de los interlocutores sociales, que estarían de acuerdo en admitir la "articular adecuación de esta modalidad de formación a las necesidades de las empresas".[161]

---

157 Op. de Vygotsky, citado por Cheallaigh (ob. cit., p. 57), quien consideraría como particularmente favorable para la formación del joven, la 'zona de desarrollo proximal' que se generaría en el puesto de trabajo.

158 Op. de S. Hamilton, en op. cit., apud M. Ní Cheallaigh, loc. cit. En el mismo sentido, en el Dictamen común sobre diplomas y certificados de FP de 13.10.92 (Dictámenes comunes CES-UNICE-CEEP), transc. en la Rev. de Trab. año 1, núm.1, nota 2 a p. 187, es visible la importancia que se le da a la experiencia laboral para configurar la "calificación"; concepto que se desarrolla en el anexo 1.3. (*op. cit.*, pp.191-192), al destacar, entre las capacidades fundamentales que deben adquirirse: "la capacidad para detectar problemas e idear posibles soluciones ... de trabajar en grupo, de relacionarse con otras personas y de colaborar con ellas... de aprender por sí mismo ..."

159 M. Ní Cheallaigh, *op. cit.*, p. 56.

160 Ibídem, p. 53, donde se hace constar que el menor costo del aprendizaje habría motivado su relanzamiento en Finlandia en 1993.

161 Tal como se sostiene, en el caso de Francia, en la Circular Interministerial del 22.03.1993 sobre modalidades de aplicación de la ley 92-675 y el D. 93-316 que la reglamentó.

151. El intenso debate entre contrarios y partidarios de la modalidad de formación que representa el contrato de aprendizaje, permanece al presente, desde un punto de vista teórico, sin una definición clara.

En cambio, conforme a los datos que proporciona el proceso de la legislación en todas partes del mundo, el asunto parece definitivamente fallado a favor del aprendizaje.

Pero, sobre esta cuestión, resulta oportuno retornar en el capítulo de conclusiones.

Conclusiones

§1. Conclusiones generales

1. Una investigación como la realizada, conduce como primera conclusión de carácter general, a poner en evidencia la importancia que ha asumido en estos últimos años la legislación sobre FP.

Esa importancia queda de manifiesto, desde luego, en la profusión de leyes y decretos reglamentarios sobre la materia, los cuales se han dictado en un número tan amplio y variado de países que puede calificarse este proceso legislativo como de alcance universal.

2. Por otra parte, es claro que el impulso para el desarrollo de ese cúmulo normativo responde a preocupaciones compartidas por todos los pueblos, que pueden ofrecer variantes motivadas por el diferente grado de desarrollo económico y humano, pero que, en lo sustancial, son comunes.

Entre ellas, destacan, por un lado, la convicción de que no hay futuro para los individuos, ni tampoco para las naciones, si no se alcanzan niveles siempre más elevados de educación y de formación. Por otro, se acrecienta la esperanza en que el desarrollo de la formación ayude a controlar la desocupación, subocupación y precariedad, mejorando la situación de los grupos particularmente desfavorecidos y convirtiéndose en un instrumento para la generalización del "trabajo decente" y el combate de la miseria.

3. El propósito de este estudio, según quedó establecido desde la introducción, no ha sido la realización de un examen en profundidad de los condicionamientos jurídicos de la FP, sino que meramente se han tratado de presentar los resultados de una investigación de derecho comparado. La misma, estuvo inicialmente limitada a lo acontecido en el lustro que la precedió, pero para esta edición, el campo se ha ampliado, de modo de poder actualizar la información, hasta el primer semestre de 2003.

Después de las consideraciones introductivas, se intentó realizar una síntesis de todo ese vasto universo normativo, lo que condujo a la postulación de cuatro tendencias dominantes, dentro del entramado de las diversas legislacio-

139

nes, a saber: énfasis en las consideraciones económicas y en el empleo; extensión del reconocimiento del derecho individual a la formación; incremento del proceso de descentralización en diversos planos, e importancia de la formación práctica y desarrollo de nuevas figuras o tipos de contratos y relaciones de formación en la empresa, junto a la revalorización del contrato de aprendizaje. Según quedó de manifiesto, la información complementaria, aportada por las normas más recientes, no afectó dicho esquema, si bien mostró un mayor énfasis en algunos puntos, fundamentalmente centrados en la empresa y la empleabilidad.

4. Las líneas que las tendencias que acaban de señalarse dibujan, no son trazos finos, sino gruesos; o más bien, cada una de ellas constituye un haz, en el que confluyen una muy grande serie de factores, que interactúan entre si y con las demás tendencias, así como con la sociedad en que están inmersas.

Como consecuencia de ello, al hacer la recapitulación de lo expuesto a ese propósito, es conveniente dejar de mirar cada una de las tendencias detectadas en forma independiente y como si poseyeran una estructura unitaria, puesto que es necesario combinarlas armónicamente con las restantes, atendiendo a la variedad de sus componentes.

O sea que, por ejemplo, al comprobar la reformulación de los objetivos de la formación, con la preeminencia de las consideraciones económicas y la inserción en el empleo, no puede dejar de tenerse presente otra serie de factores.

Desde luego, no pueden ignorarse las ansiedades y urgencias vinculadas a la fuerte penuria de empleo en que esta tendencia se manifiesta y mantiene; pero no es posible tampoco dejar de considerar que la misma se proyecta en un contexto en el que, simultáneamente, se está extendiendo el derecho a la formación, se ha incrementado el proceso de descentralización y ha tomado una especial relevancia la formación práctica centrada en la empresa.

5. Asimismo, no se debe omitir, al evaluar la situación creada, que la preeminencia de las motivaciones de índole económica y la preocupación por la inserción en el empleo no ha hecho desaparecer el interés por los demás objetivos, aunque sea obvio que han pasado a un segundo plano.

En particular, debe tomarse en cuenta que no se ha borrado la aceptación de la formación como parte del sistema educativo, ni ha desaparecido la aspiración a mejorar las condiciones de vida y trabajo, a nivel individual y general. Antes bien, en muchos países, se continúa trabajando en torno de la conexión entre ambos sistemas y fomentando la circulación entre ellos, y a dicho asunto se le atribuye especial prioridad, así como en términos más generales, a la relación escuela/trabajo.[1]

---

1   V. Tokman, "Visión desde la OIT del trabajo de los jóvenes en la región", *in Bol. Técnico Interamericano de FP- Boletín Cinterfor*, N° 128, 1994, p. 37 y ss.

Más aun, al integrarse esa tendencia con las demás y con la afirmación del derecho a la formación, es forzoso concluir que la atención preferente a ciertos objetivos, no sólo no provoca el vaciamiento de los otros, sino que en la medida que sea bien entendida y puesta en aplicación, los reafirma.

6. En efecto, si la formación se canaliza hacia el empleo, el derecho a la formación se unifica y fortalece recíprocamente con el derecho al trabajo, de modo que la formación para el empleo tiende a aterrizar de una pura aspiración a una expectativa cierta.

Por otra parte, si el derecho a la formación se consolida en una efectiva ocupación, además de haber contribuido a la superación de una de las situaciones más angustiosas para los individuos, representa el inicio de una etapa más auspiciosa en lo personal, con las mejores perspectivas de progreso y carrera profesional, generadas por esa nueva dimensión, que es la formación continua.

7. A mayor abundamiento, puede decirse que en las presentes circunstancias, en que ya no se concibe una formación cristalizada en el tiempo, sino una formación continua y para toda la vida, el renovado relacionamiento de sus modalidades con la empresa, puede tener otras consecuencias positivas para la efectividad del derecho a la formación.

Ello es así, por cuanto los titulares de ese derecho, además de seguir en posesión de la legítima expectativa de que Estado, u otros entes públicos, les proporcionen los medios para la satisfacción de ese derecho, agregan, bajo esta nueva óptica, la posibilidad de reclamar individual o colectivamente a sus respectivos empleadores el cumplimiento de la obligación concreta de proporcionar formación u otorgar las facilidades para obtenerla por otras vías.

8. En un orden de cosas diferente, si son patentes las relaciones y la reciprocidad de perspectivas entre el énfasis en las consideraciones económicas y en el empleo con el incremento del proceso de descentralización, tampoco cuesta mucho relacionar las condiciones para la efectividad del derecho a la formación con ciertas expresiones del proceso de descentralización.

Ello tiene que verse de ese modo, toda vez que la descentralización sea realmente encarada como un instrumento para alcanzar un mayor acercamiento con los titulares del derecho subjetivo correspondiente, aumentando las posibilidades no sólo de su ejercicio efectivo, sino también de su eficiencia.

9. Otro tanto cabe aseverar –como ya se adelantó en la parte respectiva– de las interrelaciones creadas entre la reformulación de los objetivos perseguidos y el proceso de descentralización, en lo que ha dado en llamarse formación para la competencia laboral.

En cuanto a la ubicación central que actualmente tiene la formación práctica en la empresa, dentro de las políticas legislativas de la FP, su examen se profundizó en relación con el contrato de aprendizaje, por tanto, corresponde darle un espacio preferente en la segunda parte de estas conclusiones.

Antes de pasar a ese punto, y en cierta forma como introducción a él, puesto que el aprendizaje fue el objetivo prioritario de la creación de la IFP, importa destacar en esta sección, que las tendencias de carácter general y sus interrelaciones, parecen estar operando en el plano de la organización de los sistemas nacionales de FP de forma que dichas instituciones tienden a perder el protagonismo que tuvieron, especialmente en América Latina, en los años precedentes a los que fueron considerados.

§2. Conclusiones en relación con la situación actual del contrato de aprendizaje y sus perspectivas

10. Si, con el propósito de establecer algunas conclusiones sobre la situación actual y las perspectivas de la formación práctica, que tiene su máxima expresión en el aprendizaje, se examinan las normas que se han adoptado o revalidado recientemente en los distintos países, se advierte de inmediato que no puede hacerse en abstracto la confrontación de las cualificaciones negativas con los argumentos de sus defensores.

Vale decir que tal confrontación sólo será válida y consiguientemente útil, si se la formula por referencia a las situaciones que concretamente se dan en el marco de los respectivos sistemas nacionales y sus prácticas.

11. En ese entendido, corresponde establecer que:

a) La mayor parte de las críticas resultan seguramente válidas respecto del aprendizaje que se cumple en el marco de legislaciones que se limitan a autorizar esta figura contractual, sin instrumentar mecanismos para la efectividad de la formación y que, en el mejor de los casos, únicamente consagran un mínimo de dispositivos para prevenir los más graves abusos.

b) Estarán en la misma situación, los sistemas que aun contando con una regulación satisfactoria del contrato de aprendizaje, no han previsto, o no ponen en aplicación, los mecanismos de control indispensables para garantizar que no se violen las normas laborales, ni se frustren las expectativas de formación de los aprendices.

c) En todo caso, o sea, aun contándose con una legislación satisfactoria del contrato de aprendizaje, no parece razonable que se conciban excesivas esperanzas sobre su efectividad para satisfacer las acuciantes expectativas de los jóvenes en cuanto a su inserción en el mundo del trabajo, por diversas razones, bastante obvias por otra parte, y fundamentalmente tomando en consideración que:

- el reconocimiento de que las innegables ventajas que puede deparar el desarrollo de la FP, y en particular, el aprendizaje "para reforzar el empleo y para facilitar a los desempleados el acceso a puestos de trabajo",[2] no deben hacer olvidar las limitaciones propias de la formación para generar empleos;[3]

- por adecuada que sea la preceptiva legislativa, en muchos países se tropieza con enormes dificultades para implementarla adecuadamente, por falta de recursos humanos o materiales;

- es un hecho cultural que no debe dejar de tenerse presente, que el aprendizaje, aun en los países como Alemania, en que se cuenta con una firme tradición y se ha alcanzado el mayor desarrollo y aceptación, es visto actualmente por los jóvenes y sus respectivas familias, como una alternativa residual y, desde luego, menos prestigiosa y deseable que las formaciones académicas.[4]

12. Al margen de las apuntadas reservas, resulta posible afirmar categóricamente que las perspectivas de que el aprendizaje aporte en razonable medida los beneficios esperables, depende, en elevada proporción, de que esté regulado de modo satisfactorio.

A los fines de caracterizar qué debe entenderse por una legislación satisfactoria sobre el contrato de aprendizaje, puede ser de muy grande utilidad el aporte del derecho comparado.

La consideración de tal aporte no implica, desde luego, la pretensión de transferencia o copia de sistemas legales ajenos a la realidad y a la técnica legislativa propias de cada comunidad nacional. Se trata, más bien, del señalamiento de los puntos que en la experiencia de los distintos países han aparecido como cruciales, así como de las innovaciones y los perfeccionamientos a los que trabajosamente se ha ido llegando para tratar de superar las disfunciones de los sistemas en vigor.

13. En atención a lo que acaba de expresarse, resulta pues aconsejable repasar la normativa adoptada en estos últimos años, con vistas a detectar las tenden-

---

2   Como dice textualmente el punto 1-d) de la Res. del Cons. de la Unión Europea de 11.06.1993, relativa a la FP para los años 90 (93/C 186/02).

3   P.D. Weinberg, "Contribuciones de la FP a la generación de empleo", *in Boletín Cinterfor*, N° 90, Montevideo, 1985, pp. 3-25.

4   J. Münch, titula "La discriminación de la FP un problema planetario", una sección de su estudio sobre *Educación, formación y empleo en Alemania, Japón y Estados Unidos*, (*op. cit.*, p. 150, publicado originalmente en 1992. Allí comienza señalando que aun en la República Popular de China se manifiesta *"el escaso reconocimiento social de la FP, en comparación con la educación general, con las conocidas repercusiones sobre padres y niños al elegir los diferentes estudios"*. A continuación, establece que *"según los resultados de las encuestas, en Alemania, por ejemplo, más del 50% de los padres desean para sus hijos el bachillerato y por tanto la posibilidad de acceso a la enseñanza superior"* (pp. 150-151).

cias y los datos fundamentales, que irían configurando una regulación satisfactoria del contrato de aprendizaje, varios de los cuales son comunes con las demás modalidades de formación.

Una reflexión sobre el cúmulo de esas tendencias y datos permitiría destacar una línea de principios o bases sobre los que debería asentarse todo el sistema, entre los que corresponde destacar:

a) En lo orgánico: la institucionalización de la participación de los interlocutores sociales en la instrumentación, el funcionamiento y el control del aprendizaje,[5] dentro de un esquema profundamente descentralizado y próximo a todos los interesados actuales y potenciales.

b) En lo metodológico: la efectiva implantación de la alternancia, la modularización y la validación y acreditación de la formación adquirida por cualquier medio;

c) En lo operativo:

- el establecimiento y permanente adecuación de la lista de cualificaciones a las que puede accederse a través del aprendizaje;
- la instrumentación del sistema de visados y autorizaciones a las empresas para contratar aprendices, supeditados a que llenen los requisitos para garantizar que están en condiciones de proporcionar de modo satisfactorio la formación correspondiente;
- la determinación de los niveles de capacitación y aptitudes pedagógicas exigibles a los maestros, y el establecimiento de facilidades para su reciclaje y actualización;
- la exigencia, siempre que sea posible, o progresivamente, a quienes se proponen iniciar el aprendizaje profesional, de haber alcanzado niveles de educación básica suficientes para acceder a una verdadera cualificación. Cuando fuere necesario, deben proveerse los medios para alcanzar esos niveles a quienes ya han comenzado o están por comenzar el aprendizaje;[6]
- la implementación del aprendizaje con el sentido de una formación inicial y preparatoria para una formación que se continúe toda la vida.

14. Sobre esas bases, la reglamentación del contrato de aprendizaje debería partir de:

a) Reconocer, a todos sus efectos, el contrato de aprendizaje, como un contrato de trabajo cuya especialidad responde exclusivamente a la finalidad

---

5 La colaboración de las organizaciones de empleadores y trabajadores en las políticas y programas de orientación y FP es reclamada por el art. 5 del C.142 y por la R.150.

6 En el anexo 3 del doc. *Mise à jour des Normes...* (BIT), cit. se incluye entre los elementos a agregar o destacar en la rev. de la Rec. 150/1975 : *"la importancia de las formaciones de 'puesta a nivel' o de 'rattrapage' comprendido el caso de los iletrados"* (p. 12).

formativa que se le agrega. Ello debe significar, por un lado, la toma en consideración, como un factor decisivo, de la circunstancia de que el aprendiz es acreedor a una formación y, por otro, de que debe gozar de la totalidad de los derechos laborales y previsionales, tanto individuales como colectivos, desde el momento que se inicia la relación.

b) La aceptación de la aplicabilidad a los aprendices menores de todas las normas que regulan el trabajo de ese grupo etario, tales como edad de admisión, exámenes preventivos, prohibición de algunas actividades o tareas, etc. La previsión de la autorización de los responsables del menor en la concertación del contrato, no debería importar la sustitución de la voluntad de quien debe cumplirlo.

c) La admisión expresa de que el incumplimiento de los requisitos esenciales de forma o de fondo impuestos por las leyes, así como el incumplimiento grave de las obligaciones laborales o relativas a la formación, por parte del empleador, aparejarán la conversión automática del contrato de aprendizaje en un contrato de trabajo típico, en la categoría de las tareas que está desempeñando efectivamente el supuesto aprendiz.

d) La aplicación subsidiaria o complementaria de las normas generales sobre formación profesional y de las reglamentaciones adoptadas por los organismos oficiales competentes.

15. En ese marco, los servicios administrativos respectivos, deben proveer de un modelo o contrato-tipo, de observancia obligatoria, ajustado a las preceptivas legales y reglamentarias, así como a las que resulten de la negociación colectiva.

El contrato-tipo debería contener, además de los datos identificatorios, por lo menos los siguientes ítems:

a) Objeto del aprendizaje claramente definido, que incluya el compromiso de facilitar al aprendiz todos los elementos necesarios y las oportunidades apropiadas y de no ocuparlo en tareas ajenas a su formación;

b) Lugar en que se desarrollará la formación y la actividad práctica.

c) Duración máxima del aprendizaje con arreglo al plan establecido, dentro de los términos legales, lo cual debería entenderse sin perjuicio del derecho del aprendiz a someterse con anterioridad a las pruebas que correspondan a la calificación a la que aspira.

d) Individualización de la persona, habilitada por la autoridad competente que tendrá a su cargo la instrucción dentro de la empresa.

e) Indicación del plan de la formación y de sus etapas, así como del tiempo que, dentro de la jornada laboral, deberá dedicarse como mínimo para cumplirlo.

f) Designación de la institución, centro o escuela que dispensará la formación complementaria, en cuya elección debe haber participado el interesado y sus representantes (si fuere menor) con los asesoramientos que escoja.

g) Previsión sobre cómo se llevará adelante la alternancia entre la formación teórica con la práctica.

h) Fijación de la remuneración garantizada al aprendiz, bajo reserva de las condiciones más favorables que puedan resultar de las leyes, los convenios colectivos o los acuerdos directos. Dicha remuneración, no podría ser inferior al mínimo vital, con adecuación al costo de la vida y deberían estar previstas las etapas en las que iría aumentando, en función de los progresos de la formación. En ningún caso, sería admisible la remuneración en función del rendimiento.

i) Individualización de la persona habilitada, que se desempeñaría como tutor o consultor y aseguraría las relaciones entre la empresa y el centro de formación, así como con la autoridad competente.

j) Obligación del empleador de cumplir con sus obligaciones como tal y como responsable de asegurar la formación convenida al aprendiz, y de éste, de realizar con razonable diligencia las tareas encomendadas en el marco del aprendizaje y de aplicarse al aprovechamiento de la instrucción tanto práctica como teórica. En el contrato debería constar en caracteres destacados, para conocimiento del aprendiz, que sus faltas de asistencia o de aplicación a la instrucción, son equiparables a las faltas a la actividad laboral.

k) Derechos que se le reconocerán al aprendiz que ha culminado exitosamente su aprendizaje.

g) Procedimiento judicial sumario para exigir el cumplimiento del contrato por el aprendiz y para el cobro de su remuneración.

16. La legislación debería prever:

a) La aprobación y registro por la autoridad competente del contrato de aprendizaje suscrito entre las partes, antes de su entrada en aplicación, o dentro de un plazo breve, luego del comienzo de la relación.

b) La regulación del funcionamiento de las escuelas profesionales y centros de formación de aprendices, que en cualquier caso, para ser admitidos a dispensar la formación complementaria de la práctica, tendrían que contar con habilitación de la autoridad competente.

c) El establecimiento de las condiciones que deberían reunir los instructores y tutores, así como el número máximo de aprendices que podrían tener a su cargo cada uno de ellos.

d) La extensión máxima del período de prueba y la descripción de las causales de justificación de la terminación anticipada de la relación de aprendizaje, así como el monto de las eventuales indemnizaciones debidas a los aprendices por la frustración de sus expectativas de calificación. La eventualidad de prórrogas, condicionada al interés de la formación del aprendiz, debería estar convenientemente reglamentada y limitada.

17. Asimismo, la legislación debería adecuar a las particularidades del aprendizaje las normas generales sobre evaluación y certificación de las capacidades laborales.

Cuando ello no esté ya previsto en la legislación sobre enseñanza, se debería organizar, en forma progresiva, la circulación entre el sistema de FP y el sistema educativo, así como la equiparación con las de este, de las certificaciones resultantes del aprendizaje.

En el ámbito internacional y de las comunidades económicas debería tenderse a la homogenización de las cualificaciones y de los métodos de evaluación, así como al reconocimiento y validación internacional de las certificaciones.

También debería funcionar un régimen de inspección y asesoramiento, lo más continuado posible, referido al seguimiento de las etapas de los planes de formación y a la vigilancia del cumplimiento de las obligaciones contractuales y laborales en materia de formación. Tal control, que debería ejercerse por servicios competentes, con participación de los interlocutores sociales, no excluiría el control normal de los aspectos laborales de la relación a través de la Inspección del trabajo.

18. La experiencia cumplida en muchos países autoriza a suponer que el mejor estímulo para promover el aprendizaje, tanto como la verdadera justificación de que se lo fomente, están supeditados a su eficacia para cumplir con los objetivos formativos y a su desenvolvimiento en condiciones de dignidad y respeto de las legítimas expectativas de las partes de la relación que se crea.

Como quiera que sea, y especialmente cuando la actividad formativa es impuesta legalmente a los empleadores, puede justificarse establecer determinados beneficios económicos que los compensen por los gastos y preocupaciones propias de sus responsabilidades respecto de la formación de los aprendices.

Una de las mejores y más racionales formas de incentivar a los empresarios en materia de aprendizaje parecería ser la de admitir ampliamente las compensaciones con los importes de las tasas de aprendizaje o contribuciones similares a fondos de formación.[7] Eventualmente, también podrían preverse reducciones o

---

7　En varios países en que rigen esas compensaciones, ha podido comprobarse que las empresas se ven estimuladas a efectuar un gasto que supera largamente el beneficio que reciben.

exenciones de otros impuestos. En cambio, no parece en absoluto conveniente, aunque se halle ampliamente difundida, la reducción de los aportes a la Seguridad Social.

19. Al término de estos desarrollos, cabe también concluir que el examen del derecho comparado, referido a estos últimos años, ha puesto en evidencia que la tendencia mayoritaria es a contemplar varios de los extremos señalados precedentemente, aunque no es frecuente que se atienda a la integridad de las cuestiones, ni que la regulación sea plenamente satisfactoria.

Por tal razón, debe admitirse que aunque se han hecho progresos considerables en la dirección indicada, en general la normativa aparece como insuficiente o incompleta. Asimismo, no puede ignorarse que en un clima propenso a la desregulación laboral, el apremio por encontrar soluciones a las dificultades de los jóvenes y otros grupos a acceder al empleo, ha inducido a los legisladores en algunos países a encuadrar el contrato de aprendizaje al margen del Derecho del Trabajo y de la Seguridad Social.

20. Cabría agregar que, aunque por razones ya expuestas, las investigaciones que sirven de soporte al presente estudio, no han encarado el grado de aplicación efectiva de las normas, la propia insuficiencia de estas, en la mayoría de los países, y el descaecimiento de la vigencia del Derecho del Trabajo –que ha cundido tanto en los de escaso desarrollo económico como en los desarrollados, hacen presumir que, salvo excepciones, continúa siendo bajo el nivel de cumplimiento de los dispositivos de protección de los derechos de los aprendices.

Además, ese ancho margen de desprotección afectaría tanto a los aspectos propiamente laborales como a los formativos.

Apéndice 1
Guía temática de la legislación referida

1. Normas de carácter general

1.1 Definiciones, cuestiones de principio, política, promoción, derecho a la formación, igualdad de oportunidades, educación de adultos, FP continua, etc.

1.1.1 África:
- Argelia.- L. 90-11.
- Chad.- D. 1/1989
- Côte d'Ivoire.- D. 92-316 y Res.57/1994 (AGEFOP).
- Gabon.- D. 273/PR/MINTRHFP/1994 (Fondo esp.); CT/1994, art.103.
- Marruecos.- *Arrêté* N° 1584-01 (27.08.2001), M. Empleo, FP, Desarrollo Social y Solidaridad (Formalidades para el rec. y calificación de las entidades privadas de FP; Calidad y adec. al mercado del empleo).
- Namibia.- Ley de 23.09.94 (National Vocational Training Act, 1994- N° 18/1994).
- Sudáfrica, Rpca. de.- Ley N° 125/1993; Technikons Act, 1993; L. N° 53/2000, *Education Law Amend. Act.*; L. N° 50/2002 Enmiendas a las leyes: *Employment of Education Act, 1998; Further Ed. and Training Act., 1998; Adult Basic Ed. and Basic Training Act, 2000; General and Further Ed. and Training Quality Assurance Act, 2001.*
- Tanzania.- 8.12.1994.- *Voc. Ed. and Training Fund* (Regl. 1995 GN N° 615/1994).
- Tunisia.- L. 93-10.
- Togo.- L. 2002-016 de 30.04.2002. Orientación de la enseñanza técnica y de la FP.

1.1.2 América:
- Argentina.- Const. 1994, art.75.19; Ley N. de Empleo N° 24.013/1991 (Regl. por DD. 751/91 y 2726/91); Ley F. de Ed.; Ley del INET; Ley 24.667 (PYME), art. 96; Programas:Empleo Priv.(PEP, Res.SsE 18/94; PRIDIS, Res. MTSS, 86/94; "Ret. al Trab.", Res. MTSS 448/94; PRONAPAS, Res. MTSS 1.051/94;PRONASE, Res. SsE 33/94; D.2072/94, Emp. en crisis.
- Brasil.- Ley 8.069 de 13.07.90.- "Estatuto da Criança e do Adolescente": Cap.

IV.- (Derecho a la educación, a la cultura al deporte y al ocio); L. N° 9.394 (Directrices y bases de la educación nacional.- Cap. III. "De la educación profesional").

- Chile.- Estatuto de Capacitación y Empleo; L. N° 19.518, modif. por la L. N° 19 765 de 02.11.2001 y D. regl. 186/2003.
- Colombia.- Const. 1991 (arts. 53, 54, 67, 64, 70); Ley 119, 9.02.1994 (SENA); Ac. N° 12, 28.08.1985 -SENA (Definición de FP integral).
- Costa Rica.- L. de Promoción de la Igualdad de la Mujer/1991, arts. 19-20.
- Ecuador.- 07.1994 (SECAP).
- El Salvador.- D. 554, 8.07. 1993 (INSAFORP).
- Estados Unidos.- Regto. JTPA/ 1994, Part 628 (Programa NEW).
- México.- Sistema de Normalización y Certificación de la Competencia Laboral (2.08.1995).
- Nicaragua.- D. 3/91, 10.01.1991 (INATEC); Regl. Ac.41/1995.
- Perú.- Texto Ordenado de la L. de Formación y Promoción Laboral, aprobado por el D.Supremo N° 002-97-TR; L. N° 27404, 10.01.2001, modifica la Ley de Formación y Promoción laboral, en lo referente a programas de FP juvenil, así como los arts. 10, 14 y 30 del T.O. cit.
- Uruguay.- L. 16.045/1989, arts. 2.12 -j y 4.
- Venezuela.- 1993, L. de Igualdad de Oport. para la Mujer, arts. 8 a 10.

1.1.3 *Asia:*
- Corea.- L T. N° 4099/1989, (modif. LT de 1953).
- Filipinas.- L. 2.03.1994 (Estímulos a las Ciencia y Tecnol.); Ley de 25.07.1994.- TESDA/ 1994 (N° 7796/1994), Orden Adm., N° 113/2000 (DECS)- (CHED)- (TESDA)- Sobre políticas de integración de los conceptos de mejora de la calidad y de la productividad, aplicadas a la educación y la FP.
- Irán.- CT/ 1992.
- Japón.- 5.04. 1993 - Skill Training System.
- Vietnam.- CT, arts. 109-111.

1.1.4 *Europa:*
- Albania.- L N° 8872, 23.03.2002- Sobre la educación y la formación profesional.
- Alemania.- L. 12.01.1994.- Enm. a la ley sobre promoción de la FP.
- España.- Real Dec. 631/1993 (3.05.1993) Plan Nac. de Formación e Inst. Prof.
- Francia.- L. 73-2002, *Modernisation sociale*
- Grecia.- Ley 2009/1992- Sistema Nac. de Ed. y FP.
- Irlanda.- L. N° 41/2000, *National Training Fond Act.*
- Italia.- L. 10.04.1991, N° 125 (acciones positivas para la real. de la paridad hombre-mujer en el trab.).
- Letonia.- L. de enmiendas a la L. de Educ. Profesional, 2003.07.05.
- Luxemburgo.- L. 10.06.2002- Enm. a la L. de 22.06.1999 (Sostenimiento y desarrollo de la FP continua).
- Portugal.- Ordenanza N°1212/2000. Medidas de lucha contra la discriminación de género.
- Reino Unido.- *Education Act*, Ch. 32.
- Ucrania.- L. N° 18.41/III, 22.06.2000. Sobre educación no escolarizada; L. N°

2984/III, 17.01.2002. F.P. de los ciudadanos.
- U.E.- Res. del Consejo de 11.06.1993, relativa a la FP para los años 90 (D.O.C.E., 8.7.93) (93/C 186- 02); Decisión del Consejo de 6.12.1994.- Programa de acción para la aplicación de una pol. de FP de la C.E. (D.O.C.E 29.12.94) (94/819/CE). Programa "Leonardo da Vinci".

1.1.5 *Oceanía:*
- Australia.- (Western) *Ind. Training (Apprent. Training) Amend.* Reg., 1993 (EM 301); *Austr. Nat. Train. Authority Amend;*Act. (N° 111/1993); Voc. *Ed. and Training Funding Laws Amend.* Act 1993 (N° 119/1993).
- N. Zelandia.- Ley N° 108/1988 de 30.06. Progr. de acceso a la FP.

1.2 Institución o reglamentación de organismos sobre política y supervisión de sistemas

1.2.1 *África:*
- Argelia, Decreto Ejecutivo, N° 03-87, 03.03.2003- Atribuciones del Ministro de la Formación y la Enseñanza Profesional
- Chad.- Decreto 31.12.1993.- D. 765/PR/MPC/93.- Crea el Comité Nal. para la Educ. y la FP en rel. con el empleo (tripartito); Decreto 31.12.1993.- D. 766/PR/MPC/93.- Ídem de un observat. s/la ed. y la FP en rel. con el empleo.
- Mauritania.- D. N°2002-053, 16.07.2002. Crea el *Institut National de Promotion de la Formation Technique et Professionnelle.*
- Senegal.- *Arrêté Primatorial,* N° 791, N° 791, 06.02.2002. Crea una Célula de orientación estratégica y de seguimiento de los programas y proyectos relativos a la educación y la formación.
- Sudáfrica, Rpca. de.- L. N° 50/2002- Enmiendas a varias leyes sobre educación y FP (V. supra 1.1.1.)
- Tanzania.- 15.12.1994- (sobre Junta de FP).
- Tunisia.- L.93/1493 de 12.07.1993, art. 6 y 8; D. 2002-1303, organización del Ministerio de la FP y Empleo; D. 2002-2950, atribuciones del Ministerio de Educación y Formación.
- Zambia. - Reg. N° 7/2003- Establecimiento de instituciones y constitución de Juntas de Supervisión sobre FP
- Zimbabwe.- 24/1994.

1.2.2 *América:*
- Argentina.- Ley N. de Empleo N° 24.013/ 1991, arts. 128, 129 135-f, 136, 137; D. Regl. 2725/91, art. 25 y ss.- D.1442, 12.08.92 MTSS, Secr. TSS-FP
- Brasil.- L.8.315/1991 (SENAR); L. N° 8706/1993 (SENAT).
- Chile.- Estatuto de Capacitación y Empleo.- L. N° 19.518, modif. por la L. N° 19 765 de 02.11.2001y D. regl. 186/2003.
- Colombia.- Ley 119/1994, Reestructura del SENA.
- El Salvador.- L. 554/1993 (INSAFORP).
- Estados Unidos.- *Department of Labor, Employment and Training Administration* (ETA), 20 CFR Parts 626 & 638.- Rin 1205- *Job Training Partnership Act: Job Corps Program Under* Title V-B.- *Agency: Employ. & Train. Administration Labor.-*
- Honduras.- D. N° 84- 2001. Creación del CENET.

- México.- Sistema de Normalización y Certificación de la Competencia Laboral (2.08.1995)
- Nicaragua.- D.3/91, 10.01.1991 (INATEC).
- Perú, L. N° 27802 de 28.07.2002, *Consejo Nacional de la Juventud.*

1.2.3   Asia:
- Filipinas.- L. 7796/1994, integr. del TESDA; Orden Adm., N° 113/2000 (DECS)-(CHED)- (TESDA) Sobre políticas de integración de los conceptos de mejora de la calidad y de la productividad, aplicadas a la educación y la FP
- Japón.- 5.04. 1993 - *Skill Training System.*

1.2.4   Europa:
- Albania.- L. N° 8872, 29.03.2002, Cap. 3.
- Bélgica.- D. 3.07.1991, creación del VIZO (Institutos de FC para Clases Medias de las Comun. Flamenca y Al.).- Res. del Gob. Flamenco 23.11.2001- Oficio Flamenco del Empleo y la FP.
- Estonia.- L. de 13.06.2001.- Enmiendas a la L. de 1998 sobre IFP.
- Francia.- D. 94-574 de 11.07.1994 (sobre los Comités reg. de la FP promoción social y empleo (mod. del Tit. I del Libro IX del CT); D. 94-575 de 11.07.1994 sobre atrib. de los Comités Dep. de FP (Mod. del CT).
- Irlanda.- L. N° 41/2000, *National Training Fond Act.*
- Letonia.- L. de enmiendas a la Ley sobre Educ. Profesional, 2001.07.05.
- Portugal.- D.Ley N° 308-2001 Crea el CCNFP, órgano de consulta de la CPCS
- Reino Unido.- Ley de 26.05.1988 Tit. II Empleo y formación N°s 24-29.- mod. varias leyes ants. (Comisión de Formación- Junta de Formación Profesional).

1.2.5   Oceanía:
- Australia.- Employment Services Act 1994 (No. 176-1994).- El Serv. Nac. del Empleo (CES) es resp. de los *training programs* administrados por los comités locales.

1.3   Creación o reglamentación de servicios y acciones de FP

1.3.1   África:
- Namibia.- Polytechnic of Namibia Act,1994 (No. 33/94).
- Sudáfrica.- 9.05.1994.- Enmiendas a la regl. de los Colegios Técnicos (N° R 914/ 1994)
- Tanzania.- 15.12.1994.- Order 616/1994 (sobre centros de FP).
- Togo.- L. 2002-016 de 30.04.2002. Cap. II Creación de establecimientos o centros de enseñanza técnica y de FP, programas y control.
- Sudáfrica, Rpca. de. - L. N° 50/2002 Enmiendas a varias leyes sobre educación y FP (V. supra 1.1.1.)
- Zimbabwe.- L. 24/1994.

1.3.2   América:
- Argentina.- Ley del INET/1995
- Chile.- Estatuto de Capacitación y Empleo.- L. N° 19.518, modif. por la L. N° 19 765 de 02.11.2001 y D. regl. 186/2003- CT, Tít. VI, arts. 179-183.
- Colombia.- Ley 119/1994 (SENA); L. 789/2002; D. 933/2003, Cap. V.

- Ecuador.- Res. 28.07.94.- Acuerdo MT y Rec. Hum.- Nuevo Reglamento Org. Func. del SECAP.
- Estados Unidos.- *Job Training Reform Amendment* /1992.
- México.- Sistema de Normalización y Certificación de la Competencia Laboral (2.08.1995).
- Nicaragua.-D. Nº 40.94, 13.09.1994, Creación del INATEC- D.Nº 5-95, 09.02.1995, Ley Orgánica del INATEC.
- Venezuela.- D. Ní 273 de 11.08.1994.- Creación del Centro de Formación Especial, para capacitación en oficios a jóvenes y adultos con problemas de aprendizaje.

1.3.3 *Asia:*
- Irán.- 27.12.1992.- CT- Art. 110- (Regl. concern. a la creación de Centros de FP).
- Japón.- 5.04. 1993 - *Skill Training System.*

1.3.4 *Europa:*
- Albania, L. Nº 8872, 29.03.02, Cap. 3.
- Belarús, Decreto Nº 3, 30.01.2003- Regul. on Establishements.
- Bélgica.- (Com. Flam.) D. del PE Flam. 9.06.1993. Ref. al régimen sobre ens. sec. prof. a tiempo parcial (Com Franc.) Dec. de la Com. Com. Franc. de 17.03.1994; Creación del Inst. Brux. Franc. pour la FP.
- Francia.- D. 94-936 de 28.10.1994.- Sobre organismos habilitados a recibir contribuciones destinadas a la FP vert. por los empleadores.
- Letonia.- L. de enmiendas a la Ley sobre Educ. Profesional, 2001.07.05 (Acreditación de las instituciones).
- Portugal, Decreto-ley núm. 308 /2001 de 6.12.2001, crea el Consejo Consultivo Nacional para la F.P. (CCNFP) de integración tripartita.
- Rusia (Fed.).- Ord. Nº. 1237 de 3.11.1994.- Regto. tipo de establ. de enseñanza general dispensando cursos nocturnos; CT, 30.12.2001, normas sobre FP; L. 71 de 25.06.2002. Modif. leyes de Educación y de Educación profesional.

1.4   Cuestiones relacionadas con la calidad de la formación y la reconversión

1.4.1. África
- Marruecos.- *Arrêté* Nº 1584-01 (27.08.2001), M. Empleo, FP, Desarrollo Social y Solidaridad (Formalidades para el rec. y calificación de las entidades privadas de FP.- Calidad y adec. al mercado del empleo).
- Sudáfrica, Rpca. de.- L. Nº 50/2002 Enmiendas a varias leyes sobre educación y FP (V. supra 1.1.1.)
- Tunisia.- D. 2002-1303, sobre organización del Ministerio de la FP y el Empleo, establece una Comisión Consultiva de asesoramiento sobre reinserción profesional.

1.4.2 *América:*
- Chile.- Estatuto de Capacitación y Empleo.- Ley 19.765 (02.11.2001) y D. 186/ 2002.
- EE.UU.- Ley de 4.08.1988, sobre la notif. de ajustes y reciclaje de los trabajadores.
- México.- Sistema de Normalización y Certificación de la Competencia Laboral (2.08.1995)

1.4.3. *Europa:*
- Bélgica.- Res. del Gob. Flamenco de 23.11.2001, sobre de rotación de empleo y de formación de inserción.
- España.- Real Dec. L., 18/1993 de 3.12.1993 (medidas urgentes de fomento de la ocupación); L. 10/1994 de 19.05.94 (ídem).
- Francia.- L. 89-549 (mod. CT) Derecho a la reconversión; L. 2002-73, *Modernisation Sociale,*; D. N° 400 de 25.03.2002 ("contrato iniciativa-empleo", mod. CT, 2ª Parte)
- Grecia.- L. 1836/1989 (Promoción del empleo y la FP).
- Portugal.- D.Ley N° 308-2001. Crea el CCNFP, órgano de consulta de la CPCS.
- Suecia.- Ordenanza 1993:1450, sobre mercado del empleo (mod.Ord. 1987:406).

2. Financiamiento de la FP (fondos de apoyo, subvenciones, tasas, contribuciones etc.)

2.1 *África:*
- Chad.- Decreto 31.12.1993.- D.767/PR/MPC/93.- Creación del Fondo Nac. de apoyo a la FP (administración tripartita).
- Côte d'Ivoire.- D.87-737, creación del IPNETP.
- Malawi.- Ord. 3/1993 de 21.01.1993 sobre tasa para la FP.
- Mauritania.- 5.09.1994.- D. 94-084, Creación de un Fondo de Apoyo a las Actividades de Formación (FAAF)- D. N° 2002-053 (Anexo) Estatuto del Fondo Autónomo de Promoción de la Formación Técnica y Profesional.
- Namibia.- L. 18/1994, Nat. Voc. Train. Act, arts. 44 y ss.
- Sudáfrica.- 7.09.1993.- Prov. para el Fondo Especial para la Ed. Técnica y la FP;
- Tanzania.- 8.12.1994.- *Vocational Ed. & Training Fund*; 15.12.1994.- Excepciones a la Tasa de *Voc. Training.* (GN N° 615/1994); 15.12.1994.- *Order* 619/1994. (s/ tasas de FP).
- Tunisia.- L. 88/145, y D. 93/696 , 5.04.1993.
- Zimbabwe.- L. 24/1994.

2.2 *América:*
- Canadá-Québec.- L. 22.06.1995 (Creación de los Fondos de Desarrollo de la Conf. de Sind. Nac. para la Coop. y el Empleo).- L. 22.06.1995 (Estímulos a la formación de mano de obra).
- Chile.- Estatuto de Capacitación y Empleo.- L. N° 19.518, modif. por la L. N° 19 765 de 02.11.2001y D. regl. 186/2003.
- Colombia.- L. 119/1994, art. 30,4-b); L. 789/2002, arts. 12, 38.3° (Reembolso del costo de la formación), 40 (Fondo Emprender, FE).; D. 933/2003.
- El Salvador.- D. 554/1993, art. 26-c (INSAFORP)
- México – Acuerdo del 27.03.2003.- Gestión del Programa de Apoyo a la Capacitación.
- Perú.- L. 26.272/1993 (SENATI).

2.3 *Asia:*
- Singapur.- L. N° 19/1991 (modif. la *Skills Dev. Levy Act*, Ch. 305/1985, rev. ed. Reg. N°S 318/1993.- S. D. L.

2.4 *Europa:*
- Albania, L. N° 8872, 29.03.2002, Cap. 5.
- España.- Orden de 14.11.2001 incluye bases de la regulación de la concesión de subvenciones públicas a diversos programas de formación.
 - Finlandia.- L. 993/2001, modif. L. 763/1990 s/ educ. de adultos: s/ beneficios durante el período educativo y financiamiento de propuestas de estudios; Ordenan. (*Consejo de Estado*) N° 10/2002 sobre subsidios a la FP; L. 1306/ 2002 Sobre Fondo para la Educación.
- Francia.- L. 90-579, 4.07.1990; L. 91-1405, 31.12.1991; L. 2000-1352, L. 2002-73; D. 94-936 de 28.10.1994; D. 2002-597.
- Irlanda.- L. N° 41/2000, *National Training Fond Act.*
- Polonia.- L. 29.12.1989, art. 37/12.
- Portugal.- Ordenanza N° 1212/2000, incremento a los apoyos financieros en políticas de empleo y lucha contra la discriminación de género.- Ordenanza N° 281/2002.- Modif. de la Ordenanza 268/97 sobre financiamiento y régimen de concesión y apoyos técnicos y financieros promovidos oficialmente.
 - Suecia.- *Ordinance* N° 626/2001.- Contribuciones estatales a las empresas para la FP de sus empleados; - Ord. N° 681/2001. Contribuciones estatales a la educación de adultos; .

3. **Bolsas, becas, estipendios, asignaciones y facilidades a estudiantes y** *stagiaires*, **licencias pagadas para formación etc.**

3.1 *África:*
- Egipto.- Ord. 2/94 Min. de Empleo- sobre subenciones para la FP.

3.2 *América:*
- Brasil.- L. 8.069/1990, art. 64.
- Colombia – L. 789/2002, art. 12.
- Costa Rica.- Regl. de 20.02.1995- Becas al INA.
- Chile.- Estatuto de Capacitación y Empleo.- L. N° 19.518, modif. por la L. N° 19 765 de 02.11.2001y D. regl. 186/2003.
- Paraguay.- L. N° 1.397, 17.06.1999; Creación del *Consejo Nacional de Becas.*
- Uruguay.- L. 16.320/1992, art. 327 inc. b); L. N° 16.873, 03.10.1997 (cap. III "Becas de trabajo") y D.Regl 318/998 (Ídem.).

3.3 *Asia:*
- Irán.- CT/1992
- Kuwait.- Ley N° 10/1995, 15.02.1995, (sobre estipendio a estudiantes... para ed. y FP).

3.4 *Europa:*
 - Bélgica.- Región wallonne, D. de 10.04.2003 relativo a los estímulos financieros a los trabajadores ocupados en las empresas
- Belarús.- CT/ 1992, arts. 193-194.
- España.- Res. 25.02.1993.
- Francia.- D. 94-495 de 20.06.1994.- Remuneración de los *stagiaires* modif. CT., arts. R.961-2, 3, 9, 15 y R.963-1); D. 2001-1158, Asignación de fin de formación (CT, 2ª. Parte).

- Irlanda.- L. N° 41/2000, *National Training Fond Act.*
- Suecia.- Ordenanza 1994:322, mod. de la 1992:330, respecto a subsidios financieros para jóvenes en formación; Ley de 16.06.1994, 1994:358, mod. de la L. 1983:1030 sobre ed. de adultos y subsidios a los desocupados;-Ley de 23.06.1991994:1170.- Ley de enm. a la ley sobre *"Students allowance"* (Programas estaduales o municipales de ed. de adultos); Ord. 744/2002, becas, reembolsos, etc. para estudiantes adultos.

3.5 *Oceanía:*

- Australia.- Ley N° 183/1994 de 23.12.1994- Student Assistance; Ley de 23.12.1994- Student Assistance (Disp. Trans.)

4. Contrato de aprendizaje

4.1 *África:*

- Argelia.- L. 90-34, 1990; D. 90-288, 1990; D. 93-67/1993D. exéc. No. 95-31 de 18.01.1995.(mod. D. exéc. 91-519 sobre aplicación de la ley 81-07, relativa al aprendizaje).
- Chad.- D. 767/PR/MPC.
- Congo, Rpca. Del.- CT, L. 015/2002, Tít. III.
- Côte d'Ivoire.- CT- 1995, Tit. 1, Cap. 2, arts. 12.1 a 12.11.D. 92/05.
- Egipto.- Ord. 2/94.
- Gabón.- Ord. 09/93/PR; D. 273/PR/MINTRHFP; CT L. 3-1994, arts. 81 y ss.
- Madagascar.- L. 95-004 (artesanado).
- Malawi.- Ord. 3/1993.
- Mauritania.- 94-084/ FAAF.
- Namibia.- Ley 33/1994.- Nat. Voc. Training Act/1994.- (Parte V. Empl. and Train. of App. I.- Arts. 17-28).
- Rwanda.- Ley N° 51/2001 , 30.12.2001, CT, (Tít. II, Cap. II) .
- Sudáfrica.- L. 157/1993; Enm. de las Cond. del Aprend., 29.09.1995.
- Tanzania.- D. 8.12.1994, Voc. Ed. Train. Fund.; Order 616/1994.
- Tunisia.- L. 93-10, Cap. IV, arts. 21-28; D. 94-1600; Res. Min. 17.01.95; Res. Min. 27.02.96.
- Zimbabwe.- L. 24/1994 (Manp. Plan. and Dev. Act/1994).

4.2 *América:*

- Argentina.- Ley 24.465, 15.03.1995, arts. 4 y 5; D. 738/95, Cap. 3, art. 7 y ss.
- Brasil.- L. 8.069/1990, arts. 64, 65 y 67.-; L. N° 10.097, 19.12.2000, reforma de la CLT, Tít. III, Cap. IV, Sección IV, arts. 402, 403, 428 a 433; Portaria, N° 702, MTE, 18.12.2001, (normas sobre programas de aprendizaje- nivel básico); Instruçâo normativa N° 26 , MTE – SIT., 20.12.2001.
- Canadá.- (Québec).- L. 22.06.1995.- (Manitoba). N° 42/2001, Apprenticeship and Trades- Qualifications, 352/2001, enmienda de la Regul. 1055 de RRO/1990, enmendada por la Regul. 69/2003; (Ontario).- Regl. 228/95 de 12.04.1995- Sobre calif. com. y aprendizaje, Regul 352/01, normas sobre cualificación y aprendizaje, modif. Subsección 5(1) y Sección 10 de la Regul. 1055/1990 (salario de los aprendices, número respecto del de trabajadores; Regul. 488/2001, enm. De la Reg. 851 (sobre obligaciones del

empleador, respecto de los programas aprobados por el Ministro de *Training, Colleges and Universities.*

- Chile.- Estatuto de Capacitación y Empleo.- L. N° 19.518, modif. por la L. N° 19 765 de 02.11.2001y D. regl. 186/2003. CT, Tít.II, Cap.1, arts 78 y ss.
- Colombia.- Ac. 18-107, 07.06.1994 (SENA); L. 789/2002, 27.12.2002, arts. 30 a 36; D. 933/2003, 11.04.2003.
- Costa Rica.- Regls. INA 2842/1991; 30.06.1993, y 06.02.1995.
- Ecuador.- L. 19.04.1995.
- Estados Unidos.- *Job Training Reform Amend.*/1992.
- Guyana.- Ind. Training, L.1/1993.
- Nicaragua.- D. 3-1991, INT; D. 40-94, L. Org. INATEC; Regl. CFPAc. 41-95.
- Paraguay.- CT L. 213/93 y mod. por L. 496/1995, arts. 105-127.
- Perú.- L. 26.272/1993 (SENATI); L. 26.513, TO DS 05,95- TR.
- Rpca. Dominicana.- CT L. 16/1992, Lo. IV, Caps II y III.
- Uruguay.- L. N° 16.873, 03.10.1997 (cap. IV y V) y D.Regl 318/998 (Ídem)
- Venezuela.- LOT, 1990, Tit. V, Cap. I, arts. 247 y ss. y 266 y ss; Res. M.Ed. 1255-A/1992; D. Pres. 3230/1993; D.Adm. 768-93-08/13.04.1993.

4.3 *Asia:*
- Bahrein.- Ord. 20/1994
- China (R.P.).- L. de T, 5.07.1994, Cap. VIII, arts. 66-69.
- Corea.- CT, L.4.099/ 1989, arts. 74-77.
- Filipinas.- CT, 21.03.1989; L. 7796.- TESDA, 1994.
- Irán.- CT L. 27.12.1992, arts. 112 y ss.
- Kuwait.- L. 1995.
- Vietnam.- CT L. 23.06.1994, Cap. III, arts. 20-29.

4.4 *Europa:*
- Alabania.- CT, L. 7961/1995.
- Alemania.- L. 20.12.1993 y 12.01. 1994, Enm. a la L. BBiG/1969.
- Austria.- Orden. M.AS,EC,No. 1085- 30.12.94.
- Belarús.- CT, arts. 180-182 y 187 y ss.
- Bélgica.- D. 03.07.1991; Arr. 22.10.91; Arr. 24.10.91; Arr. Exec. Comm. Franc. 24.10.1991;
  D. del PE Flam. 9.06.93; D. Comm. Franc.17.03.93; Arr. Gouv. Comm. Franc. 18.05.1995; Arr. Gouv. Wallon, 6.04.1995.
- Bosnia y Herzegovina, Rep. Srpska.- L. 25.07.2002, enmiendas a la Ley de Trabajo, incluye modif. del contrato de aprendizaje.
- Croacia.- L. de Trab., 758/1995, Cap. 5.
- Dinamarca.- L. 21/1989 (sobre Ed. y F.P.).
- España.- Real Dec. 2317/1993, 29.12.93, (Contratos de prácticas y aprendizaje); Orden MTSS 19.09.1994 (sobre determinados aspectos formativos de los c. de a. y certif.).- ET, mod. leyes 10 y 11/1994, texto ref. R.Dec. 1/1995, arts. 11.- Res. Dir. Gral. INE, 18.10.1994 (desarrollo de aspectos de los c. de a.).
- Francia.- Leyes (mod. CT): 90-579; 90-613; 91-1; 91-1405; 92-675; 92-1446; 93-1313; 94-638; 2002-1352, y Decretos: D.90-55; 91-688; 91-831; 91-1083; 91-1107; 92-463; 92-886; 92-1065; 92-1075; 93-18; 93-280; 93-316; 93-541; 94-398; 94-399; 94-495; 94-496; 95-998; 596-2002; 597-2002.

- Grecia.- L. 1836/1989 (Promoción del Empleo y la f.p.).
- Holanda.- L. WCDO, 01.08.1993.
- Irlanda.- 1995.- L. 24.07.1995.- Labour Services Act Appr. Rules, 1995, S.I. N°
  198/1995 (Normas del sistema de aprendizaje).
- Luxemburgo.- 4.09.1990 (Sobre form. sec., técnica y fpc que incorporó el aprend.
  al ciclo intermedio de la Ed. Técnica).
- Polonia.- L. 29.12.1989.
- Portugal.- D.L. 436, 23.11.1988.- D.L. 383, 9.10.1991, y Regto. N| 1061 de
  13.11.1992.
- Suecia.- Ord. 1993:1950; 1994:358; Leyes: 1994:322; 1994:358; 1994:1170.

4.5 *Oceanía:*
- Australia.- L.111 y 119 de 1993 y 183 de 1994.
- Australia-New South Wales, 2001.11.01 *Apprenticeship and Traineeship Act, 2001,
  N° 80.*
- Nueva Zelandia, *Apprenticeship and Traineeship Act,* 2000, N° 94

5. Contratos de trabajo con componentes de formación, para prácticas, *stages*, contratos de adaptación al empleo, adiestramiento, relaciones de contacto, meritoriaje, reciclaje, etc.

5.1 *África:*
- Marruecos.- L. Ní 1/93, 23.03.1993 (*stages* de form., adaptación e inserción).
- Tunisia.- Res. MFP 30.05.1995, (condiciones y modal. de la form. en alternancia).

5.2 *América:*
- Argentina.- Ley N. de Empleo N° 24.013/ 1991 (Contrato de práctica laboral
  para jóvenes, arts. 51 y ss, D.R. 2725/91, arts. 16 y ss.; Contrato de trabajo-formación, arts. 58 y ss.; D.R. 2725/91, arts. 19 y ss.).
- Brasil.- Ley 8.859/ 1994 , modif. a la Ley 6.494 sobre "Estágio de estudantes".
- Colombia.- L. 789/ 2002; D. 933/2003, art. 6°.
- Estados Unidos.- Job Training Reform Amend. /1992; Regl. ETA vig. 30.06.1995.
- Perú.- L. 27.404/ 2001, Mod. Ley de Formación y Promoción Laboral.
- Uruguay.- L. N° 16.873, 03.10.1997 (caps. .II: "Práctica Laboral" y III "Becas de
  trabajo") y D.Regl 318/998 (Ídem).

5.3 *Asia:*
- Filipinas.- CT, arts. 73-77, contratos para activ. semi-cual.

5.4 *Europa:*
- Bélgica.- Real Dec. 495/1987 (contratos de form. para jóvenes); Real Dec. De
  16.04.2002, sobre asignación de acompañamiento para los jóvenes que siguen
  una formación preparatoria del contrato de primer empleo.
- Dinamarca.- L. N° 210-1989 (Rel. a la ed. y FP); L. N° 399/2000, *Employment
  Market Training Act,* enmendada por la L. 401/2000; N° 344/2001, sobre beneficiarios, salarios, condiciones en trabajo, etc., en contratos de formación, con
  empleadores privados. Notif. N° 1226/2002, *Job training, individual job training,
  job rotation,* etc.

- Eslovaca, Rpca.- CT, L. N° 311/2001 Partes 2: y 7.
- España.- L. 22/1992; Real Dec. 2317/1993 (29.12.93) Contratos de prácticas y aprendizaje; ET, mod. leyes 10 y 11/1994 de 19.05.94, arts. 11 y 23 (texto ref. Real Dec. 1/1995); L.Org. N° 5/2002 sobre cualificaciones y FP.
- Francia.- L. 31.12.1991 (Contrato de Orientación);D. 94-495 de 20.06.1994 (modific. CT., arts. R.961-2, 3, 9, 15 y R.963-1); L. 2002-73, *Modernisation Social;* D. 2002-400, contrato iniciativa-empleo.
- Italia.- L. 29.12.1990, Nó. 407, art. 8.- (Normas en materia de form. y trab.)- L. 19.07.1994, N° 451.- (Dispos. urgentes en materia de ocupación - Conv. del D.Ley No. 295/1994); D.Ley. 4.12.1995, N° 515, art. 8.- (*Tirocini Formazioni e di Orientamento*).
- Yugoslavia.- Ley de Trabajo, 21.12.2001. Parte III (Condiciones de empleo y contratos).

6.   Evaluación y certificación

6.1   *África:*
- Argelia.- L. 90-34, art. 2 y Dec. Exec. 93-67, art. 11 Dec. exec., No. 94-469 de 25.12.1994- Sobre clasif. de puestos en los servicios de formación profesional.
- Côte d'Ivoire.- art. 12.9 y 12.10.
- Gabón.- CT, art. 95.
- Sudáfrica.- 14.12.1993.-Ley No. 185/1993.- Certific. Council for Techn. Ed., Amend- Act, 1993; L. 29.09.1995; L. N° 50/2002. Enmiendas a varias leyes sobre educación (V. 1.1.1.).
- Togo.- L. 2002-016 de 30.04.2002. Cap. IX.
- Namibia.- N.V.T.Act/94.
- Tunisia.- L. 93-10, art. 28.
- Zimbabwe.- L.24/1994.

6.2   *América*
- Argentina.- Ley N. de Empleo N° 24.013/ 1991 Certif.: arts. 54 y 62; D.R. 2725/ 91, arts. 18 y 21; Res. Minist. 11/91, art. 8; L. 24.465/1995, arts. 4 y 8.
- Canadá.- (Ontario) Regl. 228/95 de 12.04.1995- Sobre calificación comercial y aprendizaje.
- Colombia.- Ac. 18/1994 (SENA), art. 10, 11 y 13.
- Costa Rica.- Regto. J.D. INA 30.06.1993.
- Guatemala.- CT 1989, art. 172.
- México.- 1995.- Sistema de Normalización y Certificación de Competencia Laboral.
- Nicaragua.- Ac. 41/1995-INATEC, arts. 53 y 54.
- Panamá.- D. 36-91.
- Paraguay.- CT, art. 110.
- Rpca. Domicana.- Res. 15/88.

6.3   *Asia:*
- China.- L. 05.07.1994, art. 69.
- Filipinas.- L. 7796/1994, art. 14 B.
- Sri-Lanka.- L. 12/1995.

6.4   *Europa:*
- Alemania.- 20.12.1993, Ley sobre artesanías y FP (certificación).
- Bélgica.- D. 3.07.1991, art. 4.
- España.- Real Dec. 2317/93, art. 12; Real Dec. 797/1995. (19.05.1995). Directrices sobre certific. de profesiones; Ley Org. N° 5/2002 sobre cualificaciones y FP.
- Francia.- L. 2002-73, *Modernisation Sociale;* D. N° 2002-1029.
- Finlandia.- L. 1306/2002.
- Francia.- CT, arts. L.117-7; L.117-9; L.117 bis.5.párr. final y R. 151-5.
- Irlanda.- L. N° 41-2000, *Nat. Training Fond Act.*
- Italia.- L. 451 de 19.0.1994, art. 16.9; D. 379/ 19.09.2001 mod. del D. 799/1994, sobre reconocimiento de las formaciones profesionales.
- Letonia.- L. de enmiendas a la L. sobre Educ. Prof. (Reglamentación de los exámenes).
- Portugal.- Ordenanza N° 533/2002. Sobre certificados de aptitud profesional y homologación de los cursos de FP.
- U.E.- Dictamen común ("Diálogo Social sobre FP") sobre cualificaciones y certificados profesionales (13.10.1992). Res. Cons. "Transparencia de la cual. prof." (DOCE C 49, 19.02.1993).

6.5 *Oceanía:*
- Australia (New South Wales).- L. 2001- N° 80, Parte 3.

7.   Normas particulares sobre FP (no incluidas en otros ítems)

7.1 África:
- Congo, Rpca. De.- CT (Ley 015/2002), Título II.
- Tunisia.- D. N° 2002-327.- Crea Observatorio de Información, doc. etc. sobre FP.

7.2   *América:*
- Argentina.- Ley 24.467, 15.03.1995, Sección VII, art. 96.
- Brasil.- L. 8.069/1990.- Estatuto da criança e do adolescente, (Aprendizaje-Trabajo educativo), arts. 62-69; Portaria N° 7 MTE-SIT, 23.03.2000 (Crea Grupos Especiais de Combate ao Trabalho Infantil e de Proteçâo ao Trabalhador Adolescente- GECTIPA.).
- Costa Rica. L. 8261/2002 y D. 30622-C/2002. (Ley integral de la persona joven).
- Cuba, Código de la niñez y la juventud.
- Ecuador, L. N° 439 de 24.10.2001- Ley de la Juventud.
- Perú.- L. N° 27802/2002.- Consejo Nacional de la Juventud.
- Repca. Dominicana.- L. N° 87-01 de 09.05.2001.- Código del Niño, Niña y Adolescente.
- Uruguay.- L. N° 16.873/1997; D. 318/998.
- Venezuela.- D. N° 273 de 11.08.1994.- Creación del Centro de Formación Especial, para   capacitación en oficios a jóvenes y adultos con problemas de aprendizaje.

7.3   *Asia:*
- Bahrein.- Order N° 20/ 1994, MTSS; (sobre mod. Order 13/1979 rel. A la reg. De la FP para jóvenes en el sector de la empresa privada).

7.4 *Europa:*
- Bélgica.- Com. Flamenca, Res. de 14.12.2001 sobre habilitación y subvención de los centros de formación de trabajadores independientes y de PYMES.
- España.- Orden 14.11.2001 Regula programas de Esc. Taller y Casas de Oficios y las Unidades de promoción y desarrollo y las subvenciones a dichos programas.
- Irlanda.- L. N° 41/2000, *National Training Fond Act.*
- Italia.- L. 5.02.1992, N° 104, Ley-marco de FP para las personas discapacitadas.
- Suecia.- Ord. de 16.06.1994, 1994:936, sobre jóvenes en formación.

Apéndice 2
Lista de abreviaturas y siglas

A   Autor
ABITUR   Título de acceso a la Universidad (Alemania)
Ac.   Acuerdo
AGEFOP   Agencia Nacional de la FP (Côte d'Ivoire)
Al.   Alemania
ANECAP   Acuerdo Nacional para la Elevación de la Productividad y la Calidad (México)
ANEP   Administración Nacional de Educación Pública (Uruguay)
APL   Acreditación de aprendizaje anterior
Argel.   Argelia
Arg.   Argentina
art.   artículo
Auth.   Authority

BAC   Bachillerato General
BAC-PRO   Bachillerato Profesional (Francia)
BBiG   Ley de Formación Profesional (Alemania)
BEP   Certificado (Brevet) de Estudios Profesionales (Francia)
Berufsschule   Escuela Profesional (Alemania)
BIBB   Instituto Federal de la Formación Profesional (Alemania)
BIT   Oficina Internacional del Trabajo
Bol.   Bolivia
BT   Certificado (Brevet) Técnico (Francia)
BTN   Bachillerato (Francia)
BTS   Certificado (Brevet) de Técnico Superior (Francia)

C. o CIT   Convenio Internacional de Trabajo (OIT)
CAI   Contrato de Aprendizaje Industrial (Bélgica)
CAP   Certificado de Aptitud Profesional (Francia)
CATP   Certificado de Aptitud Técnica y Profesional (Luxemburgo)
c.c.   Convenio o contrato colectivo de trabajo
CCM   Certificado de capacidad manual (Luxemburgo)
CCNFP   Consejo Consultivo Nacional para la Formación Profesional (Portugal)
CE   Comunidades Europeas

CEDEFOP	Centro Europeo para el Desarrollo de la Formación Profesional
CENET	Centro Nacional de Educación para el Trabajo
CEREQ	Centro de Estudios y de Investigaciones sobre las Cualificaciones (Francia)
CF	Créditos de Formación (Francia)
CFA	Centro de Formación de Aprendices (Francia)
CFPA	Certificado de Formación Profesional y Aprendizaje
CFPS	Centro de Formación Profesional Especializada (Argelia)
CIAG	Carta Interamericana de Garantías Sociales
CIAJ	Centro de Información y Animación de la Juventud (Argelia)
Cinterfor	Centro Interamericano de Investigación y Documentación sobre Formación Profesional
cit.	citado
CITP	Certificado de Iniciación Técnica y Profesional (Luxemburgo)
CONAMED	Consejo Nacional de Acreditación y Medición de la Calidad (Bolivia)
CONEFE	Comité Nacional para la Educación y la Formación ligada al Empleo (Chad)
Const.	Constitución política
CPA	Clase Preparatoria del Aprendizaje (Francia)
CPCS	Comisión Permanente de Concertación Social (Portugal)
CSE	Carta Social Europea
CT	Código de Trabajo o del Trabajo
D. o Dec.	Decreto
DEVG	Diploma de Estudios Universitarios Generales (Francia)
DFDFP	Fondos de Desarrollo de la FP (Côte d'Ivoire)
DFL	Decreto con fuerza de ley
DINAE	Dirección Nacional de Empleo (Uruguay)
D.L. o D.Ley	Decreto ley
DT	Derecho del Trabajo
DUDH	Declaración Universal de Derechos Humanos
DUT	Diploma o Título Universitario de Tecnología (Francia)
Ed.	Educación o educativo
enmend.	enmienda o enmendado
e.s.e.	en sentido estricto
Esp.	España
ET	Estatuto de los Trabajadores (España)
ETA	Employment and Training Administration (Estados Unidos)
FAS	Consejo de Formación y Empleo (Irlanda)
FC. o f.c.	Formación continua
FNE	Fondo Nacional de Empleo
FNJ	Fondo Nacional de la Juventud (Côte d'Ivoire)
FORCE	Formation Continue en Europe
FOREM	Oficina Comunitaria y Regional de la Formación Profesional y del Empleo
form.	formación

FP   Formación profesional
f.p.c.   Formación profesional continua
Fr.   Francia

GECTIPA   Grupos Especiais de Combate ao Trabalho Infantil e de Proteçâo ao
                  Trabalhador Adolescente
GNVQ   Calificación Profesional General Nacional
Gral.   General

HAVQ   Enseñanza Secundaria General Superior (Holanda)
Hol.   Holanda

i.a.   inter alia
IEFP   Instituto de Empleo y Formación
INA   Instituto Nacional de Aprendizaje (Costa Rica)
INATEC   Instituto Nacional Tecnológico (Nicaragua)
inc.   inciso
INCE   Instituto Nacional de Cooperación Educativa (Venezuela)
INDFE   Instituto Nacional de Formación y Desenvolvimiento en la Empresa
                  (Argelia)
INDPFC   Instituto Nacional de Desarrollo y Promoción de la Formación Continua
                  (Tunisia)
INEM   Instituto Nacional de Empleo (España)
INFOTEP   Instituto Nacional de Formación Técnico Profesional (Rpca. Dominicana)
Inst.F.C.C.M.   Institutos de Formación Continua para las "Clases Medias" (Bélgica)
Int.   Internacional
INSAFORP   Instituto Salvadoreño de Formación Profesional
INTECAP   Instituto Técnico de Capacitación y Productividad (Guatemala)
IPNETP   Instituto Pedagógico Nacional de Enseñanza Técnica y Profesional
                  (Côte d'Ivoire)
ISFOL   Instituto para el Desarrollo de la FP de los Trabajadores (Italia)
It.   Italia
ITB   Comisión de Formación Industrial (RU)
ILO   Organización Internacional del Trabajo
ITO   Organización de Formación Industrial (RU)

JATC   Juntas de Aprendizaje y Comités de Formación (EE.UU.)
JTPA   *Job Training Partnership Act* (EE.UU)

L.   Ley
LBO   Enseñanza Secundaria Profesional Inferior (Holanda)
LFT   Ley Federal del Trabajo (México)
LGT   Ley General de Trabajo
LOT   Ley Orgánica de Trabajo (Venezuela)
LT   Ley de Trabajo
Lux.   Luxemburgo

MAVO	Enseñanza Secundaria General Inferior (Holanda)
MBO	Enseñanza Profesional Intermedia (Holanda)
modif.	modificado
MT	Ministerio de Trabajo
MTE	Ministerio de Trabajo y Empleo
MTRHFP	Ministerio de Trabajo, Recursos Humanos y Formación Profesional
MTSS	Ministerio de Trabajo y Seguridad Social
Nac. o Nat.	Nacional
NCVQ	Consejo Nacional de Calificaciones Profesionales (RU)
NEW	Programa para Empleos no-tradicionales para la Mujer (Estados Unidos)
NIT -nit	Normas Internacionales del Trabajo
N°. o núm.	número
NVQ	Calificaciones Profesionales Nacionales
OCDE	Organización para la Cooperación y el Desarrollo Económico
OJT	On-the-Job-Training
OIT	Organización Internacional del Trabajo
op.	Obra
O.q.	Obreros calificados
Orden.	Ordenanza
Organ.	Organización
O.s.	Obreros especializados
p.	página
parág.	parágrafo
párr.	párrafo
PE	Poder Ejecutivo
PIDESC	Pacto Internacional de derechos económicos sociales y culturales (DNU, 1967)
PNB	Producto Nacional Bruto
Pol.	Política
PROBECAT	Programa de Becas de Capacitación para Desempleados
PSS	Protocolo de San Salvador (1988)
PYME	Pequeña y Mediana Empresa
Qual.	Qualification
R	Recomendación (OIT)
Real Dec.	Real Decreto
ref.	reformado/a
Regto.	Reglamento
rev.	revista
Res.	Resolución
RIT	Revista Internacional del Trabajo (OIT)
RU	Reino Unido

SCJ	Suprema Corte de Justicia
SECAP	Servicio Ecuatoriano de Capacitación Profesional
SENA	Servicio Nacional de Aprendizaje (Colombia)
SENAC	Servicio Nacional de Aprendizaje Comercial (Brasil)
SENAI	Servicio Nacional de Aprendizaje Industrial (Brasil)
SENAR	Servicio Nacional de Aprendizaje Rural (Brasil)
SENAT	Servicio Nacional de Aprendizagem do Transporte (Brasil)
SENATI	Servicio Nacional de Adiestramiento en Trabajo Industrial (Perú)
SENCE	Servicio Nacional de Capacitación y Empleo (Chile)
SENET	Servicio Nacional de Educación Técnica (Bolivia)
SINETEC	Sistema Nacional de Educación Técnica y Tecnológica (Bolivia)
SIT	Secretaria de Inspeçâo do Trabalho (Brasil)
SIVP	Stage d'initiation à la vie professionnelle (Francia)
SMN	Salario Mínimo Nacional
SS	Seguridad Social
ss.	siguientes
STSS	Secretaría de Trabajo y Seguridad Social
t.	tomo
TEC	Consejo de Formación y Empresas (Reino Unido)
Tech.	Technical
TESDA	Technical Education and Skills Development Authority (Filipinas)
Trab.	Trabajo
TUC	Confederación de Sindicatos (Reino Unido)
TVEI	Iniciativa para la Enseñanza Técnico Profesional
VBO	Enseñanza Preparatoria a la Profesional (Holanda)
VE	Unión Europea
V.	Véase, ver
VIZO	Instituto Flamenco para Empresas Autónomas
Voc. Train.	Formación Profesional
Vol.	Volumen
VST	Vocational Skills Training
YT	Formación para jóvenes (Reino Unido)
YTS	Plan de Formación para jóvenes (Reino Unido)

Bibliografía

ACKERMAN, M.E. (1996) *Si son humanos no son recursos. Pensando en las personas que trabajan.* Buenos Aires: Hamurabi; Depalma. 126 p.

ADAMS, J.M. (1994) ¿Callejones sin salida o autopista hacia el futuro? *Revista Europea de Formación Profesional.* Berlín, CEDEFOP. n. 2. p. 80-82.

AGUDELO MEJIA, S. (1993) *Terminología básica de la formación profesional.* 2a. ed. Montevideo: Cinterfor/OIT. 85p.

—. (1999) *Certificación ocupacional.* Montevideo: Cinterfor/OIT.

—. (2002) *Alianzas entre formación y competencia.* Montevideo: Cinterfor/OIT. 470p.

ALEXIM, J.C. (Coord.) (1993) *Glosario comparativo de la FP.* (Versión preliminar). Montevideo: Cinterfor/OIT. 128p.

ANNINO, A.; AYMARD, M. (Coord.) (1996) *La cittadinanza di Fine Secolo in Europa e America Latina.* Messina: Rubberttino. 336 p.

ARBANT, P. (1994) Le capital de temps de formation. *Droit Social.* Paris. n. 2, fev. 1994. p. 200-203.

ARNOLD, R. (1995) Nuevas tendencias de la FP en Alemania. *Boletín Técnico Interamericano de Formación Profesional.* Montevideo, Cinterfor/OIT. n. 131. p. 43-54.

ARRAGO-GENUINI (1993) Aprendizaje y contratos en alternancia; Francia Plan gubernamental por el empleo. *Herramientas: revista de formación para el empleo.* Madrid. n. 38. p. 22-27.

ASHTON, D. (1992) La enseñanza técnica y profesional inicial y la adquisición de cualificaciones en el Reino Unido. *Revista de Trabajo.* Buenos Aires, MTSS. v. 1, n. 1. p. 169-174.

BACHELARD, P. (1994) *Apprentissage et pratiques d'alternance.* Paris: L'Harmattan. 207p.

BARBAGELATA, H-H. (1979) *La institucionalización de la certificación ocupacional y la promoción de los trabajadores.* Montevideo: Cinterfor/OIT. 89 p.

—. (1980) *El tripartismo y la formación profesional en América Latina.* Montevideo: Cinterfor/OIT. 157 p.

—. (1981) *La legislación mexicana sobre capacitación y adiestramiento*. México: Ed. Pop. de los Trab. 81 p.

—. (1994) La formación profesional en los instrumentos constitutivos de la OIT y el sistema de las normas internacionales del trabajo. *Boletín Técnico Interamericano de Formación Profesional*. Montevideo, Cinterfor/OIT. n. 128, jul.-set. p. 47-73

—. (1998) A propósito de las afinidades las conexiones y la integración de la formación profesional y la seguridad social. En: VV.AA. *Las reformas a la seguridad social en Iberoamérica*. Madrid. p. 215 y ss.

BARBOZA, R. (2000) Perspectivas de ratificación del C.I.T. 142 por Paraguay. En: Topet, P.; Barboza, R.; Rivas, D. *El convenio 142 en Argentina, Paraguay y Uruguay*. Montevideo: Cinterfor/ OIT. p.67-102.

BARRETTO GHIONE, H. (1999) Competencias laborales y derecho del trabajo: equívocos, regresiones y confluencias. rev. *Derecho Laboral*. Montevideo. t. XLII. p. 742 y ss.

—. (2000) Adaptabilidad, competencias y formación. En: Barbagelata, H-H.; Barreto Ghione, H.; Henderson, H. *El derecho a la formación profesional y las normas internacionales*. Montevideo: Cinterfor/OIT. p. 23-45 y 87-99.

—. (2000) *Evolución y significación de la constitucionalización e internacionalización del derecho a la formación profesional*.

—. (2001) *Diálogo social y formación: una perspectiva desde los países del Mercosur y México*. Montevideo: Cinterfor/OIT. 76 p.

—. (2001) *La obligación de formar a cargo del empleador*. Montevideo: FCU. 142 p.

BIONDI-MANDELBAUN, S. (1999) Form. Professionnelle et reduction du temps de travail. *Droit Social*. Paris. n. 3. p. 239-242.

BLANPAIN, R. (Ed.) (1993) *Contractual policies concerning continued vocational training in the European Community member states*. Leuven: Peeters. p. 1-100

—. 1994) *Les politiques contractuelles dans le cadre de la formation professionnelle continue dans les pays membres de la Communauté Européenne: rapport général*. Leuven.

BOISSARD, S. (2000) À propos de la création des fonds d'assurance formation, Cons. d'État, 27.03.2000. *Droit Social*. Paris. n. 6. p. 627-631.

BONFIN, BENEDITTO C. Globalizacão, flexibilizacão e desregulamento. En: *Globalizacão, neoliberalismo,e direitos sociáis*. Río de Janeiro.

CAPON FILAS, R. (1997) Derecho laboral y globalización. En: *Evolución del pensamiento juslaboralista*. Montevideo: FCU.

CAPPELLETTI, B. (2000) *Actores sociales y formación en Argentina*. Montevideo: Cinterfor/OIT. 119 p.

CARRO HERNANDEZ, M. R. (1993) *La regulación del trabajo de la mujer en Costa Rica*. En: VV.AA. Regulación del trabajo de la mujer en América Latina. OIT; Ministerio de Asuntos Sociales; Instituto de la Mujer.

CASTRO, C. DE MOURA (1978) Financiamiento de la educación vocacional en América Latina. En: Brodersohn, M.; Sanjurjo, M.E. *Financiamiento de la educación en América Latina*. México: FCE-BID.

—. (2002) *Formación profesional en el cambio de siglo*. Montevideo: Cinterfor/OIT. 382 p.

CEREQ (1981) Enquête sur le devenir des apprentis. *Bulletin*. Paris. n. 67, 15.03.1981.

CESPEDES R., R.L. (2001) *Diálogo social sobre formación en Paraguay*. Montevideo: Cinterfor/OIT. 61 p.

CHEALLAIGH, M. NI (1995) *El aprendizaje en los estados miembros de la U.E.: una comparación*. Luxemburgo: CE. (CEDEFOP-Documento).

CINTERFOR/OIT. (2001) *Boletín Técnico Interamericano de Formación Profesional*. Trabajo decente y formación profesional. n. 151.

—. (1980) *La formación: reto de los años 80*. (Extractos de la Memoria del Director General de la OIT). Montevideo. 60 p.

—. (1995) *Boletín Técnico Interamericano de Formación Profesional*. Montevideo, Cinterfor/OIT. n. 132-133, jul.-dic.

—. (1995) *Horizontes de la formación: Una carta de navegación para los países de América Latina y el Caribe*. Montevideo. 57p. (Documento de Referencia de la Com. Técnica, XXXII, Ocho Ríos, Jamaica)

—. (1996) Una propuesta polémica y una polémica abierta. *Boletín Técnico Interamericano de Formación Profesional*. Montevideo. n. 134, ene.-mar. p. 55 y ss.

COMISION EUROPEA. *Informe sobre la ejecución del programa Petra*. Luxemburgo: CE. 109 p.

CONSEJO DE NORMALIZACION Y CERTIFICACION LABORAL (1996). *Configuración básica de la matriz de clasificación de normas de competencia laboral*. México: Limusa. 30 p.

CORTAZAR, R. (1995) *Política laboral en Chile, 1990-1994*. Montevideo: UCUDAL.

COUTURIER, G. (1994) Le contrat de insertion professionnelle. *Droit Social*. París. n. 2. p. 204-209.

DAUBLER, W. (1985) Nuove tecnologie: un nuovo diritto del lavoro. *DLRI*. Roma. n.25.

—. (1994) *Derecho del Trabajo*. Madrid, MTSS.

DEL SOL, M. (1994) Le droit des salariés a une FP qualifiant; des aspects juridiques classiques, des interrogations renouvelées. *Droit Social*. París. n. 4. p. 412-421.

DUCCI, M.A. (1979) *Proceso de la formación profesional en el desarrollo de América Latina*. Montevideo: Cinterfor/OIT.

—. (1997) El enfoque de la competencia laboral en la perspectiva internacional. En: Cinterfor/OIT. *Formación basada en competencia laboral*. Montevideo. p. 15-26.

DUNNING, H. (1984) *Trade-unions and vocational training. A workers' education guide*. Ginebra: OIT.

DURAN LOPEZ, F. Globalización y relaciones de trabajo. rev. *Derecho Laboral*. Montevideo. t. XLII. p. 65 y ss.

DURAN LOPEZ Y OTROS (1994) Spain. Blanpain, R., Ed. *Contractual Policies Concerning Continued Vocational Training in the European Community Member States*, FORCE. Leuven: Peeters. p. 315 y ss. (Existe trad. al español (1994) *Análisis de la política contractual en materia de formación profesional continua en España*. Madrid.)

ECK, A. (1996) El impacto de la educación y la formación en los ingresos del trabajador norteamericano. *Boletín Técnico Interamericano de Formación Profesional*. Montevideo, Cinterfor/OIT. n. 134, ene.-mar. p. 29-54.

ENCLOS, P. (1991) La chronique de jurisprudence du CERIT: La requalification judiciaire des stages d'initiation a la vie professionnnelle. *Droit Social*. París. n. 6. p. 500-510.

ERMIDA URIARTE, O. (2001) *La flexibilidad*. 2ª ed. Montevideo: FCU.

—. (2003) Formación profesional y seguridad social. rev. *Informe de Seguridad Social*. Montevideo. n. 3. jun. p. 7-14.

ERMIDA URIARTE, O.; BARRETTO GHIONE, H. *Formación profesional en la integración regional*. Montevideo: Cinterfor/OIT. 364 p.

ERMIDA URIARTE, O.; ROSENBAUM RIMOLO, J. (1998) *Formación profesional en la negociación colectiva*. Montevideo: Cinterfor/OIT. 235 p.

EUZEBY, A. (1994) Les prélévements obligatoires sont-ils excessifs? *Droit Social*. París. n. 4. p. 319-326.

FERRY, CH.; MONS-BOURDARIAS, F. (1973) *L'apprentissage sous contrat; le phénomene de sa resurgence apres la loi de 1971*. Section de Sociologie de l'Université de Tour. 251p.

FILADORO, C.; UGLIANO, S. (1992) *Il contratto di formazione e lavoro*. Milán: Giuffre.

FRIETMAN, J. (1992) La enseñanza profesional inicial en los Países Bajos: modalidades y evolución. *Revista de Trabajo*. Buenos Aires, MTSS. v. 1, n. 1. p. 162-168.

GADEA, E. (1999) Cuatro modalidades contractuales para jóvenes (L. 16.873), en *Derecho Laboral*. Montevideo. t. XLII, n. 194, p. 318 y ss.

GALLART, M. A. (2003) *Veinte años de educación y trabajo*. Montevideo: Cinterfor/OIT. 386 p.

GARCIA IGLESIAS, S. (1994) El acuerdo nacional de formación continua en España. *Revista de Trabajo*. Buenos Aires, MTSS. v. 1, n. 1. p. 175-177.

GARMENDIA ARIGON, M. (2000) *Legislación comparada sobre formación profesional*. Cinterfor/OIT. 172 p.

GELOT, D.; LEVY, C.; PELLETIER, W. (2002) La nouvelle convention d'assurance chômage. *Droit Social*. París. n. 6. p.631 y ss.

GHEZZI, G.; ROMAGNOLI, U. (1995) *Il rapporto di lavoro*. 3a. ed. Bolonia: Zanichelli.

GIANNINI, M. (1985) *Mestiere-professionalita. Formazzione e lavoro nelle trasformazzioni industriali*. Bari: Dedalo. 144p.

GIDDENS, A.; HUTTON, W. (2001) *En el límite. La vida en el capitalismo global*. Barcelona.

GOMEZ-MUSTEL, M. J. (1999) Formation et adaptation dans la jurisprudence sociale. *Droit Social*. París. n.9/10. p. 801-811.

GRANDI, M. (1997) El trabajo no es una mercancía. En: *Evolución del pensamiento juslaboralista*. Montevideo: FCU.

—. (1999) Persone e contratto di lavoro. ADL. n.2.

GUARDIA GONZALEZ, S. (1994) La FP en los sistemas educativos europeos. *Revista de Trabajo*. Buenos Aires, MTSS. v. 1, n. 1. p. 129-147.

HENDERSON, H. (1999) *Fomento de la formación e inserción de los jóvenes*. Montevideo: FCU.

(2000) La formación profesional en el sistema de las n.i.t. En: Barbagelata, H-H. (Ed.) *El derecho a la formación profesional y las normas internacionales*. Montevideo: Cinterfor/OIT. p. 47-85.

HEPPLE, B.A. (1980) Great Britain. *International Encyclopaedia for Labour Law and Industrial Relations*. Deventer, The Netherlands: Kluwer.

HERNANDEZ PULIDO, J.R. (1978) *Relaciones industriales y formación profesional*. México: INET.

HOWLLS, J.M. (1980) New Zeland. *International Encyclopaedia for Labour Law and Industrial Relations*. Deventer, The Netherlands: Kluwer.

IBARRA ALMADA, A.E. (1995) *Reforma estructural de la formación y capacitación de recursos humanos y política laboral*. México: STSS. Subs. B. Consejo de Normalización Certificación de Competencia Laboral.

JACOBSEN, P. (1981) Denmark. *International Encyclopaedia for Labour Law and Industrial Relations*. Deventer, The Netherlands: Kluwer.

JOINT-LAMBERT, M.T. (1995) Exclusion: pour une plus grande vigueur d'analyse. *Droit Social.* París. n. 3. p. 215-221.

KERR, A. (1994) Ireland. Blanpain, R. (Ed.) *Contractual policies concerning continued vocational training European community member states,* FORCE. Leuven: Peeters. p. 205 y ss.

KIRSCH, J.L. (1992) La FP inicial en Francia: competencia, jerarquía, e historia. *Revista de Trabajo.* Buenos Aires, MTSS. v. 1, n. 1. p. 154-161.

KONIARIS, T.B.; VOYATZIS, A.B. (1994) Hellas, Blanpain, R. Ed. *Contractual policies concerning continued vocational training in the European community member states,* FORCE. Leuven: Peeters. p. 189 y ss.

LAPERRIERE, R. (1999) Globalización económica y derecho individual del trabajo. *rev. Derecho Laboral.*

LENOIR, C. (1993) Formations par l'alternance, enjeux et ambiguités. *Actualité de la Formation Permanente* París. n. 124. p. 15-24.

—. (1993) A propos des formations par l'alternance. *Droit Social.* París. n. 51993. p. 411-417.

LIMA, J.T. de MEDEIROS (2002) *Oportunidades e impactos da Nova Lei da Aprendizagem.* Brasilia: Ministerio do Trabalho e Emprego.

LUTTRINGER, J.M. (1987) Formation et reclassement. *Droit Social.* París. n. 2. p. 234 y ss.

—. (1989) Entreprise et formation professionnelle. *Éudes offertes à G. Lyon-Caen.* París: Dalloz. p. 376

—. (1991) L'accord national interprofessionnelle du 3 juillet 1991 relatif a la formation et au perfectionnement professionnelle. *Droit Social.* París. n. 11. p. 800 y ss.

—. (1994) L'entreprise formatrice sous le regard des juges. *Droit Social.* París. n. 3. p. 283-290

—. (1994) La formation professionnelle: nouveaux chantiers. *Droit Social.* París. n. 2. p. 192-199

—. (1995) Formation professionnelle: la réforme des organismes paritaires collecteurs agrées. *Droit Social.* París. n. 3. p. 278-286.

LUTTRINGER, J.M.; LYON-CAEN, A. (1990) L'emergence d'un droit de l'adaptation professionnelle. *Liais. Soc. Doc.* n. 032/90.

LYON-CAEN, ANTOINE (1999) Le droit et la gestion des competences. *Droit Social.* París. n. 6.

LYON-CAEN, GÉRARD (1995) Le droit du travail. Une technique reversible. París: Dalloz.

—. (1997) ¿Derecho del trabajo o derecho del empleo? En: *Evolución del pensamiento juslaboralista*. Montevideo: FCU.

—. (1998) Acerca del traslado de empleos en los grupos multinacionales. *Contextos*. Buenos Aires, n. 2.

MAGGI-GERMAIN, N. (2002) La loi de modernisation sociale et le developpement de la f.p. continue. *Droit Social*. París. n.3. p. 334-341.

MAGGI-GERMAIN, N.; CORREIA, M. (2001) L' évolution de la f.p. continue. Regards juridique et sociologique. *Droit Social*. París. n. 9/10. p. 830-840.

MALMARTEL, M. (1978) Le cadre juridique et institutionnelle de l'apprentissage. *Actualité de la formation permanente*. París. n. 36. p. 35-45.

MARQUEZ GARMENDIA, M. (1993) La regulación del trabajo de la mujer y su aplicación en el Uruguay. En: *Regulación del trabajo de la mujer en América Latina*. OIT/Ministerio de Asuntos Sociales. Instituto de la Mujer. Cap. XI.

—. (1994) *Condición laboral de la mujer trabajadora*. Montevideo: Facultad de Derecho. 152 p.

MEDA, D. (1994) Travail et politique sociale, à propos de l'article de Alain Suppiot: Le travail, liberté partagée. *Droit Social*. París. n. 4. p. 334-342.

MENGONI, L. (1999) Diritto e tempo. En: *Scritti in Onore di Gino Giugni*, I, Cacucci, Bari.

MONEREO PEREZ, J.L.; MORENO VIDA, M.N. (1987) Cambio tecnológico, cualificación y formación profesional. En: *Contrato de trabajo y formación profesional*. Madrid: MTSS.

MULIN J., M. N. (1994) Luxemburg. Blanpain, R. Ed. *Contractual Policies Concerning Continue Vocational Training in the European Community Member States*, FORCE. Leuven: Peeters. p. 245 y ss.

MUNCH, J. (1992) Educación, formación y empleo en Alemania, Japón y Estados Unidos: un esbozo comparado. *Revista de Trabajo*. Buenos Aires, MTSS. v. 1, n. 1. p. 148-153.

NOVICK, M.; GALLART, M.A. (Coords.) (1997) *Competitividad, redes productivas y competencias laborales*. Cinterfor/OIT. 394 p

OIT. Conferencia Internacional del Trabajo, 91° reunión, Ginebra. (2003) *Superar la pobreza mediante el trabajo: Memoria del Director General*. Ginebra.

PAGANO, S. (a cura di) (1989) *Il contratto di formazione e lavoro fra legislazione e contrattazione. Normativa nazionale e normativa regionale siciliana*. Atti del Convegdi Catania, 24-25 nov.

PELLEGRINI, C. (1994) Statiscal analysis. Blanpain, R. Ed. *Contractual Policies Concerning Continued Vocational Training in the European Community Member States*, FORCE. Leuven: Peeters.

PEREZ-LOPEZ, J.F. (1996) Los roles del Estado y del sector privado en la formación de recursos humanos en los Estados Unidos. *Boletín Técnico Interamericano de Formación Profesional.* Montevideo, Cinterfor/OIT. n. 134, ene.-mar. p. 7-28.

PESCHEL, M. (1994) Selección de lecturas. *Formación Profesional.* Berlín, CEDEFOP. n. 2.

PINTO, M. y OTROS (1994) Portugal. in Blanpain, R.(Ed.) *Contractual Policies Concerning Continued Vocational Training in the European Community Member States,* FORCE. Leuven: Peeters. p. 287 y ss.

PROSPERETTI, G. (1999) Globalizazione e solidarità sociale. En: *Scritti in Onore di Gino Giugni,* I, Cacucci, Bari.

RAULT, C. (1994) *La formation professionnelle initiale, constrats et similitudes, en France et en Europe.* París: La Documentation Fraçaise. 146 p.

REYNOSO CASTILLO, C. (2000) *Diálogo social sobre formación en México.* Montevideo: Cinterfor/OIT. 45 p.

RIVAS, D. (2000) Perspectivas de ratificación del Convenio Internacional del Trabajo 142 por Uruguay. En: Topet, Pablo; Barboza, Ramiro; Rivas, Daniel. *El convenio 142 en Argentina, Paraguay y Uruguay.* Montevideo: Cinterfor/OIT. p.67-102.

RIVERO LAMAS, J. (1997) Las ideologías jurídicas y la empresa. En: *Evolución del pensamiento juslaboralista.* Montevideo: FCU.

ROJOT, J.; LUTTRINGER, J.M. (1994) France. *Contractual Policies Concerning Continued Vocational Training in the European Community Member States,* FORCE. Leuven: Peeters. p. 147 y ss.

ROMAGNOLI, U. (1997) El derecho del trabajo ¿qué futuro? En: *Evolución del pensamiento juslaboralista.* Montevideo: FCU.

ROOD, M.G. (1994) The Netherlands. Blanpain, R. Ed. *Contractual Policies Concerning Continued Vocational Training in the European Community Member States,* FORCE. Leuven: Peeters. p. 265 y ss.

ROSENBAUM RIMOLO, J. (2001), *Diálogo social sobre formación en Uruguay.* Montevideo: Cinterfor/OIT. 53 p.

RUSSOMANO, M.V. (1998) *O direito do trabalho no seculo XX.* Curitiba: Génesis.

SADOSKI, D.; DECKER, S. (1994) Germany. *Contractual Policies Concerning Continued Vocational Training in the European Community Member States,* FORCE. Leuven: Peeters. p. 169 y ss.

SANTELMANN, P. (1993) Insertion et formation professionnelle des jeunes. Quel droit a la qualification? *Droit Social.* París. n. 5. p. 418-28

—. (2002) Formation professionnelle et emplois non qualifies. *Droit Social.* París. n. 4. p. 437-444.

SARTHOU, H. (1998) Primeras reflexiones entre trabajo, derecho, integración y globalización ante las puertas del nuevo siglo. *rev. Derecho Laboral*. Montevideo. v.XLI, n.190.

SCOGNAMIGLIO, R. (1999) Lavoro subordinato e diritto del lavoro alle soglie del 2000. *ADL*. n. 2.

SENAI (2002) *Novos rumos da aprendizagem industrial* (Diretrizes Gerais). Brasília.

SERNA CALVO, M. del M. (1993) VV.AA. *Regulación del trabajo de la mujer en América Latina*. OIT; Ministerio de Asuntos Sociales. Instituto de la Mujer. Cap. I.

SIDTSS-IV Congreso Regional Americano de DTSS-1 (1998) *Globalización económica y derecho individual del trabajo*. Santiago de Chile.

SOCHACZEWSKI, S. (2000) *Diálogo social sobre formação no Brasil*. Montevideo: Cinterfor/OIT. 75 p.

—. (1998) *A produção da vida: o lugar e papel do trabalho na sociedade*. San Pablo.

SPYROPOULOS, G. (2002) Le droit du travail à la recherche de nouveaux objectifs. *Droit Social*. París. n. 4. p. 391-402.

SUPIOT, A. (1996) Introducción a las reflexiones sobre el trabajo. *Revista Internacional del Trabajo*. Ginebra, OIT. v. 115, n. 6.

TARBY, A. (1994) La démarche 'qualité' appliquée a la formation: où est le droit. *Droit Social*. París. n.6. p. 570-577.

—. (1995) Paritarisme e institutions de formation professionnelle continue. *Droit Social*. París. n. 11. p. 914-920.

TCHE-HAO, T. (1979) China, R.P. *International Encyclopaedia for Labour Law and Industrial Relations*. Deventer, The Netherlands: Klwver.

TOKMAN, V.E. (1984) *La crisis del empleo en América Latina*. Montevideo: Cinterfor/OIT. 25p. (Docref/Sem. 3, Proy. 1.1.1).

TOPET, P. (2000) Las normas internacionales sobre formación profesional: su aplicación en Argentina. En: Topet, P.; Barboza, R.; Rivas, D. *El convenio 142 en Argentina, Paraguay y Uruguay*. Montevideo: Cinterfor/ OIT. p. 9-66.

UGARTE, J.L. (2001) *Análisis económico del derecho. El derecho laboral y sus enemigos*. Montevideo: FCU.

VV.AA. (1997) *Crisis del Estado de bienestar y derecho social*. Barcelona: E. Marzal.

VV.AA., (2002) *La loi de modernisation sociale et le droit du travail. Droit Social*. París. Número especial.

VENEZIANI, B. (1997) El derecho del trabajo entre tradición y renovación. En: *Evolución del pensamiento juslaboralista*. Montevideo: FCU.

WEINBERG, P.D. (1985) Contribuciones de la FP a la generación de empleo. *Boletín Técnico Interamericano de Formación Profesional*. Montevideo. n. 90. abr.-jun. 1985. p. 3-25.

WILCHES, A. (1977) ¿Está en crisis el aprendizaje? *Boletín Técnico Interamericano de Formación Profesional.* Montevideo. n. 54, nov.-dic. 1977. p. 37-42.

WINTERTON, J. & R. (1994) United Kingdom, in Blanpain, R. Ed., *Contractual Policies Concerning Continued Vocational Training in the European Community Member States,* FORCE. Leuven: Peeters. p. 353 y ss.

500.08.2003

Este libro
se terminó de imprimir en el
Departamento de Publicaciones de Cinterfor/OIT
en Montevideo, agosto de 2003

Hecho el depósito legal número 330.686 /2003